绿原译文集

第 九 卷

IX

德国的浪漫派

[丹麦]勃兰兑斯／著　绿原／译

LÜ YUAN
SAMMLUNG VON
ÜBERSETZUNGEN

人民文学出版社

目　次

一　心理学的文学观。德国的浪漫主义文学与丹麦的
　　浪漫主义文学 …………………………………………… 1
二　浪漫主义文学的消极准备。主观主义与回避现实。
　　蒂克的《威廉·洛维尔》。让·保尔的《罗凯洛尔》 ……… 14
三　浪漫主义的积极准备。《热情的奔放》………………… 33
四　荷尔德林 ………………………………………………… 41
五　奥·威·施莱格尔 ……………………………………… 46
六　浪漫主义者的社会尝试。弗·施莱格尔的《卢琴德》… 55
七　浪漫主义的无目的性。适应《卢琴德》的现实 ……… 60
八　施莱尔马赫论《卢琴德》的书信。乔治·桑和雪莱的
　　婚姻观 …………………………………………………… 81
九　威·亨·瓦肯罗德尔。浪漫主义文学对于音乐性和
　　音乐的关系 ……………………………………………… 90
十　浪漫主义文学对艺术与自然的关系。风景。
　　蒂克的《斯特恩巴尔德》 ……………………………… 111
十一　浪漫主义的反映和心理学。蒂克的讽刺喜剧。
　　　恩·特·阿·霍夫曼。沙米索 ……………………… 131
十二　浪漫主义的心灵。诺瓦利斯和雪莱 ……………… 156

1

十三　浪漫主义的憧憬；"蓝花"。诺瓦利斯的《海因里希·
　　　封·奥夫特丁根》。艾兴多夫的《废物传》。
　　　丹麦的浪漫主义者 ………………………………………… 181
十四　阿尼姆和勃仑塔诺 …………………………………………… 206
十五　浪漫主义戏剧中的神秘主义。蒂克。海因里希·
　　　封·克莱斯特。扎哈里亚斯·维尔纳 ………………………… 225
十六　浪漫主义文学对于政治的关系。蒂克。费希特。
　　　阿恩特。察恩。福凯的骑士小说 ……………………………… 262
十七　浪漫主义政治家。约瑟夫·格雷斯。弗里德里希·
　　　封·甘茨。约瑟夫·德·梅斯特尔。瑞典和挪威的
　　　浪漫主义文学 …………………………………………………… 277

敬　献

伊波利特·泰纳先生

——作　者

立身有正道,
蔑视天下强豪,
决不折腰……

——歌　德

哲学化就是进行分馏,注入新生命。

——诺瓦利斯

一　心理学的文学观。德国的浪漫主义文学与丹麦的浪漫主义文学

　　前一卷的读者了解我[①]所从事的这项工作的计划。他们知道,我想描述本世纪的文学运动,即正在萌芽和成长的反动。先从其原则写起,再沿着它的过程写到它的顶点。然后我将指出,它怎样遇到从十八世纪吹来的自由主义的微风,这阵微风又是怎样越刮越大,刮成了一场风暴,横扫了一切反对派。这里有许多作品需要评论,有许多人物需要描述。我的任务是尽可能鲜明而确切地勾勒出这些人物的侧影。当然,面面俱到是不可能的。只从一个方面来照明整体,使主要特征突现出来,引人注目,乃是我的原则。我一方面将努力按照心理学观点来处理文学史,尽可能深入下去,以图把握那些最幽远、最深邃地准备并促成各种文学现象的感情活动。另一方面,我试图以一种深入浅出的形式将结论表达出来。要是我能够采用侧影和轮廓之类精确而生动的形式,表现出作为各种文学现象之基础的隐蔽的感情和抽象的观念,那么我的任务便算完成了。出于偏爱,我始终将原则体现在趣闻轶事之中。

　　首先,我将处处把文学归结为生活,这一点可以从下列情况来证实。丹麦文学界早期的一些论争,例如海贝格和豪赫之间的论争,甚

[①] 作者勃兰兑斯(1842—1927)系丹麦著名文艺批评家、文学史家,他在哥本哈根大学的学术讲演汇编成《十九世纪文学主流》,1981年中译本在人民文学出版社出版,全书共六册,《德国的浪漫派》系第二分册。

或巴格森和欧伦施莱厄之间的著名笔战,都仅局限于文学领域,专门在文学原则上交锋;可是,本国关于我的著作的激烈论争,则不仅由于对手的无知,同样还由于本书的性质,涉及了一系列宗教上,社会上和道德上的问题。并不是说,我认为我的书由于引起这许多争议,便具有特殊的重要性。它毋宁是一个渺小的本身微不足道的成就。但是,它在本国宣布了一个新的原则,并由此引起了一场猛烈的斗争。维克多·雨果说过,最平凡的地带一旦成为战场,便会获得某种光辉:奥斯特里茨和马伦哥都是伟大的名字和渺小的村庄①。我不揣冒昧,试将这句名言具体而微地应用于本书。

正是我对于文学与生活的关系的这个见解,决定了我所讲演的文学史不是沙龙文学史。我将尽可能深入地探索现实生活,指出在文学中得到表现的感情是怎样在人心中产生出来的。然而,人心并不是平静的池塘,并不是牧歌式的林间湖泊。它是一座海洋,里面藏有海底植物和可怕的居民。沙龙文学史像沙龙文学一样,把人生看作一个沙龙,一个张灯结彩的舞厅,里面的家具和舞客光泽照人,辉煌的灯火排除了一切阴暗的角落。谁高兴,谁就这样去观察事物吧;我可不敢苟同。正如植物学家不得不既要采摘玫瑰,又要采摘荨麻一样,文学研究者也必须习惯于以科学家和医生的大无畏的眼光,来观察人性所采取的各种各样而又具有内在联系的诸形式。植物刺人也罢,吐香也罢,都不会使得它们更有趣或者更乏味。——所以,我也不得不一会儿谈谈这,一会儿谈谈那,一切视方便条件而定。请大家不要见怪,不妨注意一下事情的精神实质,注意一下我谈到所谓燃烧性问题时的认真态度和充分的冷静。

首先要谈的是德国文学。原原本本地描述德国的浪漫派,这个任务对于一个丹麦人困难到令人灰心。首先,这个题目大得吓人;其次,它被德国作家写过许多次;最后,由于分工的缘故,又被他们如此精深

---

① 奥斯特里茨,捷克地名,一八〇五年拿破仑在此大败俄奥联军。马伦哥,意大利北部村庄名,一八〇〇年拿破仑在此打败奥军。

地研究过，以致一个外国人（何况是一个并非随时能够掌握资料的外国人）甚至比不上那个国家的儿童。那些儿童从小就熟悉了这个文学，而外国人却是在一个很难大量吸收知识的年龄才来结识它。所以，他所依靠的力量不得不一部分来自他借以采取和坚持个人观点的决心，一部分来自他尽可能发挥本国作家少有的气质这一事实。这里所说的气质，是艺术家的气质，我指的是"旁观者清"①的才能。德国人的性格是如此内向和深沉，这种才能在他们身上比较罕见。简言之，有一种要素，外国人比本国人更易于觉察，那就是种族的标志，也就是德国作家身上使他成其为德国人的那种标志。德国的观察家太容易把德国人和人类视为同义词，因为他但凡和一个人打交道，心目中总免不了有一个德国人。许多令外国人惊诧的特征，本国人往往熟视无睹，因为他早已司空见惯，特别因为他本人就具备着这种特征，或者就是那个本色。

整个说来，我间或偶然地提到丹麦文学。我只是不时地刺穿我向观众挂起的幕布，好让人从一个孔穴来瞧瞧丹麦的状况。这倒不是我忘却了或者忽略了丹麦文学。相反，它一直在我的心目中。既然我试图陈述外国文学的内在历史，我就在每一点上都对丹麦文学做出了间接的贡献。我将画出必要的背景，以便我国的文学有朝一日能带着自己的特征在这上面显现出来。我将打好基础，相信现代丹麦文学的历史一定会在这上面建立起来。如果这个方法是个间接的方法，它也因此是个更坚实的方法。不过，我还想三言两语地指出，如果把同时期的丹麦文学和外国文学相比较，我所得到的结论是何其近似啊。不妨把这个结论用一个公式概括起来。德国和丹麦在文学上的关系大致如下：这个时期的德国文学从其倾向和内容来看，是比较富于独创性的；丹麦文学则一方面继承了带有北方特色的气质，另一方面又是建立在德国文学的基础之上的。丹麦作家通读了德国作家的作品，并经

---

① "旁观者清"，原文为 Veräusserlichung，又可译"疏远"、"见外"，意即保持局外人的清醒。

常加以剽窃,而德国作家却从没读过丹麦作家的作品,也没受到后者一点点影响。把我们引入德国之门的斯特芬斯①,就是谢林的嫡派门生。口说无凭,不妨读读斯特芬斯致谢林信中的如下一段话:"我是您的学生,完完全全是您的学生。我所能做出的一切成就,原本是属于您的。——这样说,并非一时的冲动,而是因为我有一个坚定的信念,即关系既然如此,我也就不敢妄自菲薄。——因此,如果我一旦拿得出可以称之为'我的'的真正伟大的作品,而且如果它被世人所承认,那么我将公开站出来,心悦诚服地提到我老师的名字,并把所赢得的桂冠送给您。"②

由于对德国的这种关系,产生了如下若干后果。在德国文学中生活多于艺术,在相应的丹麦文学中艺术多于生活。挖掘题材的是德国。以浪漫主义开端的德国文学,活跃在最深沉的情绪之中,陶醉在种种感觉里面,努力想解决问题,不断创造着随即加以破坏的形式。丹麦文学则领受了这些充满生活气息的题材和思想,往往还能赋予它们更可靠的形式和更清晰的表现,胜过它们在故国所获得的。(不妨设想一下,例如,海贝格对于蒂克的关系)。丹麦文学一方面运用和改造这些题材和思想,另一方面还以更适宜和更顺手的题材,例如以北欧古代的材料,来表现相关联的思想。

于是,发生了我曾经在别处③写过的情况:浪漫主义在丹麦的土地上变得更清澈,更富有形式。它不再那么暮气沉沉,它遮遮掩掩地投身到阳光下面。它觉得,它来到一个宁静而审慎的民族中间,他们还不十分明白月光是不是造作的和多情的。它从诺瓦利斯当初在《矿工之歌》里召唤过它的矿井里爬了出来,并用欧伦施莱厄的《弗伦杜尔》敲击着山腰,直到矿山崩裂开来,把所有宝藏都暴露在光天化日之下。它觉得,它来到一个异样的更亲切、更温和、更有牧歌风味的自然环

---

① 亨利克·斯特芬斯(1778—1845),生于挪威的德国哲学家。
② 见 G. I. 普利特:《谢林传》卷一,第309页。——原注
③ 见勃兰兑斯:《书评与画像》第229页。——原注

境,摆脱了不可思议的内容,那浓厚的、无形式可言的雾霭凝聚成纤巧的仙女,它忘却了哈尔茨山和布罗肯峰,在一个美妙的仲夏夜晚,定居在哥本哈根鹿苑的山丘上。

欧伦施莱厄的《阿拉丁》是比蒂克的《奥克塔维安皇帝》更好、更生动的一部诗作。但是,另一方面,欧伦施莱厄却不能否认,如果没有《奥克塔维安皇帝》,《阿拉丁》永远也写不出来。海贝格的《圣诞节游艺和新年闹剧》是同蒂克的阿里斯托芬式的讽刺一样富于机智的一部作品;但是整个形式,戏中有戏、文学讽刺、伤感成分和嘲讽成分的混合,都是从蒂克借来的,而且更糟糕的是,只有根据蒂克的原则才能理解。一句话,在欧伦施莱厄、豪赫、海贝格等人那里,比在诺瓦利斯、蒂克、弗·施莱格尔等人那里,可以找到更多的形式,但是内容较少,也就是说,生活较少,同生活感情的直接关系较少。丹麦人往往放过了人生的重大问题,他们干脆把它们屏弃于文学之外,要是不能用正规的文艺形式表现它们的话。

这个现象可以从心理上加以说明:丹麦作家作为艺术家照例超过了德国作家,但是作为人,他们在精神方面便远远落后于后者。后一种说法不仅适用于这个时期,而且一般而又绝对地说,可以适用于整个世纪。试将蒂克和欧伦施莱厄作一比较,或者以现代人为例,试将莱瑙、奥尔巴赫、施皮尔哈根、保罗·海泽同布利歇尔、霍斯特鲁普、安徒生、比昂逊作一比较,我们就会觉察到如下情况:在德国作家那里,例如蒂克或者奥尔巴赫(我这里首先想到蒂克的非浪漫主义时期),哪怕是很小的一部作品,再怎样无形式可言,再怎样薄弱以致失败,其中无不表现了一个完整的人生观,而且这种人生观不是凭空产生的,乃是由一个生命的经验和沉思所酝酿、所发展起来的,那种经验和沉思正带有德国精神出众的、惊人的多方面修养的印记。蒂克的一部中篇小说,奥尔巴赫的一部长篇小说,都包含着诗意的、哲学的人生观,这种观点是一个人的观点,即使并不总是一个诗人的观点。反之,欧伦施莱厄的一部悲剧,安徒生的一篇童话,霍斯特鲁普的一个杂耍歌舞剧，几乎永远以鲜明的诗的特质（如想象、情趣、欢畅、清新而恰切的笔触）著称，但是基本观点即使富有诗意，也只是一个孩子的观点。可以说，根本谈不上一种通过科学态度争取到的、在人生道路上不断向前发展的世界观，往往找不到一种真正发展的任何痕迹。像克里斯蒂安·温特尔和汉·克·安徒生这样的作家，他们早期的作品跟晚期的作品一样的完美。至于其他人，如霍斯特鲁普和里夏特，正当可以大显身手的年龄，想不到就已江郎才尽了。有时，才能随着年龄发了福，变得臃肿不堪，如在欧伦施莱厄身上。有时，理想越来越憔悴，如在帕卢丹-米勒身上。要说有什么变化的话，变化也不在于，他们逐渐为自己创造出一种世界观；他们在诗的羊肠小径流连了一段时日之后，就走上了要么当市侩、要么进教会这两条康庄大道之一。不是睡衣，就是教士的道袍！他们脱掉诗的青春时期的西班牙大氅之后，这就是他们会一直穿下去的服装。甚至本国最年轻的作家也处处闪避时代的思想。试将我们的一位青年作家如贝格泽同德国的一位青年作家如施皮尔哈根相比，其区别倒不见得在于德国作家显然天赋更高，施皮尔哈根不过是个有思想——有当代思想的贝格泽罢了。他为时代的一切问题所感动，有时几乎为它们的重量所压倒，但他总是力求使它们符合他那个时代的意识。然而，贝格泽又反对什么呢？反对他在诗歌中所嘲弄的贵族政治，反对他在小说中所嘲弄的天主教。当这些势力在生活中还起重要作用的时候，这种斗争未始没有巨大的意义；但是，这种斗争在文学上引起兴味以来，已经过去一百年了。这些势力属于文学上的死者，重新把死者打死是不值得费力的。因此，一般说来，如果可以把本世纪的德国作家同丹麦作家相比，那么德国作家几乎处处都有一个更成熟、更富有独创性的人生观，而且作为人物来说也更伟大一些，不论他们作为诗人会占有什么位置。

这个问题还有第三方面：丹麦作家照例有个优点，就是对于趣味和幻想讲究克制，外国作家却往往沉溺其间而不自拔。他们懂得适可而止，他们避免奇谈怪论，偶或有之，也决不推向极端；他们有安全感，那是天生的宁静和天生的冷漠所赋予的;他们从不愤世嫉俗,鲁莽灭裂,亵渎神明,犯上作乱,他们没有狂乱的幻想,绝对的伤感,纯粹抽象或者纯粹感性;他们很少天马行空,从未冲入云霄,也从未堕入智井。这就是他们如此为同胞所爱戴的缘故。像海贝格的诗和加德的音乐所特有的那种较稳妥的趣味和雅致,像欧伦施莱厄和哈特曼的最优秀的北欧作品所特有的那种健康而雄壮的天然情感,将永远被丹麦人视作一种高尚的自制的艺术表现。与之相反,德国的浪漫主义病院里又收容了一些多么古怪的人物啊!一个患肺病的兄弟会教徒,带有亢奋的情欲和亢奋的神秘渴念——诺瓦利斯。一个玩世不恭的忧郁病患者,带有病态的天主教倾向——我指的是蒂克。一个在创作上软弱无能的天才,论天才他有反抗的冲动,论无能则易于向外部权威屈服——弗里德里希·施莱格尔。一个被监视的梦想家,沉溺于半疯狂的鸦片幻境中,如霍夫曼。一个愚妄的神秘主义者,如维尔纳,以及一个天才的自杀者,如克莱斯特。想想安徒生当初亦步亦趋的霍夫曼,可以看出安徒生和他的第一个引路人相比,显得多么健康而又宁静啊!

  因此,无疑可以肯定,丹麦作家生性更加和谐。同时也不难理解,那些把和谐,即使是一种可怜的和谐视作艺术的最高成就的人,一定会把本世纪最初几年的丹麦文学置于德国文学之上。每个人都是按照天性和趣味来判断这些事情的。至于我,我不想掩饰,我的见解同常见相去甚远。我认为,我们大多数人都是由于懦怯,由于缺乏艺术的勇气,才获得那种和谐的。我们没有跌倒过,因为我们没有攀上过有跌倒之虞的高度。我们把攀登勃朗峰的任务让给了别人。我们小心翼翼地防止折断脖子,但我们也摘不到只在山巅和悬崖旁边开放的阿尔卑斯山的花朵。我决不把我的见解强加于人。任何这类尝试都将是劳而无功的耀学。但是,依照我的看法,我们在文学中没有足够重视的,乃是毫无顾忌地表示明确的艺术理想的勇气,这种勇气是同作家表示这种理想的能力同样重要的。作家追求代表自己倾向的典型性的勇气，常常就是使他的作品产生美的关键。说得更明白一点，如果一种倾向，例如浪漫主义，拨动了幻想的琴弦，那么把幻想推向最危险的高峰的作家，我认为是最令人感兴趣的——例如霍夫曼。他越是恣意幻想，便越显得美，正如白杨越高越美，山毛榉越宽大越美一样。美在于使典型性显现出来的勇气和力量。发现新大陆的人可能在发现过程中遇上暗礁而搁浅。避免暗礁是容易的，但却发现不到新大陆。我们丹麦作家决不像霍夫曼那样疯狂，但也决不像他那样有魅力。他们缺乏迷人的强烈的生活，缺乏活力，但他们的作品清澈如水，朗朗可读，真可谓失之东隅，收之桑榆了。

他们找得到相当多的读者和较多阶层的读者，但却不能完全赢得他们的心。更强有力的独创性会吓跑许多人，但却迷住了更强悍的人。在我们丹麦的浪漫主义流派中，没有弗里德里希·施莱格尔的那种冒失的恶德，但也没有他的天才的反抗精神；他的激情所推动的一切，他的勇气用崭新的古怪形式所铸造的一切，在我们这里都被视作理所当然、一成不变的了。我们这里甚至没有天主教的风气。这就是说，我们只有形式最冷酷的正教，我们奉行神圣崇拜和虔信主义，我们仅有的流派就是格隆特维格①的那一套，这个流派正沿着通往天主教的斜坡滑下去；但是，在这里正如在一切方面一样，我们也没有完全跨出我们的步子，我们在最后的结论面前逡巡不前。由此可见，我们的反动要更加诡秘、更加狡猾。这种反动像罪恶一样隐藏起来，紧靠着自古就是各种罪犯的逋逃薮的教会祭坛，永远不可能击中它的要害，不可能轻易地使它相信，它的原则的必然结论就是良心煎逼、宗教裁判和专制政治。例如，克尔恺郭尔信仰正教，政治上是个专制主义者，到了晚年便狂信起来。但是，他毕生避免——这正是浪漫主义的特征——从他的学说中得出任何外在的或社会的结论，而学说的核心则由于公开的外壳简直无从觉察。与此相反，可以举出另一个国家的另

---

① 尼·弗·塞·格隆特维格(1783—1872)，丹麦神学家和诗人，主张教会组织独立。

一个信奉专制主义的正教信徒,即约瑟夫·德·梅斯特尔[①],一个同克尔恺郭尔一样高尚、一样具有正直信仰、一样具有博爱心肠的人。他却把他所有的观点发展出明确的结论,他不回避直接从他的信念中产生的任何冲动。他像克尔恺郭尔一样是个才华照人、修养深厚的才子。但是,如果说克尔恺郭尔面临现实问题时,总像一个老处女似的害怕舆论哗然而裹足不前,那么德·梅斯特尔则大胆地得出了一切实际的结论。《圣彼得堡的晚宴》的第六篇对话中关于刽子手的名文,把话说得再明白不过了。刽子手是"高尚的人物","人类社会的基石",要是没有他,"任何社会秩序均将瓦解"。按照德·梅斯特尔的见解,为了推翻法国革命所释放出来的革命精神力量,即不信教和不服从,现代国家必须有两股势力,一是教皇,二是刽子手。教皇和刽子手是社会的两大支柱:前者用逐出教会的敕令来对付叛逆的思想,后者用斧钺来对付叛逆的头颅。读到这样的宏论,真是一件快事。这里有魄力和彻底性,这是明朗思想的圆满表现,是强硬的开诚布公的反动。而且,德·梅斯特尔在一切方面都忠实于自己,他不像我们丹麦的反动派或者(如他们所自命的)自由派那样,政治上主张思想自由而在社会问题上表现反动,宗教上反动而政治上自由主义或半自由主义。他憎恶政治自由,他(在书信中)嘲笑妇女解放,他(在一篇专论中)热烈而坚定地为西班牙的宗教裁判辩护,他心地纯洁并以十分严肃的丈夫气概,呼吁恢复对异教徒实行火刑,并且认为他既然这样想,就应当这样说,毫不引以为耻。他是这样一个杰出的天才人物,作为政治家是伟大的,作为作家也是伟大的,他宁愿牺牲他的全部财产,也不肯向他所憎恨的革命,或者他所厌恶的拿破仑,作丝毫的让步;他是这样一个人,能够毫无忌惮地把行刑吏神化为必不可少的秩序维护者,把绞颈架竖立在他的法典中,并请求教会把斧钺和薪堆当作刑具来使用——这是一副表现了一种精神倾向的令人难忘的面貌,一个骄傲而勇敢的

[①] 见本卷第十七章专论。

侧影；这是一个令人喜闻乐见的典型，正如博物学家在某类生物中一直只遇到一些畸形的模糊的标本，不料有一个卓越的标本使他感到兴高采烈一样。丹麦文学中没有出现这样的人物，从实际方面来看，这个情况对于我们未尝不是一件幸事，但无论如何却赋予文学史一种呆板的性格。

约瑟夫·德·梅斯特尔是法国反动时期性格最鲜明的浪漫主义者。我且回到德国浪漫派方面来。按照我所采用的方法，这个时期对于德国文学显然具有非常重大的意义。大家知道，这个方法就是从一个国家到另一个国家，从心理上探索更深刻的文学运动，并指出从一个时期到另一个时期，流动的质料怎样凝聚起来，结晶成一种或另一种明晰易解的典型。这种典型性在德国是不大容易指明的，因为没有固定的典型形式，正是这种文艺的特色。这种文艺不是造形的，而是音乐性的。法国的浪漫主义树立起坚实的形象，德国浪漫主义的理想却不是一个形象，而是一支曲调，不是个别的形式，而是绵绵无尽的眷恋。如果他们要给他们的眷恋起个名字，他们就会选用"一个秘密的单字""一朵蓝花""林间孤处的魅力"等词。——但是，这些名称都是情调的表露，而每种情调又都是同特定的心理状态相适应的。任务就在于把每种情调、每种感情和每种眷恋归纳到它们所属的某一群情调中去。这一群情调相互联系，便构成一个灵魂。这样一个灵魂带有十分鲜明的特色，在文学中代表着许多人，他们生活着，虽然自己不能描绘自己的本性，却在别人的描绘中重新发现了自己的本性。所以，尽管诗人没有表现出强有力的个性，只要他描绘出一幅一幅的风景画，或者尽管他把他的诗融解于音乐中，只要他最终使用"Allegro"（快板）或"Rondo"（回旋曲）之类作为标题，我也许还是能够证明：性格典型是逃不出我们的眼界的——因为这些风景的个性，这种文字音乐的实质，正是一种几乎可以十分精确地加以规定的心理状态的显著特征。

为了正确理解这种德国浪漫主义，必须从四方面——文艺上、社会上、宗教上和政治上——来加以观察。在文艺方面，它融化为歇斯底里的祈祷和迷魂阵;在社会方面,它只研究两种关系,私生活的关系、两性之间的关系,而且大半是凭着轻浮的、病态的热情放空炮。在这方面,它眼里没有人之常情,只有一些为贵族所偏爱的艺术家气质。谈到它的宗教行为,所有这些在文艺方面如此革命的浪漫主义者,一旦看到轭头,便恭顺地伸长了他们的脖子。而在政治上,正是他们领导了维也纳会议,并在斯太芬教堂①的一次庆典和一次由芳妮·爱丝勒②陪同的牡蛎盛宴之间草拟了取消人民思想自由的宣言。

人们往往爱说,我们只吸收了浪漫主义优秀而健康的因素。这个说法是不足信的。浪漫主义从其源头来说就中了毒。一条在开口处包含这些成分的河流,能相信它的源头挟带着金子吗?且看这些人落个什么下场吧,从他们涂得满满的纸张上了解一下,他们给予了怎样的冲动吧。那个到这里来把从德国天空取得的火种交给我们的斯特芬斯,又是个什么人呢?他有一种正直而温柔的天性,满脑子的灵感和昏乱,纯粹是情感和痛定思痛的幻想,丝毫没有思想上的敏锐性或者风格上的密致性和丰富性。他晚期所写的所谓科学著作真是不堪卒读,使人有溺死在稀薄的伤感中或者因无聊而窒息的危险。一个德国作家说:"当他在普鲁士讲坛上用错误百出的德语讲授自然哲学的时候,他的计算不相符,他的实验不成功,但是从他传教讲道中流露出来的广大神通、诚挚情感、天真的孩子气的献身精神,却深深迷醉了听众的心。"天真,又是天真!他并不否认他的来历。他年轻的时候,曾经心地纯洁地热衷于从矿石中重新发现人类心灵的力量,把地质学和植物学加以人情化,使植物显得大致像在格朗维尔③的 Fleurs animées (法语:鲜花)中一样。但是,七月革命把他搞得晕头转向,忘乎所以。近十三年来他在虔信主义这个"老太婆"的怀抱里舒适度日,并为她多

---

① 巴伐利亚州一村镇名,罗森海姆地方法院所在地,因一天主教堂而得名。
② 芳妮·爱丝勒(1810—1884),奥地利著名芭蕾舞女演员,在欧美各大城市演出过。
③ 格朗维尔,法国著名漫画家兼装帧画家让·伊尼雅斯·伊西多·热拉德(1803—1847)的艺名。

次与人较量身手,而今这个"老太婆"便煽动他对革命后的青年德意志派作家及其作品进行一系列软弱无力的攻击,从而结束了他的文学生涯。

他在这一点上,不过是紧步他的老师谢林的后尘而已。谢林同费希特及其纯自我学说相反,他扫除了精神的阴暗的自然方面,把哲学像艺术和宗教一样建立在天才的幻境,即所谓智力的观照之上,他的原则和治学方法都包含着放荡不羁的随意性,这种随意性正是浪漫主义的核心。早在《布鲁诺》(1802)一书中,他就采用了后来显得意味深长的标题"基督教哲学",他仍然主张,《圣经》在宗教的真正的价值方面,远不能同印度人的《圣书》相比——其实这个观点,连格雷斯在他的作家生涯的初期也曾经提倡过。当他像诺瓦利斯那样,由于蒂克的怂恿,潜心研究雅各布·伯梅及其他神秘主义者时,他就开始神秘地谈论"神的自然性"了,这个名词后来众所周知,为思辨的独断论[①]所占用;但是,他不久在慕尼黑当上教授,荣获贵族身份,并在极端天主教的神父专权的巴伐利亚被任命为代理枢密顾问和科学院院长,这时那个后来成为话题的"天启哲学"便开始在他的心灵中萌芽了。接着很快便完成了这一转变:热情的天才变成了廷臣,预言家变成了江湖骗子。他由于故弄玄虚,由于一种"迄今被认为不可能的"科学的奇怪纲领,由于从不愿意让他的智慧排印成书,只愿意口头传授,而不愿意全部加以传授,所以在黑格尔逝世后不久,便有资格被巴伐利亚政府招聘到柏林,在当前的基督教日耳曼的警察国家为国家宗教尽一臂之力,教授一种按照他自己的意见只可称作"基督学"的国家哲学。正是在这个情况下,年轻的一代、黑格尔左派才向他扑过来,把他的神秘的蛛网撕得粉碎。

不过,谢林还算是最有理性的。他本人就被克尔恺郭尔的宠儿弗朗兹·巴得尔、那个再生的雅各布·伯梅当作异端狂热地攻讦过。巴

[①] 指丹麦神学家汉斯·拉森·马滕森的著作《思辨的独断论》。

得尔谴责他不应当把三位一体放在一个逻辑的平衡杆上,尤其不应当思想自由到否认恶灵作为人格魔鬼的存在。其他的浪漫主义哲学家在这方面的表现也不相上下。舒伯特写过一本《梦的象征》,像煞有介事地忙于圆梦的把戏——对于浪漫派的全部文艺来说,梦就是理想——甚至把梦游症和招魂术当作最高的认识源泉而入迷。普雷沃尔斯特的女先知①——很有意思的是,施特劳斯正以揭露她而开始自己的活动——在那个时期起过重要的作用。最后再看看被海涅称作"削发的鬣狗"的格雷斯,《基督教的神秘主义》一书的作者(克尔恺郭尔曾经怀着神圣的激动心情读过这本书)。他辗转在殉道者的血泊里,沉湎于圣徒的苦楚和狂喜之中,一一描绘男女圣徒身上的灵光、钉痕和两胁的伤疤,以及他们如何因此而获赦——这个当年的雅各宾党人竟然五体投地地拜倒在唯一能够赐福的天主教会面前,为王侯们的神圣同盟唱起了赞歌。再谈谈政治家们:如亚当·米勒,有人说得很中肯,他在政治上代表了诺瓦利斯的蓝花,想把国家、科学、教会和剧院熔铸成一个奇异的整体;又如哈勒尔,他为了保全官职,隐瞒了自己向天主教的改宗,并在《政治学的复兴》一书中将这门科学建立在神权政治的基础上;又如莱奥(卢格曾经对他进行过辉煌的论战),他以同样的精神痛斥过当代的博爱心肠,狂热主张对激进派处以极刑;又如施塔尔,他在他的法哲学中把婚姻比作基督和教民的关系,把家庭比作三位一体,把人世间的继承权比作天上遗产的要求权。——把这一切凑在一起来看,使人感觉到,浪漫派的结局真仿佛是一场恶魔的宴会,愚民主义者发出了雷鸣,神秘主义者疯狂地咆哮,政治家高呼要求警察国家、圣职人员和神权政治,神学和接神术则扑向各种科学,通过抚爱让它们窒息致死,而哲学在这场群魔乱舞之中则扮演了那个老妖婆的角色。

---

① 指当时一名女梦游者弗里德里克·豪夫,一八〇一年出生于符腾堡普雷沃尔斯特村庄,因浪漫派诗人克尔纳而闻名。

二　浪漫主义文学的消极准备。
主观主义与回避现实。
蒂克的《威廉·洛维尔》。
让·保尔的《罗凯洛尔》

　　从书本上或者通过旅行对今天的德国有所感触的人，如果回顾一下德国在十九世纪初期的风貌，就会对其间的差别诧异不止。现在和当时相去何其远啊！谁会相信现实主义的德国曾经是一个浪漫主义的德国呢！

　　所有舆论、所有私谈，甚至城市的外观，今天都带有严峻的现实感的印记。走过柏林的一条街道，到处会遇见僵硬的穿制服、佩勋章的军人。书店的橱窗里，主要陈列着务实的书刊。甚至家具和装饰品都受到新精神的影响。没有什么比柏林一家装饰品商店更粗笨、更好战的了。座钟上面，从前是个穿铠甲的骑士跪着吻情妇的手指尖，而今则是站着全副军装的执矛骑兵和胸甲骑兵；圆锥弹挂在怀表上充作表坠，交叉立着的枪支构成了烛台。时髦的金属是铁，时髦的字眼也是铁。那个诗人和思想家辈出的民族，眼下什么都干，只是不再写诗和讲哲学了。即使受过高等教育的德国人，今天对于哲学也一窍不通——二十个德国大学生中，今天没有一个读过黑格尔——对于诗歌的兴味简直完全熄灭了，政治问题和社会问题比起文化问题和心灵的谜语，引起了百倍的注意。——然而，正是这个民族，曾经一度迷失在浪漫主义的沉思和梦幻之中，把哈姆莱特当作他们的代表。哈姆莱特和俾斯麦！俾斯麦和浪漫主义！这个伟大的德国政治家之所以终于能够率领整个德国前进，当然是因为他以自己的人格给他的人民带来了他们长久缺乏而又渴望的一切品质。随着他的出现，政治取代了美学。德国统一了，军事君主政体吞没了各个小邦，接着吞没了它们的封建的牧歌生活，普鲁士成了德国的皮蒙特①，并把它的正规而又实际的精神倾向铭刻在这个新帝国身上。这时自然科学排挤了或者修改了哲学，国家观念排挤了或者修改了人道主义理想。一八一三年的解放战争主要是热情的产物，一八七〇年的胜利则是老谋深算的产物。

新德国的指导思想，就是排列成为一个整体的思想。这个思想渗透到了生活和文学之中。"排好队形"（一部同时代的小说的题目②）在这方面可以作为普遍的口号。要把分散的力量聚集起来，要把极少数人手中的文化传播开来，要把一个伟大的国家和一个伟大的社会建立起来，因此为了集团效用的利益，要求个人放弃自己。集团效用！从最重要的时代现象中到处可以发现。俾斯麦的组织、拉萨尔的鼓动、毛奇的战术、瓦格纳的音乐，都是以对集团效用的信仰为基础的。散文作家的文学活动，是以教育人民并为了共同目标把人民团结起来的愿望为基础的。最忠实地反映时代的一切创作，都具有早期称之为客观性和现实主义的那种执着于事实和对象的特征。集团效用在文学中取决于对待历史观念的态度。由于自我为国家车辆所束缚，个人必须放弃任意性和独创性，个别事物必须以国家利益为转移，这一切在这种文学中同带有一切特征的才华过人的个体的神化，同浪漫主义文学所特有的漠视一切历史事物和政治事物形成了鲜明的对照。浪漫主义文学过去一直主要是沙龙文学，它的理想就是聪明的社会和审美的茶会（例如，参阅蒂克的《幻想集》中的谈话）。

从前在生活和文学中，情况是多么不同啊！我们到处看见漂泊的自我，由于无家可归而随心所欲。自由的非历史的自我在这里指导着

---

① 皮蒙特，意大利统一的基地。
② 弗·施皮尔哈根（1829—1911）的一部小说。

一切。整个国家被分裂成许多小邦,由三百个自主的君主和一千五百个半自主的君主统治着。在这些小邦中,盛行着十八世纪所谓的开明的专制及其猥琐而僵化的社会关系。贵族是农奴的主人,家长是家庭的暴君。四处都是严格的司法,但是没有公道可言。实际上,个人没有任何伟大的任务,因此天才无用武之地。剧场成为非王侯出身的人体验各种人生场景的唯一地点。所以,文学产生了戏剧热。因为没有可以活动的社会,所有活动便必然采取或者反抗现实或者逃避现实的形式。由于引入重新发现的古董,由于印出温克尔曼的文章,为逃避现实做了准备;由于引入英国伤感忧郁的诗人(杨、斯特恩①)和被尊为自然之使徒的法国卢梭(用席勒的说法,他"从基督徒中征寻人"),又为反抗现实做了准备。但是这种希腊崇拜狂在任何人身上,都不及在荷尔德林身上达到那样的高度。——由此可知,在那个时代最伟大的诗才身上,对政治现实的漠不关心到底达到什么样的程度。歌德生平有几个例子可以用来证明,他身上无党派性的科学兴趣是怎样不得不代替了个人的政治兴趣。关于他在革命期间参加反法战役一事,他采用过这一说法,他在那里曾经利用时间,研究"颜色学"和"个人勇气"的种种现象。耶拿战役以后,克内贝尔这样写过他和自己:"歌德当时全部时间用来研究光学。我们在他的指导下研究骨学,当时是个良机,因为整个战场都布满了标本。"他的阵亡同胞的尸体并没有鼓舞他写出颂歌或挽歌,他倒是把它们的骨骼取出来,制成了标本。还有,八十一岁的歌德在七月革命发生后不久,向一个熟人②惊呼:"您对这伟大事件有何高见?火山终于爆发了!"当对方披肝沥胆地向他谈到王族被驱赶一事时,歌德却指出他的误解;他原来是说居维叶和乔夫拉·圣·蒂莱尔之间刚才在科学院发生的那场科学争论。

这样的事例使人明白,歌德作为诗人可以怎样远离时代的运动。他在反拿破仑战争期间没有写过一首爱国主义的战歌,这当然也有不

---

① 指英国诗人爱德华·杨(1683—1765)和劳伦斯·斯特恩(1713—1768)。
② 即爱克曼,见《歌德谈话录》一八三〇年八月二日所记。

可忽略的好的一面①："写作战歌，而又坐在房间里，这可是我的作风吗！从露营地出来，夜间听到敌军前哨的马嘶声，我会欢喜那些玩意吗！要知道，这不是我的生活和事情，而是特奥多尔·克尔纳的事情。他的战歌十分适合他这个人。但是，我这个人既没有好战的气质，也没有好战的兴趣，战歌会成为十分不适合我面部的假面具。我在我的诗中决不做作。"只想写他自己所经历的一切，这个强烈愿望使歌德（他的学生海贝格也是这样）在这个问题上有所克制，正如他一般认为（按照他的说法），一切历史事物都是"最不讨好和最危险的事"。

　　纯粹的人道就是他的理想，这也是整个时代的理想；私人生活吞噬了一切。十八世纪和启蒙时期所有剧烈的斗争，同德国人的理想主义天性相协调，仍然局限于个人的教育过程。但是，纯粹人道不仅是对历史事物的背弃，而且一般还意味着对素材本身抱无兴趣的态度。席勒在一封致歌德的信中说过，对诗人和艺术家不能不要求两件事，一是他应超乎现实事物之上，其次他应停留在感性事物之中。席勒曾这样详细地阐明过这一点，艺术家如果处于不利的畸形的关系中，从而脱离现实，那么他就很容易同时脱离感官世界，变得抽象起来，而且如果他的知性软弱，甚至会变得异想天开；但是，如果他反过来执着于感官世界，那么他身上又容易留下一些纯现实的东西，而且如果他的想象弱小的话，那么他就变得奴性而卑下。这些话里似乎包含着划分那个时期的德国文学的分水岭。一方面是歌德－席勒的不通俗的艺术诗及其在浪漫主义者的想象中的继续，另一方面则是立于现实（但是是一个庸俗市民的现实）的基础上的纯娱乐文学，其最著名的代表就是拉封丹②的市民伤感小说和施罗德、伊夫兰、科策比等人的通俗的散文化的家庭剧。发生这种分裂，是德国文学的一种不幸。但是，如果优秀文学同现实的分裂，在浪漫主义者身上以可怕的形式表现出来，那么还不可忘记，这种分裂可以追溯到更远，科策比早在同浪漫主

---

① 见戈特沙尔著《国民文学》卷一，第58页。——原注
② 拉封丹（1758—1831），德国牧师兼小说家。

义者针锋相对之前，就已经是席勒和歌德的对立面了。那时有一段逸事可以在这方面为我们提供一个生动的印象。

一八〇二年早春的一天，魏玛小城正为一桩所有家庭和酒馆引为谈助的事件而极度兴奋。大家早就知道，有件特别的盛事正在酝酿着。据说，一位非常有名而又显赫的人物——议长科策比，私自向市长请求借用一下最近装饰一新的市议厅。全城的贵妇们一个月来什么也不做，一味定制和试穿新装。大家知道，伊姆霍夫小姐就为她的衣装花了五十金古尔盾。人们诧异地看见一个雕像工和镀金工在光天化日下扛着一个奇怪的头盔和一面旗子从街头走过。这些东西是干什么用的呢？难道市议厅要演戏吗？大家知道城里还定做了一个硬纸板做的大钟模型。这是干什么用的呢？不久就都明白了。《厌世与悔恨》的著名作者科策比，满载卢布和贵族叙爵文书回到了故乡魏玛，想在歌德、席勒联盟中合而成三。他已经在宫廷中得到接待，现在需要争取进入歌德的圈子，这个圈子也是一个宫廷，但比前一个更难进。这个排外的集团，歌德为它写过不朽的应酬诗，每星期在诗人家里聚会一次，科策比设法请圈子里的贵妇们引见，但是歌德给社团附加了一个规定，请不速之客饮了闭门羹。为了报复，科策比于是决定颂扬一番席勒，那种方式如他所希望的，将给歌德带来极大的苦恼。歌德刚把科策比在魏玛剧院演出的剧本《德国小市民》中针对施莱格尔兄弟的一些人身攻击删去了。所以科策比为了同剧院竞争，想在市议厅举行一次纪念席勒的盛大演出。他所有脚本的场景都将演出，最后《大钟之歌》也将得到表演和朗诵。当科策比扮演围皮围裙的师傅，在作品的末尾用铁锤将纸模击成两半时，里面出现的并不是钟，而是席勒的半身像。但是，他失算了，忽略了歌德的反对。在魏玛只有一个席勒的半身像，放在图书馆里。当他最后一天派人去借这座雕像时，他大吃一惊地得到这样的回答：说是可惜这个要求不得不加以拒绝，因为开天辟地以来没有听说过，一座石膏像借给宴会使用之后，还能按照原样送回的。当木匠带着木板、桩子、板条浩浩荡荡赶到市议厅前发现厅门紧闭,从市长和议会得到如下回答,就是大厅刚刚装潢一新,不能把它借给人派这样一个喧嚣的用场。这不过是一个小城的逸事,一场茶杯里的风波。但是,值得注意的、构成这件事的核心的乃是这个事实,那一大群最优秀的贵妇人,如艾格洛夫斯坦因小姐,美丽的、后由甘茨所恋慕的命妇和女诗人阿玛丽·封·伊姆霍夫(她曾为这次盛会花费了五十个金古尔盾),以及其他迄今景仰歌德的贵妇们,现在都对他感到愤慨,并从歌德的营垒转到了科策比的营垒。连一向器重歌德的艾因西德尔伯爵夫人今后也成为他的公开的敌人。足见,在这个最高超的、以精神与社会地位著称的圈子里,古典的教养渗入得何其浅,而那个在文学作品中同现实生活发生直接关系、并从其环境采取题材的人却渗入得多么深啊。

难道歌德和席勒本人就没有一个时期曾经是自然主义者吗?的确,他们两位在一阵粗糙、不安宁、激动人心的现实冲动中开始了这个时期。他们在他们早期的作品中都曾让自然和情感有充分发挥的余地,如歌德在《葛慈》和《维特》中,席勒在《强盗》中。但是,当《葛慈》引起骑士和强盗小说流行,《维特》引起事实上和文学上的自杀之风,《强盗》引起了《大盗阿柏林诺》①那样的作品,而广大读者在独创和模仿之间不能区别时,伟大的作者便退出了竞技场。他们对于题材的兴趣消失于对形式的兴趣之中。对古籍的研究使得他们两个格外强调艺术的理想性。他们找不到理解他们的读者,更无论向他们提供题材、对他们提出要求,也就是说,向他们订货的人民。此外,德国人民当时还太落后。当歌德试图从魏玛为席勒出点力的时候,他到处听到这样的看法,说席勒由于在曼海姆的动荡而轻浮的青年生活,由于作为政治上的亡命客的过去,特别是他目前穷得不名一文,乃是一个坎坷潦倒的作家。这两位诗人一七九七年用"讽刺诗"进行战斗的时候,到处都被奚落为"两个才具可疑的文人"。有一个专门反对他们的小

---

① 海因里希·茨叔克(1771—1848)的小说。

册子，题目就叫做《斥魏玛和耶拿的两个蹩脚厨司》。只因为拿破仑承认歌德，愿意接见他并同他谈话，说他"Voila un homme！"①这才大大提高了他在德国的声望。当时驻扎在歌德家里的一名普鲁士教官，就从没有听说过他的名字。当歌德的作品要出全集的时候，出版商在信中抱怨销路太小。诗人非法的大舅子符尔皮乌斯，《里纳尔多·里纳尔狄尼》的作者，却享有更好的销路。的确，《塔索》和《伊芙琴尼亚》根本不能同科策比的《厌世与悔恨》那样的欧洲宠儿争强比胜，歌德本人说，它们在魏玛每三四年才能演出一次。显然，是读者的无知把诗人从世俗的道路推向了光荣的轨道。不过，反过来，他们所具有的慕古的倾向，也是他们日益不得人心的原因。歌德的作品只有两部获得决定性的成功：《维特》和《赫尔曼与窦绿蒂》，后一部牧歌式的作品冲淡了《亲和力》所得到的恶评，原来到处都认为《亲和力》在为不道德辩护并攻击了婚姻制度。

　　这两位伟大的诗人在背离了他们的环境以后，又是怎么办的呢？歌德把他自己的教育奋斗过程作为文学创作的题材。但是他只要沉溺于现代的个性，便决不可能达到古希腊人的单纯和美，他于是清除了个人因素，变成了象征主义者和寓言作家，写作《私生女》（其中人物只是按照身份被标称为国王、世俗牧师等等），著述对于阿基里斯、潘多拉、派勒夫龙和涅欧泰佩、艾皮门尼戴斯等人物的考古研究，以及《浮士德》第二部。他开始运用希腊神话，就像它们在法国古典文艺中被利用一样，即被当作一种普遍可以理解的形象语言。他不再像在《浮士德》第一部中那样，把个人当作典型，而是树立一些典型来充当个人。他的伊芙琴尼亚现在在他看来是太现代化了。爱好讽喻的倾向（这种倾向曾使托瓦尔森的艺术远离生活）在他身上日益占了上风。他按照这个方式，在他的艺术史的论文中不断宣称，问题不在于自然真实，而在于艺术真实；他作为艺术批评家，宁愿要理想主义的矫饰，

---

① 法语："这才是个人！"一八○八年拿破仑在埃尔福特见到歌德时说的一句赞语。

如在他自己的画(在他的法兰克福家中)中所见到的,而不愿要笨拙然而新鲜的天然。作为舞台监督,他遵奉同样的原则:雍容华贵在他便是一切。他激赏卡尔德隆和阿尔菲利、拉辛和伏尔泰的传统风格。他的演员像古代的演员一样,应当表现得如同活的雕像;侧对着或者背对着观众,向背景讲话,对于他们都是不许可的。为了对抗现代活泼的表演艺术,他让他的演员戴上了假面具。他不顾一般的反对意见,设法把奥·威·施莱格尔的《伊翁》上演了,这是对欧里庇得斯戏剧的一个矫揉造作的改编,一个假创作,是由《伊芙琴尼亚》的范本所启发的。是的,他还设法让弗·施莱格尔的《阿拉柯斯》在魏玛上演,这是一个拙作,使人感到不过是一个无能学生的作品,而他却终算找到机会用诗剧台词来训练演员了[①]。到了这个地步,他便慢慢地为了外在艺术形式而牺牲了一切。

不难看出,歌德的偏颇性导致了浪漫派的偏颇性,但是席勒身上有没有这样的情况,就难以肯定了。他的剧作都仿佛是实际事件的预言。《强盗》里面就酝酿了法国革命的狂暴(如众所知,这出戏后来为 monsieur Gille[②] 获得了法兰西共和国荣誉公民的称号),而且正如戈特沙尔所说,"在菲哀斯柯身上反映了雾月十八日,在波萨身上反映了吉伦德的辩才,在华伦斯坦身上反映了皇帝的尚武精神,在《奥尔良少女》和《退尔》中可以看见解放战争的爆发。"但是,实际上,席勒只是在他早期的剧作中才没有任何附带的思想和意向,直接从题材获得灵感。在他后期的作品中,每个读者都会感到,他在多大程度上是从纯形式的观点把握和选择题材的。我们目前尚健在的第一流诗人之一易卜生,有一次同我谈到《奥尔良少女》,使我注意到:他认为,这篇作品并没有"被经验过",并不是从强烈的、自己经历过的印象中产生的,

---

[①] 歌德曾经给席勒写信说:"关于《阿拉柯斯》,我们完全同意您的意见;不过,我觉得,我们一定要敢作敢为,表面上的成败是无所谓的。在我看来,我们这样做的收获主要是让我们的演员把这些最要紧的韵律背熟,让我们听得惯。"——原注
[②] 法语,"日尔先生",意为笨伯,法国人给席勒起的绰号。

而是制作出来的。而黑特纳更指出,这就是作者对于整个后期作品的态度。从一七九八年起,席勒对于古代悲剧的激赏,使他到处寻求可以体现古代命运观念的素材。因果报应的思想支配了《波利克拉特斯的戒指》《潜水者》《华伦斯坦》等作品。《玛丽雅·斯图亚特》是按照索福克勒斯的《俄迪浦斯王》的模子写成的,选取这个题材的目的在于寻求这样一个主题,让悲剧命运像一个骑士格言一样预先规定下来,戏文只需把开头安排好的事件分析地发展下去就可以。《奥尔良少女》表面上好像很浪漫化,席勒之所以选取这个题材,是因为他想要这样一个主题,让人的心灵按照古代方式获得神的直接启示,因此人可以感受神性的一种直接感性的干预,而人作为神的工具,可能同时按照纯粹希腊的方式为自己人性的弱点所毁灭。席勒尽管不怎么懂得音乐,他为了适应他的这个抽象倾向,长期以来牺牲戏剧而赞美歌剧,并坚持认为,古人的歌唱队要比现代的悲剧的对话更令人敬畏得多。在《梅西纳的新娘》中,他提供了这样一个命运戏剧,它从头到尾就是一次对索福克勒斯的学习。的确,甚至在《威廉·退尔》中,观点也不是现代的,反之在每个方面都是纯希腊式的。这个题材不是按照戏剧、而是按照叙事诗来构思的。个别人都没有鲜明的特性。把退尔从群众中突出出来,站在运动的顶峰,只是一件偶然的事情。正如歌德所说,他是"一种庶民"。因此,在本剧中,没有表现出伟大的历史对立面的斗争,乌里州的人们没有对于自由的激情,不是自由的观念或者国家的观念引起了起义。构成情节甚或事件的关键,乃是个人观念和个人利害,对于财产和家庭的干犯,正如在其他戏剧中,乃是个人的野心和朝廷的目的。农民显然不关心获得新的自由,而是据说要维持古老的沿袭下来的风俗习惯。关于这一点,我想请读者参考一位无论在哪里都以天才的眼光观察事物的作家,即参考一下拉萨尔,他在他的剧本《弗朗兹·封·济金根》的有趣的序文中详细地申述了这个见解。

因此我们可以了解,即使是席勒这位在德国作家中最富于政治感和历史感的作家,当他似乎最致力于历史和政治的时候,也还是相当抽象地、唯心地从事创作；而且不妨肯定地说，所谓主观主义和唯心主义，对历史和外在现实畏缩不前，正是那时整个文学的特征。

这种精神倾向在费希特的认识论中得到了哲学－科学上的表现。绝对的自我由于包括一切真实，它要求它所对立的非我同它本身相和谐，而无限的奋斗过程就是克服它的限制。正是这种认识论的结论，鼓舞了年轻的一代。所谓绝对的自我，人们认为（如费希特本人实际上所认为的那样，但是按照完全不同的方式）不是神性的观念，而是人的观念，是思维着的人，是新的自由冲动，是自我的独裁和独立，而自我则以一个不受限制的君主的专横，使它所面对的整个外在世界化为乌有。这种自由狂热在一群非常任性的、讽嘲而又幻想的青年天才中发作开来了。在狂飙时期，人们所沉湎的自由是十八世纪的启蒙，现在那种狂飙精神以更精致、更抽象的形式重复着，而人们所沉湎的自由则是十九世纪的这种随心所欲、为所欲为了。

浪漫派所有互不相同的努力和创作——如瓦肯罗德尔的衷心沉醉于艺术与理想美的《修道士》，同把肉体奉为神圣的肉感的《卢琴德》一样，同蒂克的忧郁的小说和童话（其中有一个不可测的命运在戏弄人）一样，同蒂克的戏剧和霍夫曼的故事（它们把一切固定的形式消解为情绪恣意形成的花纹）一样——它们这一切有个共同点，即任意的自我肯定，或者说从根本上信口开河，这就是他们在同日益狭隘的散文的斗争中，在对于诗与自由的迫切呼喊中所有的出发点。

自我的绝对任意就是孤立。虽然如此，这些人不久就构成了一个流派，而且在这个流派很快重新分散以后，在更多地点又产生了一些有趣的小集团。其根源在于，他们下决心要帮助为德国最伟大的思想家们所达到的世界观获得胜利。他们希望实际倡导这些天才的人生观，希望在批评中、在诗艺中、在艺术见解中、在宗教讲道中、在解答社会问题甚至政治问题中，能够表现出这种人生观，他们首先希望特别通过强有力的文学论战来贯彻这种人生观。

怕鬼而又欢喜闹鬼的阴沉气质，天生的几乎达到疯狂边缘的忧郁,不断要求坚持光明权利的一种比较清楚而又冷静的悟性,一种生活于情绪之中并制造这种情绪的非凡的能力,这就是路德维希·蒂克的基本特征。他在浪漫派的诗人中间是最有成就的一个,甚至在这个流派分裂以后,他还写了一系列优美的小说,较之浪漫主义文学的习惯,它们更忠于现实地描述了现代和过去。

他是绳匠的儿子,一七七三年生于柏林,学生时代已经受到歌德、莎士比亚和霍尔伯格的深刻影响,作为一个少年就能够模仿莎士比亚的仙诗和奥西安的忧郁情调,但在青春时期却由于本身的弱点,为一些较老的文人所利用,被引诱写出了许多十分不健康的、粗制滥造的作品。虽然他的创作活动的精神与倾向是这样强加到他身上的,但是他的个性即使在这些无价值的作品中也仍然历历可见。在他的老师兰巴赫的指导下,他按照启蒙时期的精神写过或改编过关于高尚强盗的感伤故事,或者按照弗朗兹·穆尔的死亡场面创制过恐怖场面。但是,他不时还在讽刺性的旁白中表现出他自己的高尚见解。

不久以后,这个未来的浪漫主义者为启蒙时期的老斗鸡尼可莱出版的历书写过一些早熟的故事,在这些故事中抨击了迷信,偶尔还做出一些讽刺,例如让一个昏聩不堪的老人对"愚蠢的中世纪"或者对"莎士比亚的鬼魂"讲出一两句轻蔑的语言。他所以写出这样的东西,大概只是因为他出卖了他的笔,不过这里仍然流露出一个忧郁者的疲倦心情,他长久地在各种暗淡的问题和怀疑中被搞得筋疲力尽,直到最后毫不勉强地同意了那些与一切天才瘟疫相反、赞美合理的市民的中庸之道的声音。他迄今未改的优柔寡断反映在他那些按照订货单写作的唯理主义的故事中,一点也不少于他九十年代初期所写的、似乎更多地表现自己的那些小说和戏剧中的幽灵气、残忍的色情味和冰冷的讥刺。

我们看到的蒂克第一部较重要的作品是《威廉·洛维尔》。蒂克在二十一岁写成的这部小说,第一部发表于一七九五年。这部小说在涉及艺术趣味的地方,偶然也弹奏出浪漫派后来弹奏的琴弦。

威廉·洛维尔来到了巴黎（蒂克当时还没有去开过眼），当然对他所经历的一切都感到厌恶（卷1，第49至52页）："这城市是一个荒凉的、乱七八糟的石头堆，整个巴黎都令人感到像个监狱。……人们整天喋喋不休，但一次也没有讲出他们的心里话。……我由于无聊到剧院里去过几次。悲剧充满了警句，但没有情节和情感，长篇大套的议论在我听来，就像出自古画上的人物之口。……演员越是远离自然，越是被捧作伟大的艺术家。……在伟大的世界闻名的巴黎歌剧院里，我入睡了。"这就是洛维尔（他在书中是个英国人）对革命时期的巴黎所得到的印象，——完全是德国人惯于对法国人和法国艺术所表示的轻蔑，在这里加倍令人感到可笑，因为它是从书本中学来的。与此相反，洛维尔在 Theâtre Français（法语：法兰西剧院）突然叫喊起来："啊，索福克勒斯！神圣的莎士比亚！"他说得非常富有特色："我恨那些人，他们用他们仿造的小太阳（即理性）照亮了每个舒适的阴暗角落，赶走了如此安稳地住在拱形的树荫下面的可爱的幻影。在我们的时代里，有过一种白天，但是浪漫主义的夜色和曙色要比这种阴云密布的天空的灰色光辉要更美。"

除了这些个别笔触，这本书在其他方面，乍眼看来，似乎没有一点在浪漫主义作品中常见的那些特征；但是，实际上，没有一部作品比这部作品更好、更确切地表现出浪漫主义倾向的基础。《威廉·洛维尔》的基本思想和书简形式是从唯物主义作家拉蒂夫·德·拉·布雷通①的一部非常猥亵的法文小说《变坏了的乡下人》借来的。我在这里能够立即把一部浪漫主义作品归结到法国的唯物论，这不是没有意义的；事实上，正是从这里产生了浪漫派的幽暗的宿命信仰。《洛维尔》是一本今天读起来十分乏人的书。形式支蔓得令人生厌，所有人物仿佛隐现在云雾之中。次要人物，例如那个高尚的老仆，都是理查逊式的陈腐的怀旧，既没有锋利的笔触，也没有造型的场景。本书的优点

---

① 拉蒂夫·德·拉·布雷通(1734—1806)，法国小说家。因题材性质而获"贫民窟的卢梭""女仆们的伏尔泰"之称。

在于一种坚持到底的心理观察,这个优点及其缺点同样是德国式的。它的主人公是个青年人,他缓慢而稳步地被引导到这个地步,即摆脱了一切坚实可靠的生活力量、一切沿袭下来的被认可的生活准则,以致他终于在一种以最顽固的利己主义为基础的纯粹的罪犯生活中断送了自己。

我认为,我们没有理由诧异,为什么蒂克这样年轻就能写出这样的人物。这个青年不正是在他的眼光还完全不能转向外界的少年时期,就经常凝视自己的内心,看到了一些奇怪的事物吗?他不是需要经常分解自己,经常检验自己的情况,经常在自己的意识拿给他的镜子面前照看自己吗?对于许多具有某种性情的人来说,二十岁左右是最能自我批判的年龄。他在一生中还有那么多时间、那么多时间来显示他自己;他整日学习他将一生演奏的乐器;他调准它,注意它是怎样调准的。但是,他要断然掌握自己,把自己当作器具来使用,不管是当作小提琴还是当作铁锹,还是当作任何什么,这个时日还远着呢。而且,如果我们周围的世界由于情况决定,不能提供什么任务和养料,个人不得不靠自己的血液为生,那么反思狂热将不可避免地导致个性的分解或挖空。

作者、倾向和时代所特有的征象,在这里就是自我批判的反思所变成的情感幻想。个人当真敢于把偶然确定的、直接的自我(它把习俗所尊重的一切加以瓦解)作为一切事物的准则,一切法则的起源。这里可以清楚地看出对于费希特整个思想的曲解,以及与这种思想的心理关系。请读一读洛维尔的下列诗句及其随后的反思(卷1,第178页):

欢迎啊,最崇高的思想,
把我作为神来赞扬!

万物之为万物,只因我们把它们思量。

世界就在幽暗的远方,
它的黑洞里落进了
我们随身带来的一缕微光。
为什么这世界没有变成一片荒凉?
只因我们注定要把它保藏!

我高兴地逃出恼人的桎梏,
勇敢地走进了人生,
摆脱冷酷的义务,
那正是懦怯的傻瓜所发明。
美德之为美德,只因我本身就是,
它不过是我内心意志的一种反映。

何必为那些形象所苦恼,
它们的微光正从我自身产生?
让美德与邪恶联姻吧,
它们不过是尘埃与雾影,
我身上有光照入黑夜。
美德之为美德,只因我把它思忖。

"我的外在感官就这样统御着物质世界,我的内在感官就这样统御着精神世界。一切都屈从于我的意志;每个现象,每个行动,我爱怎样称呼就怎样称呼:活的和不活的世界都取决于我的精神所控制的铁链,我整个的生活不过是一场梦幻,它的许多形象都是按照我的意志形成的。我本身就是整个自然的唯一法则,一切都得服从这个法则。"弗·施莱格尔后来同费希特论战时大叫道:"费希特还够不上是绝对的唯心论者,因为他够不上是批评家和普救论者;我和哈顿伯格(诺瓦利斯)比他更是……"我们知道,远在十年以前,远在人们谈论浪漫主义和浪漫派之前,蒂克就已探索了这个新流派所应走的道路:个性化为个人的任性,这种任性又在"想象"的名义下上升为生活和艺术的源泉。洛维尔在这条轨道上逍遥自在到超越了一切立下的界限。克尔恺郭尔的《诱奸者约翰纳斯》在丹麦文学中完成了并结束了这种典型,这个人物经常在一定的图式之内回避伦理问题,把伦理看作一种无聊而讨厌的力量,因此从来不直接去攻讦它;而洛维尔作为一个更全面、设计得更大胆、虽然表现得更糟糕的角色,却不规避诡诈、流血或毒杀。这是在这整个时代不断变化的唐璜-浮士德式的典型,同时还夹杂了席勒的弗朗兹·穆尔的味道。这种过度的自我观察导致了对人类的无限轻蔑,冷酷地放逐了一切幻想,除了揭露伪善、给我们展示丑恶的真实之外,找不出任何别的安慰。下面这段表白(卷1,第212页)同浪漫主义者后来所说的许多话是多么近似啊:"淫欲当然是我们生活中最大的秘密,就连最纯洁、最炽烈的爱情也会在这个矿泉中冷却。……只有放浪形骸之外,只有参破迷惘,才能拯救我们,所以阿玛丽在我已经无足轻重,自从我知道,诗、艺术与祈祷都不过是被掩饰了的淫欲。……不是别的,正是肉感才是我们机器的第一个发动齿轮。……肉感和淫欲是音乐、绘画和一切艺术的精神,人的一切欲望都围着这个磁极飞舞,正如蚊虫围着灯光飞舞一样;……所以薄伽丘和阿里奥斯托是最伟大的诗人,提善和放荡的科列吉奥要比多米尼齐诺和虔诚的拉斐尔高明得多。甚至宗教上的虔敬心情,我认为都不过是折射出五颜六色的粗野的肉欲本能的旁枝。"人们可能预料,既然在洛维尔的反思中,肉欲产生了这样大的作用,那么他会被描绘成一个由于本能驱使而误入歧途的人物吧?完全相反!他像冰一样冷,像克尔恺郭尔的《诱奸者》的阴影那样冷,他甚至在这一点上也是预先计划的。他并不是用他的血肉,而是用他的在想象中紧张的头脑从事放荡行为。他是一个纯粹的理智人物,一个地地道道的北德意志人。而且,在某一点上,他同时还出其不意地预示了浪漫派的风格。当他完全被烧毁时,当他身上每一粒信念火花熄灭了,他的全部感情"被杀死"倒在他身旁时,他便逃亡到对神奇事物的信仰中,信任一个老骗子曾经为他虚构过前景的神秘启示。颇有意义的是,这个特征在法国的原型中是找不到的,但为了完成这个人物,却又是必要的。

这个人物的个性是如此的空洞,在他自己手里是如此没有分量,以致他在任何时刻似乎既是真实的,又是不真实的;他对于自身都是陌生的,他不相信自身正如不相信任何客观力量。他处于他本身所经历的一切之外。他行动的时候,感到自己仿佛在扮演一个角色。洛维尔告诉我们,他曾经如何诱奸过一个年轻的姑娘艾米丽·柏顿(卷2,第110页):"我突然跪倒在她脚下,向她承认,只是由于我对她的强烈的爱情,我才来到城堡;我还说,这是我的最后一次尝试,看看有没有任何一颗人心肯关怀我,以便使我同生活与命运重新和解。她是美丽的,我像在剧中一样以神奇的方式获得灵感,把我的角色扮演下去;我所说的一切,我都能够带着热情讲出来,一点也不做作。"他接着说下去:"她在若干时间内破坏了她的家庭幸福,这是她自己的过错;按照协定,她现在不得不在众人面前感到羞耻,这可一点也不能怪我。我对她扮演了一个角色,她对我还报了另一个角色;我们非常认真地扮演一个拙劣作者的作品,我们现在重新感到后悔,我们这样浪费了我们的时间。"就是说,全部无非是一出戏,一个角色而已。在这个文学人物身上,我们看到已经发展着后来在弗·施莱格尔和甘茨等人身上成为生活现实的一切,我们在这个人物的心理状态中还发现在艺术家身上确定成为浪漫派十分重视的讽嘲性格的一切。在性格方面,是把生命当作一个角色的赤裸裸的利己主义;在艺术方面,则是对席勒的基本思想——审美活动是"游戏",即没有外在目的的行动——的误解和夸张,因此真正的艺术形式就是每时每刻都在破坏形式、使艺术幻觉成为不可能,并以自我戏谑告终的形式,如在蒂克的喜剧中一样。在这里,主人公的行动方式和喜剧的写作方式之间,存在着十分密切的关系。讽嘲是一成不变的。一切都可以归之于同样的自私和空幻。

为了正确理解《洛维尔》中所描写的心理状态,单看它的结局是不够的，我们在这里必须像从前在《勒奈》中一样看到，这种心理因素以什么为基础，并由什么所决定。它是由时代为之动乱不安的全部执拗心理所决定的。所以，气质各不相同的作家都趋之若鹜地来写这一典型了。洛维尔在厌倦生活方面称得上泰坦，本来就可以列入泰坦的种族。

比蒂克大十岁、比席勒年轻四岁的让·保尔，远在蒂克酝酿《洛维尔》前十年，就开始在他的《浮士德》型的鸿著、小说《泰坦》中开始描绘这个种族。让·保尔在许多方面是浪漫派的前驱，在浪漫派中他为霍夫曼所模仿，正如歌德为蒂克所模仿一样。他是个浪漫派，首先因为他作为艺术家从事工作时，毫无节制地随心所欲。正如奥尔巴赫所说，他"感受到并且已经掌握到一般人的头部画面、情调、性格特征、错综心理、形象等等，他可以信手拈来，安排在某个角色身上或某个情境之中"，他把所有想象得到、却又毫不相干的念头嵌进了他的故事的富有弹性的框子里。此外，他是个浪漫派，还在于他过分地执拗；因为我们从他所有的人物口里——不管他叫什么名字——一而再地听出了他自己；再就是他那睥睨一切、不遵守任何固定艺术形式的幽默；最后，还由于他作为古代文化的对立面的整个态度。但是，不管他在艺术上是什么样，他在生活中却不是简单任性的人，而是热爱自由的人，是自由的热烈的捍卫者，其鼓舞感召力可以同费希特相提并论；他既不反对启蒙运动，也不反对理性，不反对改革，不反对革命，他深信十八世纪所产生、所倡导因而引以为荣的那些观念的历史价值和充分有效性。所以，他转而对浪漫主义者的空洞的败坏道德的幻想发出了警告。

在《泰坦》中可以找到让·保尔所刻画的最强有力的一个理想人物——罗凯洛尔。我说理想人物，因为他作为优秀的现实主义的牧歌诗人，创造了一个完全不同凡响的性格。罗凯洛尔是时代借以倾吐它的激情和绝望的形式的原型。他是狂乱的、念念不忘的以致变成梦幻的欲望，因为它是这样一种力，环境对它已不起任何作用，它本身也没有同化现实或者突破并驾驭现实的能力。因此，这种欲望便变成一种向内部生发、导致自我反映和自杀的疾患。试听听罗凯洛尔在一封信中这样描绘自己：(卷3，第88节)：

"现在请看看我，我摘下了我的面具，我的脸在抽搐痉挛，就像服毒后在挣扎的人！我的确服了毒，我吞下了一粒毒丸，吞下了地球。……我的树已为幻想之火烧空了，烧焦了。有时，自我的蛔虫如愤怒、狂喜、爱情等等重新四处蠕动并相互吞噬，我便从自我的高处俯览它们；我把它们当作水螅一样割碎，又把它们彼此连接起来。然后，我又重新再做回那个观望者，如此循环往复，以至无穷，这一切又何所有于我呢？如果说别人有一种信仰上的理想主义，那么我有一种心灵上的理想主义，而且每一个常在舞台上、在稿纸上、在地面上经历了一切情感的人，都会是像我这样的。这又有什么用处呢？——我常常观望我周围的山脉、河流和土地，我觉得仿佛它们随时都会飞走，变成云烟，连我一起。……一个人如果什么对他都无所谓，连美德也无所谓，这个人身上便有一种冷酷的莽撞的精神；因为他愿意，就可以选择美德，他是美德的创造者，而不是它的造物。有一次，我在海上经历过一次暴风雨，那时整个海水汹涌澎湃，白浪滔天，相互撞逐，而宁静的太阳在上面凝视着——像太阳这样吧！心是暴风雨，天空是自我。——你认为，小说和悲剧的作者，就是说他们中间曾经千百次模仿过神和人的一切的才子们，同我有什么不同吗？真正支撑着他们和其他世人的，乃是对于金钱、对于名誉的欲望。……猴子是兽类中的天才；天才就是善于审美模仿的、无情的、邪恶的、幸灾乐祸的、色情的——寻欢作乐的猴子。"他讲到，他怎样仅仅由于一种从无聊产生的体验欲，勾引了他的朋友的妹妹："我没有损失什么——我身上没有天真——我没有获得什么——我憎恨肉欲的享乐；某些人称之为悔恨的黑影，铺张开来追随着魔灯的一闪而过的光怪陆离的幻象；但是，难道黑色比彩色更不利于视觉吗？"

谁要是细心地读一读从让·保尔的四大卷小说中抽出来的哪怕

31

这一小段,他就会认识到,这里也在人生与艺术之间画出了一道联结线。罗凯洛尔无意地但却意味深长地把从事创造的艺术家的性质当作自己性质的象征,"为幻想之火烧空了"和"心灵上的理想主义"(也就是我称之为主观主义的东西)等词句,是如此确切地说明问题,简直仿佛是特别加以挑选似的。是的,作者非常清楚地意识到他所想描绘的东西,因此他在犯下最后的也是最可恶的罪行之后,即在冒充主人公阿尔班诺,趁夜色拜访了此人的情人林达之后,便要在舞台上动手杀死自己了;他扮演一个以自杀为结局的角色,于是他枪杀了自己。直到最后一刹那,他仍然活在现象和伴托的世界里,把现实和幻想交错起来或者混同起来。按照幻想或者诗来构成现实,不正是后一代人的口号吗?这正是他们给自己安排的任务,也是他们在整个创作中设法解决的任务;努力寻求这种解决,这一点说明了也宽容了他们在设计改造现实中所犯的错误,例如在施莱格尔的《卢琴德》中。

  诗与生活之间的关系这个大问题,对于它们深刻的不共戴天的矛盾的绝望,对于一种和解的不间断的追求——这就是从狂飙时期到浪漫主义结束时期的全部德国文学集团的秘密背景。为了理解《卢琴德》,也是为了理解《洛维尔》,我们才必须这样回顾一番。借助让·保尔的《泰坦》,可以更好地理解这两部作品:通过泰坦型的罗凯洛尔可以理解洛维尔,通过泰坦型的林达可以理解卢琴德。

三 浪漫主义的积极准备。
《热情的奔放》

我已经描写过,浪漫主义是怎样从消极方面,即逃避现实和任性方面,由较古的文学、由歌德和席勒开创先河,而且它植根在怎样的生活环境之中。现在我们将要看到,浪漫主义另外又怎样从积极方面由它的前驱们充分做了准备。

我们还来谈谈《罗凯洛尔》吧。且不论这个人物身上具有哪些异想天开的特殊色调,单问他的基础是什么?他的基础是热情,即德国人所谓的热情的"奔放"①、自由感觉和慷慨激昂。只有这种情感才是歌德和席勒的青年诗作中所表现的现代德国文学的出发点。这些诗作带有同样一种泰坦式的反抗情绪。它们是同样一种对立的表现。它们是革命的爆发,也是革命的试验。歌德的戏剧《兄妹》就是以兄妹之间的爱情来做试验的。他的《斯苔拉》在初稿中是以辩护重婚作结束的,让·保尔在《西本克斯》中同样把重婚写成仿佛可以容许天才干的事情,如果他觉得第一次所承担的义务不堪忍受的话。《葛慈》是一个天才在同颓唐而腐败的时代作争斗中的悲剧毁灭。席勒的《强盗》连同它的扉页题词 In tyrannos②,以及它所引用的希波克拉特斯的警句,"药治不了的,要用铁器;铁器治不了的,要用火",都是反对社会的宣言。卡尔·穆尔是一个豁达大度的理想主义者,他在这"被阉割的

---

① 原文为 Freigeisterei,意为任情纵意,无有制限,不屈于任何权威。
② 拉丁文:"打倒暴虐者。"

时代"必然作为一个罪犯而毁灭。席勒笔下的强盗根本不是打家劫舍之辈,而是革命者。他们并不劫掠,但要惩罚人;他们并不针对职位,而是针对特权;他们同社会隔离开来,对社会加在他们身上的不义进行报复。革命在认真爆发前八年,就已在席勒的《强盗》中演出了它的强盗式的游戏了。不过,席勒的泰坦式的反抗在他早期的诗作中表现得更有个人特色,那些诗作都是在他同封·卡尔布夫人交往中所产生的灵感下写成的。普通版本所收录的,都是经过改写的,已经面目全非了。必须在库尔茨或戈尔德克的选本中去重读它们。后来改名为《斗争》、原来题作《热情的奔放》的那首诗这样写道:

> 这阵战栗,这无名的恐惧从何而来,
> 当你用多情的手臂拥抱我的时分?
> 是因为哪怕动一动就会破碎的誓言
> 把闻所未闻的桎梏强加你身?
>
> 是因为为法律打上神圣印记的仪式
> 使偶然的严重恶行化为神圣?
> 不,——我要大无畏地抗拒
> 面红耳赤的自然所懊悔的联姻。
>
> 哦,不要战栗——你作为罪人已发过誓,
> 伪誓乃是忏悔的虔诚本分,
> 你献给神坛的心是属于我的,
> 上天不会捉弄人间的欢欣。

尽管这天真的诡辩听起来很奇怪,尽管上天未必经常允诺自己一点也不捉弄人间欢欣,这里所反映的倾向却是确切无疑的;而且正如黑特纳(卷3,第375节)中肯地指出过,堂卡洛斯也说过同样的话:

"我的爱情的权利要比神坛前的仪式更为古老。"因为《堂卡洛斯》(此剧曾经按照席勒各个时期的主导激情修改过三次)在第二次草稿中就是以抨击结婚为主旨的。

席勒笔下的年轻女皇伊丽莎白的原型,就是夏洛特·封·卡尔布。这位女士是席勒年轻时代的情人,她的父母曾经强迫她同别人结了婚。一七八四年席勒才结识她,一七八八年他们还想把他们的命运永远结合在一起。席勒这时在家里收容了可怜的荷尔德林,他由于同房东太太苏塞特·贡塔德的恋爱关系,不得不放弃他在法兰克福的家庭教师的职位。席勒离开了封·卡尔布不久,她就成了让·保尔的情人(卡洛琳娜·施莱格尔把她戏称为"让奈特·保琳娜"①)。让·保尔这样描写过她:"她有两件大东西:一双我还从未见过的大眼睛和一个伟大的灵魂。"他承认,他曾经把她写成泰坦型的林达,借以同罗凯洛尔相对照。在《泰坦》(第118节)中这样谈到林达,对她一定很宽厚一些,"不但因为她十分柔弱,还因为她非常憎恶婚姻。"她从不能陪伴一个女友到婚礼祭坛前去,她把它称作妇女自由的刑场,最美最自由的爱情的火葬场,并且说,到那时爱情的英雄诗充其量变成了婚姻的牧歌。她的聪明的女友向她指出(第125节),她之所以憎恶婚姻,当然只不过因为她憎恶"教士"罢了,——难道婚姻关系不就是永久的爱情吗,难道所有的爱情不都有权认为自己是永久的吗?——还说,不幸的爱情故事即使不比不幸的婚姻更少,那也是一样多,等等,但是这些话都没有使林达信服。封·卡尔布夫人本人给让·保尔这样写道:"何必要三句不离勾引呢?我请求您,宽恕这些可怜虫吧,不要再折磨它们的心灵和良知了。自然已经是够死硬的。我决不会改变我对这个问题的想法。我不懂得这种德行,也不能说某人有了它就会幸福。人世间的宗教,无非是为了发展和保存我们天性所具有的力量和才具而已。人不应当屈服于任何强制,但也不甘心于任何不公正的忍

---

① "让奈特·保琳娜"是"让·保尔"的女性称法。

从。让勇敢、健壮、成熟的、认识并且运用自己力量的人类随心所欲吧；但是，我们这一代的人类却是贫困而可悲的。我们的法律都是最悲惨的鄙陋与匮乏的产物，很少是智慧的产物。爱情不需要任何法律。"

在这封信里，有一个伟大而强悍的心灵在讲话。从这里跃进到《卢琴德》的观念并不算远，但是从这里跌落到《卢琴德》的平凡的实践却是很深的。不过，这些偏激言论也并不难理解，如果我们看一看它们所产生的社会关系，并且认识到它们决不是孤立的零碎的偶然的控诉，而是由诗人气质对于当时社会的一般关系所决定的。德国古典作家的大本营和麇集地当时就在魏玛。一个小公国的一个小城镇居然能够这样显赫，是不难理解的。德国当时有两大邦君，一个是约瑟夫二世，他太专心于他的理性主义的改革运动，太热衷于启蒙运动，因而对德国诗文没有一点兴味；另一个是普鲁士的伏尔泰派的弗里德里希，众所周知，他的趣味和精神倾向是过于法国化了，对于德国的作家也没有兴味。只有这个小朝廷才对他们有所眷顾：席勒在曼海姆找到他的庇护所，让·保尔在哥达，歌德则在魏玛。长期以来，德国的诗歌创作没有集中起来。现在魏玛成为它的中心。歌德把赫尔德和威朗德邀请到了那里，并为席勒在附近的耶拿谋到一个职位。魏玛因此成为这样一个地方，不论从实际上还是从理论上说，人们都最无顾忌、最无偏见地把激情尊奉为同社会传统相对立的诗。"啊，这里有女人！"让·保尔来到魏玛，就这样叫喊起来，"这里一切都有革命的勇气，女人结婚没有任何意义。"威朗德为了"恢复元气"，把他早年的情人拉·罗施带到了家里。席勒邀请封·卡尔布夫人一同到巴黎去旅行。

歌德这个人一到魏玛，就带来了整个的狂飙突进时代。很难设想有比这个社会更奇特、更活泼的社会了：公爵夫妇十八岁，歌德二十六岁，公爵夫人阿玛莉即卡尔·奥古斯特的母亲刚三十六岁，都充满了最放荡的生活欲望。这个宫廷的灵魂就是歌德，他以青春的豪放风度，领着这一圈人从事游艺、宴会、远足、赛跑和假面会等赏心乐事，把他们弄得晕头转向,兴高采烈,放肆地享受着自然的欢悦。这一切掺杂着多少有点轻佻的桃色事件,时而显得明媚,时而又显得"晦暗"。让·保尔给他的朋友写信说他只能口头描述魏玛的风尚。试想一下,连滑冰都被魏玛的高贵市侩们视作丑行,那么对于老威朗德的这句乖戾的说法——人们似乎一心只想"把兽性兽性化"——就不会感到奇怪了。温柔而宽宏的风流女人封·斯坦因夫人就这样整整当了十年歌德的女神,她就是他的莱奥诺雷和伊芙琴尼亚的原型。后来,歌德让那朵"像星星一样发光、像小眼睛一样美丽"的小花儿克里斯蒂安娜·符尔皮乌斯住在家里,和他同居了十八年,然后才经过教会的祝福宣布结婚,这就更加闹得满城风雨了。席勒同夏洛蒂·封·伦格弗尔德结了婚,可是她的妹妹卡洛琳娜(她才是席勒的"理想",他由衷地感到同她情投意合)却离开她的丈夫,也搬到他家来了。所以,可以理解,让·保尔到了魏玛,在封·卡尔布夫人的人格的感召下会叫喊起来:"从许多事情可以断定,一场比政治革命更伟大、更神圣、但同样可怕的革命正在世界的心脏里跳动着。"

是什么样的革命呢?把情感从社会风尚中解放出来,心灵无礼地坚持有权把它的法典视作新的道德法典,并按照品行、有时仅仅按照偏好来改造习俗。此外,人们再也不要什么,再也不想什么。他们心目中并没有实际的或社会的改革。表面上总是拜倒在他们公开抛弃或者悄悄回避的每条规则面前,这就是德国人的性格。例如,不单是年长的歌德在直截了当的谈话中一再强调:保持两性共同生活的现存形式,乃是文明之所绝对必需。而且一般作家在自己的作品中,先是到处发表他本人多少赞同的革命思想,接着又在末尾把它们一一取消,因为主人公不是承认他的错误,就是自杀,或者由于反抗而受到惩罚,或者以看破红尘而告终(如卡尔·穆尔、维特、塔索、林达),正如中世纪的异教作家在末尾往往添上一道告白:不言而喻,本书所写的一切,应当按照圣母教会的教义来理解。

人们称之为"穿裙子的风暴"的封·斯塔尔夫人,一来到德国,就加入了魏玛这个才女圈子。她在她们中间显得就像一只古怪的野鸟。她们的倾向和她的同感相去多远啊！对于她们来说，一切都是个人的，对于她来说，一切都是社会的。她曾经挺身而出，她曾经为伟大的社会改革作殊死战。这些人文主义时期的德国妇女，即使再怎样活跃，但要她们像她这样，都未免有嫌朴拙。斯塔尔夫人要从政治上改革生活，而她们却意在使生活诗意化。她们中间没有一个能有向拿破仑扔手套的念头。一位夫人的手套，是爱情的保证品，怎么能派这样不相称的用场呢！她们并不懂得人的权利，她们只熟悉心的权利；她们并不反抗生活的不公正，她们只反抗生活的散文。社会和天才个人之间的关系，在这里并不像在法国那样，并不采取个人的革命的自由和社会的传统的强制性之间的斗争形式，而是采取个别人的愿望作为诗和政治与社会规范作为散文之间的斗争形式。因此，浪漫主义文学不断称颂愿望的能力和力量，这特别是弗·施莱格尔经常提到的一个主题。实际上，这是一般人所具有的独特的向外发展的力量，是一种被理解为力量的软弱无能。我们在克尔恺郭尔的《或此或彼》中找得到同样对于愿望的惊叹："欧伦施莱厄的《阿拉丁》之所以那样令人心旷神怡，是因为这首诗在最不可思议的愿望中具有一种巧妙的、天真烂漫的勇气。在我们这个时代，多少人真正敢去愿望呢？等等。"天真烂漫，又是天真烂漫！可是，愿望——宗教之母，无为的别称，竟然成为浪漫派的标语，又有谁会感到惊讶呢？愿望在这里就是诗，社会是散文。连伟大的德国诗人最明净、最洗练的作品，也只有从这个观点来读，才能读得懂。歌德的《塔索》写出了政治家和诗人之间的斗争，即现实与诗的斗争，描绘了二者之间的对立，这二者相互补充，但并不相伴，"因为自然并没有把这二者构成一个人"；这部作品虽然具有玲珑剔透的形式和来之不易的忍从精神，却正是这种长期酝酿过程的产物，这一过程同时为浪漫派提供了全部的酵母。《威廉·迈斯特》的题材也并不两样。就是这部作品，它所描写的也不过是诗的理想与真实的现实之徐缓的和解和结合。但是，只有最伟大的天才才能够达到这样的高度,大多数卓越的、但努力方向不明确的诗人却滞留在这种不和谐之中。而且,诗越是把这种不和谐当作一种力量来意识,诗人越是感觉到他自己的尊严,文学越是成为一个带有独特的专门兴趣的自在的小世界,那么,反抗现实的斗争便越是采取一种反庸俗斗争的次要形式(例如,参见艾亨多夫的戏剧《同市侩作战!》)。所以,诗的任务不在于维护自由的永恒权利,去反抗外部环境的暴虐,而在于使自己成为诗,去反抗生活的"散文"。这就是日耳曼人、德意志-北欧人关于诗之解放作用的真正经过反思的文学见解。

克尔恺郭尔(在他的关于嘲讽概念的文章中,第 222 页)说过:"我们必须记住,蒂克和整个浪漫派是在同这样一个时代打交道,或者相信在同它打交道,人们在那个时代里仿佛完全僵化在有限的社会环境中。一切都完美无缺,都终结在一种神圣的中国式的乐观主义中,没有任何合理的憧憬不被满足,没有任何合理的愿望不被实现。风俗习惯的庄严信条和格言乃是虔诚崇拜的对象;一切都是绝对的,甚至就是绝对本身;禁止一夫多妻制,人们戴着尖帽子走过来,一切都包含着意义。人人都感到自己有随着地位而变化的威风,不管他有多大的成就,不管他孜孜不倦的努力对他本人和整体有多大的意义。不按钟点办事,人们就不能像教友派那样心安理得地过日子;让他无意间去犯不管时间的罪过,都不可能。一切都平平稳稳、按部就班地进行,甚至去求婚的人也是这样;因为他知道,他正在依法办事,正采取人生最严肃的一步。一切都准时发生。夏至节,都拥到大自然中去;忏悔祈祷日,都为罪孽深重而悔恨;满了二十岁就要恋爱;十点钟就得上床。结了婚,就为自己的家室、为自己在国家中的地位而生活;有了孩子,就一心顾家了;到了壮年,由于善行而获得高位,并同传教士友好往还;在传教士的眼前,他们做出种种慷慨豪爽的事迹,足以构成身后的美名,他们知道有朝一日,他会怀着激动的心情,结结巴巴地念叨这些美名;他们是真正意义上的朋友,一个真正的朋友,正如他们是真正的评议员。"

我认为，这段描写本身并不是在谈历史。除了现在不戴尖帽子，改戴圆帽子这一点，我不明白，描写一八九三年的这段话为什么适用于其他任何时代，而不适用于我们今天。它并没有专指某一个时代，没有，我们今天的特征不过在于才子们、浪漫主义者们对于庸俗性的理解。他们从哲学上把它理解为有限，从智力上理解为褊狭，并不像我们从道德上把它视作鄙陋。他们把它同他们自己的无限憧憬相对照。他们用他们自己的青春的诗抵抗它的散文，正如我们用男性的意志抵抗它的卑劣一样。因此，他们想凭借他们的憧憬和思想，脱离社会和现实，这可以视作普遍的规律。不过，例外的是，如前所述，他们即使不能实现他们的人生理想，也一再试图草拟出（就像猜谜一样），怎样才能把现实改造得完全化为诗。

这里看不见一点愤怒的火星，或者一丝创新的精神，像法国浪漫主义作家（例如乔治·桑）身上所表现的那样，他们仅仅构想一些革命的、或者至少是惊世骇俗的观念以自娱。

四　荷尔德林

从歌德、席勒的希腊风到浪漫主义倾向之间有一个过渡性的集团,这个集团外面有一个不属于浪漫派的孤独的人物,就是当代最高尚、最优雅的心灵之一荷尔德林。他是德国浪漫主义者的先驱,正如另一个希腊之友安德烈·舍尼埃是法国浪漫主义者的先驱,但是他也是他们的同时代人。他同晚期浪漫派哲学家谢林和浪漫派以后的伟大思想家黑格尔一同受教育,并同他们两人结下了诚挚的友谊。但是,他不认识一个真正的浪漫主义者,因为精神错乱使他脱离了文坛。

荷尔德林生于一七七九年,一八〇二年开始患癫疾。因此,他作为作家和诗人的生涯,不过比哈顿伯格和瓦肯罗德尔稍微长久一点,虽然他后来苟延残喘约四十年。

反对希腊风,在后世看来,构成浪漫派的主要特征之一,其实这完全不是他们的旨趣所在。相反,如果把绝对不欣赏古希腊事物的蒂克除外,他们全都倾心于古代希腊,特别是施莱格尔兄弟、施莱尔马赫和谢林。他们一心想深入感觉一切人性,果然很快认识到,希腊人身上才具有最丰富的人性。他们渴望从当时人为的社会结构中逃出来,逃向自然去,可是他们也只有在希腊人身上才重新找到永恒的自然。真正的人在他们看来就是真正的希腊人。所以,弗·施莱格尔一跨入人生,就希望自己对于文学能起到温克尔曼对于艺术的作用。他在《论迪奥蒂玛》和《希腊诗歌研究》等文中认为,希腊文化和希腊诗歌基本上都是首屈一指的。后来施莱格尔的这个态度特别表现在努力反对现代的虚伪的羞耻感,努力强调美本身优于与艺术无缘的道德法则这一点上。他还论证亚里士多德对于希腊人的天然诗缺乏鉴赏力,这也正是施莱格尔的本色。

这种对于古希腊的热情,显示在荷尔德林的全部本性中,要更持久一些;而且,他的这种热情并非见于文论,而是在散文和诗歌中采取了纯抒情的形式。荷尔德林是个卓越的诗人,即使作为戏剧家和小说家,他也不过是个诗人。海姆曾经非常中肯地谈到过他的小说:"沉湎于理想,理想破灭了,于是为破灭的理想而哀伤:这便是许佩利安书信以永不枯竭的活力和同样坚定的热忱所贯彻的主题。……他为一去不复返的事物所苦。"因为在他看来,理想既然完全如他所梦想,体现在希腊生活中,那么他的整个写作活动便只能是对于失去的希腊的眷恋不舍的悲悼。但是,再没有什么比这种眷恋更少有希腊气息、更富于浪漫主义味道的了。沙克·施塔费尔特当时在他的诗歌中对古代北欧的憧憬,瓦肯罗德尔对于古代德意志的沉醉,都显示了一种完全一致的特点。正如荷尔德林的风景是非希腊的,他在《许佩利安》中塑造的现代希腊人也是完全非历史的、没有民族性的形象,他们是些高贵的、受席勒影响的德国梦想家。他自己一定感觉到这一点,但是独特的出类拔萃的心灵在德国的命运对于他是很可怕的。虽然他在诗歌中表现为一个热烈的爱国者,并以古老的乐章歌颂过浪漫的海德堡,他却认为,德意志风和希腊风依然有如野蛮与文明之不相容。他在一封给他的兄弟的信中写过他自己对于希腊人的态度:"尽管我满怀好意,以我的行动和思想追随着世界上这些无与伦比的人们,可是我在我的全部言行中却常常显得更加笨拙可笑,因为我像鹅一样以平足立于现代的水波之中,软弱无力地向希腊的天空振翅欲飞。"而在《许佩利安》的结尾,他这样写到德国人:"他们自古就是野蛮人,由于勤奋和知识,甚至由于宗教而变得更加野蛮,根本不能产生神圣的感情,他们腐败到了骨髓,不配承受美神的眷顾,他们的夸张和猥琐使每个健全的心灵感到难以容忍,他们鲁钝而不和谐,有如一具破花瓶的碎片。……谈到你们的诗人和艺术家,谈到一切重视天才、爱护美的人们,就更令人心碎了。善人们,他们生活在世界上,生活在自己家里,陌生有如异邦人……他的文艺青年原来充满爱情、心智和希望,渐渐成长起来;七年之后,你再瞧瞧他们,他们像影子一样到处游荡,沉默而又冷淡。"

因此,荷尔德林欢呼法国人的胜利,欢呼"共和主义者的巨大进展",蔑视"政治上和宗教上的符腾堡、德国和欧洲的无赖行径",嘲笑"德国人眼光短浅的家庭趣味",抱怨他们对于公共荣誉和公共财富的漠不关心。他说:"我想不出来还有什么民族比德国人更加支离破碎的了。你看得见工匠,但是看不见人,看得见思想家,但是看不见人,看得见牧师,但是看不见人,看得见主子和奴才,成年人和未成年人,但是看不见人!"

他在《许佩利安》中所表达的关于国家的概念,也是同时代精神完全相吻合的,根本没有什么希腊味道。他说:"你还是给国家让与了太多的权力。国家不应当要求它所不能勒索的东西。而爱情和心智所给予的一切,便是不能勒索的。这些断不能让它沾边,否则就用它的法律,把它钉在耻辱柱上!天老爷,想把国家变成道德学校的人,真不知自己作了什么孽。人要是想把国家变成天堂的话,每每总把它变成了地狱!"

《许佩利安》的主人公对他的迪奥蒂玛所怀有的爱情,完全是非希腊的,是地道浪漫主义的;把荷尔德林这个可怜的家庭教师和他的女学生的母亲联系起来,并且决定了他一生的命运的,也正是这种深刻的悲剧性的感情。希腊人谈到他心爱的女人,从没有怀着宗教崇拜的心情,像荷尔德林对他的"希腊美人"所表白的那样:"亲爱的朋友!世界上有一个人,我的精神能够并将会在他身上流连几千年,然后仍将会看到,我们所有的思想和理解在自然的面前显得何等的幼稚……"许佩利安谈到迪奥蒂玛的时候,也完全是这种令人想起彼特拉克的调子。迪奥蒂玛正是"许佩利安的心灵所追求的唯一的东西,正是我们设想存在于九霄云外的完满"。她就是美，就是具体化的理想。爱对于他就是宗教，宗教对于他就是对美的爱。美的理想是最高的、无条件的理想。作为概念，它属于理性的世界；而作为形象，则属于幻想的世界。荷尔德林认为，审美的观照克服了康德在悟性领域和想象力领域之间所画的界线。他的理论作为诗和哲学的忘形情境，同席勒的希腊主义和谢林的先验唯心主义都有瓜葛，早在浪漫主义时期之前就已经是浪漫主义的了。

最后，在他的半现代的泛神论所沾染的基督教情调中，也可以隐约见到萌芽的浪漫主义。他原来决心献身于神学，并且受过严格的修道院的教育。不过，尽管他在书信中处处流露出虔诚的气质，他在诗歌中却是一个异教徒。他厌恶教士，坚决抵制他的家庭要他当教士的愿望。在他的《恩佩多克勒斯》中，主人公对教士赫摩克拉特斯有如下一段意味深长的回答：

> 你知道，我早有言在先，
> 我看透了你和你那邪恶的一帮，
> 大自然怎能容忍你们在它怀抱
> 这是我久久不能获释的疑团。
> 哼，当我还是孩提时，我那
> 虔诚的心灵就忌避你们堕落者，
> 它纯洁清廉，诚挚地倾慕着
> 太阳、苍穹和缥缈的
> 大自然的一切使徒；
> 那时我已在恐惧中感觉到
> 你们想怂恿敬仰神明的心
> 为卑劣的目的服务，
> 还要我跟你们一样鬼混。
> 滚吧！我眼前不能看见这种人

把宗教当作买卖做；
他的脸色虚伪、冰冷而死板，
就跟他的神灵一样。

别的浪漫主义者虽然一开始都比荷尔德林都更其是自由思想者，但是他们后来都染上了的那种伪装虔诚的气味，荷尔德林身上却一点也没有。不过，他的希腊风却并不像歌德和席勒的希腊风那样带异教色彩。其中主宰着一种与基督教信仰相仿佛的热忱；他在诗歌中对太阳、对大地、对"天父"的祈祷，正是一个信徒的祈祷；当他（例如在《恩佩多克勒斯》中）处理一个纯异教题材时，就像后来克莱斯特写他的《安菲特瑞翁》一样，在处理方式上处处可以看到基督教传说的痕迹。恩佩多克勒斯之于当时的法利赛人，正如耶稣之于古犹太的法利赛人。恩佩多克勒斯跟耶稣一样是伟大的预言家，他的自我牺牲精神以及因之引起的顶礼膜拜，激起了同基督教遥相呼应的情愫。

后来为浪漫派所发展、夸张、漫画化或者一笔抹煞的思想情绪，幽微而淡远地显示在荷尔德林的作品中，犹如一个纯精灵所勾画的草图。

五　奥·威·施莱格尔

一七九七年,三十岁的奥古斯特·威廉·施莱格尔发表了他的莎士比亚德译本的第一卷。纳入本卷的几个剧本的草稿已经被发现了,使我们有可能探索译者坚定而聪明的努力过程。同时,对于那些善于从字里行间发现问题的人们来说,还可能从这些发黄的沾满灰尘的稿纸中研究一下奥·威·施莱格尔和他的夫人的心灵生活,进而甚至能够浏览一下整个时代的精神生活[①]。

就连一些看来无关紧要的细节也都富有启发性。原稿并非全是奥·威·施莱格尔的笔迹。施莱格尔于一七九五年冬天到一七九六年间着手翻译《罗密欧和朱丽叶》,一七九六年他同卡洛琳娜·伯默尔结婚,我们找到了一本完整的原稿誊正本,是他们结婚后第一年由卡洛琳娜手抄,后来经施莱格尔校订过的。从她的书信中看出,她在一七九七年九月还为他抄过《皆大欢喜》的几乎不可辨认的手稿。而且,她不仅仅是个抄写者,她还参加撰写施莱格尔关于《罗密欧和朱丽叶》的论文,这篇论文在当时德国所发表的关于莎士比亚的评论中算是最优秀的,仅次于歌德在《威廉·迈斯特》中对《哈姆莱特》所作的研究。我们往往从一种女性感情的流露中,从施莱格尔的其他作品不常见的温柔风格中认得出她来。把莎士比亚完整而忠实地介绍给德国,这项工作的全部意义,她比她的同时代人理解得更为透彻。但是,她对于

[①] 参阅迈克尔·伯尔奈斯:《关于施莱格尔的莎士比亚译本的形成史》。——原注

这项工作和翻译者的兴趣,如原稿所表示,并没有维持很久,没有超过她的婚后生活的第一年。开始主要是她的手笔,施莱格尔在一七九七至一七九八年所译的几部剧本的草稿中,她的合作痕迹看来还是很明显的,虽然她的笔迹逐渐少见了。一七九八年底所译的《威尼斯商人》的手稿中,还可以找到卡洛琳娜手笔的最后的痕迹。同年十月,谢林进入了耶拿浪漫派的圈子,此后就再也看不到她写的一个字了。

在所有原稿中特别有两份,使我们更深刻地认识到施莱格尔的发展过程。那就是《仲夏夜之梦》的两份不同的稿本。

在奥·威·施莱格尔之前,不论在德国还是其他地方,都没有人尝试过用诗体逐行翻译莎士比亚的诗。当时只留存着威朗德和埃申堡的两种陈旧的不足道的散文译本。施莱格尔在格廷根当学生时,开始零星地尝试用德语韵文翻译《仲夏夜之梦》的英语韵文。他从小就是"一个热情的韵文制作者",这显然是一种得自遗传的才能。在他和他的兄弟初露头角之前半世纪,另有两个施莱格尔兄弟在文坛上已经出了名。一个是约翰·埃利亚斯,他长年住在哥本哈根,同霍尔伯格过从甚密,在有关戏剧的一切方面都是莱辛的先驱;另一个是约翰·阿道夫,他是奥古斯特·威廉和弗里德里希的父亲,没有什么特殊的独创性,但却肯定具有语言上和造形上的天赋。

威廉作为青年学生,既在语言上善于适应,又在创作上自有主见,由此见出他的早熟的性格。他热望结识比格尔,这时比格尔在格廷根大学当教授,过着不幸的孤独的生活,因为这里只注重学问,他的诗名并没有为他博得威望。反之,他同他的小姨的暧昧关系,更损害了他的社会声誉。在格廷根仿佛遭受流放的比格尔,热心地接待了这个多才的学生,他比老师有更可靠的鉴赏力,有更系统的知识。当时,比格尔还被认为是德国第一个抒情诗人和韵文大家。施莱格尔从他学到了语言上、韵律上、技巧上的一切诀窍,学到了通过用字遣词、通过运用节奏和格律取得艺术效果的一切手段;而且,他由于有天生的模仿才能,便尽量剽窃比格尔的诗歌创作的特点,只要他的迥然相异的气质能够吸收。他的诗篇《阿里阿德涅》简直可以冒充比格尔的手笔。当时在德国刚刚流行的十四行诗体,本以比格尔为名家,而施莱格尔写起这种诗体来,也是亦步亦趋,以致许多年以后,施莱格尔的全集出版时,竟然无意间羼进了比格尔写的两首十四行。

当时,这位老师还写过一首优美的十四行,向这个前途无量的学生表示过敬爱。这首诗是这样起头的:

  年轻的鹰啊,你威武的飞翔
  将冲破云层的高压,
  找到通向太阳的道路,
  否则太阳神在我心中说了谎话!

结尾则是这几行谦虚而优美的诗句:

  为了崇奉太阳神,我不吝惜
  自己的花冠,把它戴在你头上,
  但——你配戴一顶更好的花冠啊!

施莱格尔为比格尔的冷淡无情的精致品《唯一无二者的雅歌》写了一篇评论作为回报,把这篇诗捧为史诗中的奇迹。于是,他开始同比格尔一起着手翻译《仲夏夜之梦》,其实大部分工作都是他做的,比格尔不过通读了一下原稿罢了。但是,这时他还完全处在比格尔技巧的影响下,原稿表明,他始终听从比格尔的匡正,特别是听从他对于铿锵音节和宏伟气势的偏爱。不过,比格尔作为翻译者并没有费力去特别明确地反映莎士比亚的特点;他相当着力于渲染粗豪而放浪的语句和那些弥漫着荒唐热情的章节,因而只是反映了他自己的特点;他强调和夸张投合他对于粗鄙玩笑的偏爱的每一道笔锋,因此破坏了温柔而纤细的章节所包含的魅力。年轻的施莱格尔尽管出于天性,具有对于优雅的莫大偏爱,但是老师的影响在这方面仍然把他引入歧途,以致当他有意做到自然而清新的时候,却往往变得粗笨而又迟钝了。

赫尔德对于年轻的施莱格尔,可能是比比格尔更好的导师。他早已在他的《各族人民的声音》中发表过一些莎士比亚剧作的片段,在用德语翻译英国诗歌上做出了典范。所以,施莱格尔作为莎士比亚的翻译者,要是信赖了他的指导,他就不会想到用六音步抑扬格来译五音步抑扬格,或者更改"精灵之歌"的格调。就是说,谁也没有比赫尔德更深刻地感觉到威朗德译本的缺点。而今,赫尔德想把莎士比亚德国化的宿愿重新在施莱格尔身上苏醒了,他虽然在初次尝试中有许多缺点,但却很快超过了赫尔德。

施莱格尔接着就从比格尔的影响下解放出来。在比格尔看来,艺术的最高任务在于国粹化。到一七九一年,施莱格尔离开了比格尔,到阿姆斯特丹去当家庭教师,并深入研究了席勒的作品;此后,他不仅在诗作中模仿席勒的腔调,并为席勒的诗篇《艺术家》写了一篇心心相印的评价,而且他还通过席勒的艺术哲学,对艺术的本质获得了更高的见解。他的韵文风格开始向雍容华贵的路数转化。不过,席勒几乎同比格尔一样不能帮助施莱格尔充分理解莎士比亚;他在他翻译的《麦克白斯》中,把女巫变成了希腊的复仇女神,并让看门人唱起了劝善小曲,而不是粗犷诙谐的独白。如果说比格尔的质朴无华对于年轻的施莱格尔是一种危险,那么另一种危险便是席勒的激昂慷慨了。

正当席勒关于艺术的崇高意义的学说照亮了施莱格尔的心灵的时候,歌德刚刚问世的诗集(他这时才开始对它有正确的理解)则刺激起他从事研究、解说和按诗的方式从事翻译的渴望。上文已经提到,歌德文集的初版受到极大的冷遇。其主要原因在于读者没有读到他按照《维特》和《葛慈》的风格写的新作品而感到失望,在于读者对于歌德的精神发展毫无理解。施莱格尔的批评气质现在却认识到歌德的多面性。他理解并赏识歌德作为艺术家能够暂时忘却自己,让题材完全通过自身发生作用,这些题材在歌德手里产生了一种决非信手拈来、而总是为素材所决定的形式。他懂得,他作为诗的翻译者,必须实行同样的自我否定,发展同样从精神上使一个素材再生的能力。对于外文原著的最微妙的特色,既要有女性的感受力,同时还要有根据整体印象进行再创造的男性的能力,这是翻译者完全必须做到的,而歌德却兼而有之;因为他的本质就是广博,他的名字就是勒吉昂,他的精神就是普罗特乌斯①。

对于施莱格尔来说,还必须克服语言技巧上的重重困难。正是在这方面,歌德的榜样是划时代的。他改造了德国的语言。德语经过他的手,大大提高了灵敏度和容量,对于雄壮和优美具有如此丰富的表现力,这样便给施莱格尔提供了他恰巧需要的调好了的乐器。当他师事比格尔的时候,他把技巧的完善还视作某种外在的、通过推敲琢磨可以获致的才能;而今他懂得,完整的技巧是由内部决定的,它无非是由基本情调所制约的风格统一的表现。于是,他开始认为自己毕生有如下双重任务:一是用德语表现外国民族的杰作,二是向同胞批判地解说外国和本国最优秀的文艺作品。

现在,施莱格尔对于浪漫派为了自己的事业而争取过来的战友费希特也有了崭新的理解。他认识到,费希特的自我学说以完全抽象的方式阐释了人类心灵的无限能力,即在一切中发现自身、又在自身中发现一切的能力。施莱格尔的柔顺的心灵于是攀附着费希特的这个强大的基本思想生发起来。

这期间,他同他的弟弟一直未断的通信,也涉及这方面的内容。作为弟弟,弗里德里希是由威廉引进新的文学运动的航道的,由于好斗成性,他一旦相信真理在手,便变成它的最莽撞的先锋战士了。两兄弟的区别如下:哥哥虽然在文艺见解上目空一切,却毕竟是个比较循规蹈矩的心灵,对于美和形式的鉴赏力早已在他身上发展成熟。他的主要才能在于造形;尺度和目标,准确性和灵巧性在他身上都是天

---

① 勒吉昂(Legion),"无数"的意思;此句仿《新约·马可福音》。普罗特乌斯(Proteus),希腊神话中的海神,"变化无定"的意思。

生的。只要没有过分强烈的刺激,他即使在论战中也往往表示出节制,相当早就表示出他愿意干什么和能够干什么,并且坚持不懈地提倡那些他曾经鼓吹过的观念和见解。他成了浪漫派的奠基人,并且充分具备完成这项任务的能力,但是他却被他的弟弟戏称作"神圣的小学校长"或者"宇宙中的小学校长"!

弗里德里希·施莱格尔有个比较急躁的心灵,是个真正的宗派创始人。他一生的宿愿是,正如他在一封信中所说,"不仅要像路德一样传教和争辩,而且还要像穆罕默德一样用语言的火剑来征服世界上的精神王国。"他既不缺少进取心,也不缺少计划,其计划之庞大使得实现的可能性同他的能力之间极不相称。他永远动摇不定,没有坚持力和中心点,是个支离破碎而又富于奇思妙想的人,不断受到引诱,想用"神秘的术语"来使人敬服,结果陷入平庸和荒诞。诺瓦利斯在一封信中比任何设想都更为中肯地谈过他:"亲爱的施莱格尔,屠尔国王①是你的祖先,你出身于没落的家族。"

作为批评家,他比威廉更加冲动,更加偏颇;作为诗人,他一生只有一两次倾吐过自然之声,而在他的《阿拉柯斯》中,他竟堕进了粗制滥造的深渊,那是他的趣味优雅、语言纯正的兄弟决不至于陷入的。是哥哥把弟弟引进了文学之门,弟弟却不断推着哥哥前进,但是由于他的乖戾成性,竟破坏了他哥哥同席勒的关系,最后又破坏了威廉如此重视并长期维护的同歌德的友谊。

这时,威廉暂且把莎士比亚翻译工作摆在一旁,转而致力于南国的诗人。他从各方面进行试验,翻译了荷马的断简残篇,翻译了希腊的哀歌作者、抒情诗人、戏剧家、牧歌诗人的作品,翻译了几乎所有罗马诗人以及意大利、西班牙、葡萄牙诗人的作品,后来还翻译了印度的诗篇,想把德语变成一座能够容纳万国语言珍品的众神殿。他长久流连于但丁,但却没有充分掌握形式;他在三韵句中只押了两个韵,结果

---

① 屠尔(Thule)为地球北极之古称,转义为遥远秘密之地。

毁坏了韵律的性质，抹煞了诗节的交错关系。

　　接着，他重新着手翻译《罗密欧和朱丽叶》和《哈姆莱特》。他把他的翻译片段送给弗里德里希，弗里德里希又把它转送给卡洛琳娜。她的评断照例是赞许的；但她也指出了缺点，语言未免过于古色古香，并认为这是由于威廉新近翻译了但丁，太习惯陈词滥调的缘故。事实上，不久以前，他已经认识到，必须慎防在放弃比格尔风格之后所染上的雕琢堆砌的倾向，而今却又陷入了相反的极端，陷入了食古不化、佶屈聱牙的古风。

　　一七九七年，他把《罗密欧和朱丽叶》的初稿寄给了席勒。席勒把它发表在《时间女神》上，同时该刊还登载了施莱格尔的论文《略论〈威廉·迈斯特〉中的莎士比亚》。歌德在《威廉·迈斯特》中表示出，他努力要把莎士比亚作为德国文化中的重要因素来理解。他在一篇关于哈姆莱特的谈话中，反驳了认为莎士比亚是一个没有艺术意识的粗野的自然天才的谬论。如果这个反驳是对的，那么在德语翻译中就用不着特别关心语言造形了。但是，如果按照《威廉·迈斯特》中所表现的，把莎士比亚理解为一位卓越的艺术家，那么不言而喻，内容和形式之间的和谐是决不应当破坏的。然而，就连歌德本人在作品中引述《哈姆莱特》时，也漫不经心地采用了古老的散文翻译；连他也没有意识到，题材和艺术形式之间具有如何密切而不可分割的联系。

　　施莱格尔慢条斯理地翻译下去。他甚至拘谨到认为，不采用六音步抑扬格是不可能的；他在《罗密欧和朱丽叶》中，只是"尽可能地"保留了五音步抑扬格；他用六音步抑扬格翻译了修道士罗仑斯和罗密欧见面的一场，并为自己辩解说，用这种诗体翻译警句和描写，要比翻译对白的正文危害小一些。结果，罗密欧的全部抒情因此一扫而光。

　　他也感觉到这一点，于是以坚毅的勤奋和顽强的热忱重新着手。他抛弃了包括十二音节的六音步抑扬格，强迫自己在迂阔的德语中用十音节或十一音节来说他原来用十二音节或十三音节所说的话。长期以来，他认为用诗体翻译诗体，而对原诗一行也不增加，几乎是不可能的。他笔下的翻译像从前比格尔的翻译一样,把原诗膨胀开来。十四行的英诗在德语翻译中变成了十九行或二十行。他认为几乎不可能译得再短了,直到最后,他从根本上看清了莎士比亚是怎样建立起他的艺术大厦的,才放弃了莎士比亚本来没有的一切丰满形式。现在,每一行诗就用一行来翻译。他抱怨并诅咒德语的啰唆和贫乏;这门语言有着同英语迥然不同的限制和用法。他无法模拟莎士比亚的原作;他的翻译结结巴巴,格格不入,没有音响,没有活力,然而他强迫自己,强迫语言,终于完成了他的令人惊叹的译著。

舍雷尔说得很恰当:"施莱格尔的莎士比亚,可以同席勒和歌德合作时期所写的作品并列而无愧,尽管作为艺术品有模拟和创作之分,而在圆满程度上二者却十分接近。"

从此,他对于形式有了可靠的掌握,于是开始收获他的劳动果实了。他现在变成了大师,只消提起笔来,就在一七九七年到一八〇一年间,把莎士比亚的十六部戏剧都送到德国人民的手中。这些译本实在无懈可击[①],仿佛出自一位同莎士比亚并驾齐驱的新起的诗人之手。

我们且来思考一下,这是什么意思。这确实意味着,在上一世纪中叶,莎士比亚同歌德和席勒一道在德国出了世。他一五六四年生于英国,一七六七年又在他的德语翻译者身上再生了。《罗密欧和朱丽叶》一五九七年发表于伦敦,一七九七年这部悲剧又作为一部新作在柏林问世。

莎士比亚这样在德国再生之后,他便精力充沛地影响着德国读者,他们或许不及他原来的读者那样在精神上同他相近,但是却在许多方面更能够理解他。他开始对根本不懂英语的千百万人提供精神营养。到如今,中欧和北欧才算发现了他。到如今,整个日耳曼-哥特世界才成为他的教区。

但是,我们也看得到,这样一部显然不事招摇的高级文艺作品,需

---

① 在英译本中,"无懈可击"为"虽然风格上偶嫌怯弱和拘谨"。

要多么伟大的才能。我们从它的草稿和原稿中，可以探索出一世代德国人的精神生活的大部分历史。为了促进它的问世，正需要莱辛的批评、威朗德和埃申堡的尝试来准备基础，正需要赫尔德这样一个天才，把德国心灵中所有的感受力和灵敏的臆测力集中起来，而且正需要他盛气凌人地使年轻的歌德投身门下。歌德在他用散文写的《葛慈》中，也不过是模仿了一个散文的莎士比亚。因此，还必须有奥·威·施莱格尔所独有的、继承语言能力和形式灵活性的才能，这种才能还必须力求达到当代最高的圆熟技巧，然后重新摆脱比格尔式的对于粗豪的偏爱。它必须让席勒的艺术热情在自己身上产生影响，同时还得防止席勒的虚夸倾向及其对于游戏笔墨的畏缩态度；它必须对歌德有充分的理解，把由歌德所发展的语言作为遗产接受过来，甚至能够比歌德更细致地认识到莎士比亚作品中形式和内容相和谐的必然性；它还离不开一个有才能的兄弟的热情鼓励和一个妇女的批评指正。——一句话，在这部作品以谦逊的风雅问世之前，必须使千百个源头汇合起来，使千百种情况协调起来，使各色人等彼此相识，使各个心灵互相接触、互相丰富才行。翻译一位已经故世两百年的诗人的作品，不过是件小事——但却为千百万人提供了最宝贵的营养，并且还对德国文学产生了深刻的持久的影响。

六 浪漫主义者的社会尝试。
弗·施莱格尔的《卢琴德》

一八〇一年六月,一个青年人为了获得博士学位,在耶拿大学讲坛上举行论文答辩。人们想方设法地跟他找麻烦,前所未闻的是,还给他强加了一些辩驳人。其中有个无聊的家伙,一心想借此出出风头,竟然说出:"In tractatu tuo erotico Lucinda dixisti……"①,博士候选人便把辩驳人干脆喊作"傻瓜"作为回答。于是,全场哗然,议论纷纷,一位教授宣称,三十年来哲学讲坛从没有被这样的 scandalum(拉丁文:丑闻)亵渎过。博士候选人答道,可三十年来谁也没有被这样对待过。这位博士候选人就是弗里德里希·施莱格尔,当时他的惊世骇俗的见解使人退避三舍,有时甚至不允许他在城里过夜。汉诺威选帝侯治下大学监察司一八〇〇年九月二十六日致格廷根大学副校长的指令中写道:"教授之弟弗里德里希·施莱格尔因文字伤风败俗而声名狼藉,如其来到本市,即使稍事逗留,亦概不允许,着即通知本人,克日离境。"

这真是严酷的制裁——而全部风波都是《卢琴德》惹出来的!

《卢琴德》成为浪漫派的主要著作之一,倒不是由于它的创造力——因为这本书尽管大谈其"肉感",实际上从中找不到一点血和肉,找不到一点真正的形象;同样,也不是由于思想的深度——叔本华

---

① 拉丁文:"至于说到你那本色情的《卢琴德》……"

以《性爱的形而上学》为题所写的几页文字，要比整个自命不凡的《卢琴德》包含更多的哲学；更不是由于一种狂欢暴饮的纵情作乐——试将它同海因泽的洋溢着南国生活乐趣的《阿丁格洛》相比较，就可见它是何等苍白而迂腐了。但是，这本书作为宣言和纲领，却自有其价值。它的主导思想就是宣扬人生的统一与和谐，这一点最清楚、最明白地表现在性爱的热情中，因为那种热情能给予精神的感觉一种肉欲的表现，同时又能把肉欲加以精神化。它所要描写的，就是现实生活如何化为诗，化为艺术，化为席勒所谓的精力的自由"游戏"，化为一种梦幻式的永远使憧憬得到满足的生活。人在这种生活中没有目的可言，也不按照目的活动，而是被引入自然的奥秘之中，"懂得夜莺的怨诉和新生婴儿的微笑，以及用神秘的象形文字写在繁花和群星上面的一切。"

如果，像克尔恺郭尔那样，以一大堆宗教教条为武装，冲着这本书大声呐喊："它所要求的，就是把精神当作否定因素的、赤裸裸的肉欲；它所攻击的，就是那种把肉欲作为一个因素包含在内的精神性。"——那将完全误解这本书了。写出这样的话来，简直不知道需要多大的盲目性；不过，也不足为怪，还有什么比正教更能令人盲目的呢。但是，如果像古慈科那样，把它只做一种为自由恋爱作辩护的学说，或者像施莱尔马赫那样，把它看作对于绝对精神性的一种抗议，看作对于矫情否认血和肉的一种驳斥，那也没有全面理解这本书。本书的基本思想，正是浪漫主义的人生与诗合一论。不过，即使这种严肃的思想是本书的核心，它的形式却分明是存心招引物议。作者大胆而执拗地采取挑衅的口吻，并且出于信念，甘冒公众对于他的私生活的一切攻击、鄙夷和诽谤，这种态度诚然是值得同情的。他在一个很小的篇幅里，汇集了浪漫主义运动的一切观点和口号，使得原来分别表现在许多人身上的一切倾向，在本书中从一个中心点扇形地扩展开来，这种自信心也是值得肯定的。然而，这部小说基本上不过是一份草稿，其中许多情节有头无尾，整个有气无力的自我神化为了孵化它的未受精的蛋，产生着一种做作的不健康的热情，实际上是借以掩饰它根本不能

孕育——由此可见的艺术上的无能,则又是令人厌恶的。卡洛琳娜·施莱格尔为我们留下了当时针对这本书而写的一首刻薄的短诗:

  炫学向狂想要求一个吻;
  狂想引它去找罪孽;
  它无耻而又无力地拥抱着罪孽,
  罪孽给它生了一个死孩子,
  名字就叫卢琴德。

  除了"罪孽"这个词儿用得不恰当外——因为《卢琴德》不过触犯了高雅的趣味和真正的诗意——我觉得这首残酷的讽刺诗是无可非议的。

  在《卢琴德》的深处,又将看到那种主观主义,那种自我意志,表现出来的随心所欲可以变成革命,变成厚颜无耻,变成独断论,变成反动,变成一切可能的东西。因为它一开始就没有同任何力量相结合,因为这个"我"并不为任何使其努力具有稳定性和价值的观念服务,并不为进步和自由服务。这种随心所欲在艺术中,变成了弗里德里希·施莱格尔所发明的"讽嘲",变成了艺术家凌驾于题材之上的高傲态度,变成了他对题材的自由玩弄,而就文学创作而言,则断然地变成了不断取笑自己的内容、破坏自己的幻想的纯形式主义;这种随心所欲在现实生活的领域里,就会成为一种饱经世故、玩世不恭的嘲讽,也就是天才的生活方式,精神贵族的惊世骇俗的方式。这种嘲讽对于"缺乏感官"的俗众乃是一个谜。它是"肆无忌惮之尤者"(这个名词也适用于文艺创作方面),因为有了它,便可以超脱自身;但是,这种讽嘲又是最遵守法则的,因为据说它是绝对的、必然的。它是一种永恒的自我戏弄,无法见知于"讲究和谐的凡夫"(浪漫派常用这个词儿称呼那些安于平凡和谐的人们);因为这些凡夫往往把他们的正经误解为玩笑,而又把他们的玩笑误解为正经。所以,这种讽嘲不仅是在名义上完全等同于克尔恺郭尔的讽嘲，后者同样具有"志在被人误解"的贵族气派。天才自我的直接性，即"主观性"，因此就是真理，这样说即使不是像克尔恺郭尔所愿意理解的那样，也确乎可以理解为主观性具有一切对外界行之有效的权柄，而且永远以奇谈怪论的形式表现出来，使世人为之愤懑而惊愕。讽嘲就是"神圣的厚颜无耻"。这样被理解的厚颜无耻，具有各种各样的可能性。它诚然摆脱了成见，但是纯粹从形式上说，却又为人们最无耻地坚持一切可能的成见打开了眼界。据这本书说，女人比男人更容易做到这一点。"正如女性的服装胜于男性的服装，女性的才智也胜于男性的才智，她们只要有一次大胆的结合，就能置一切文明成见和平民习俗于不顾，一下子进入了纯真的状态和自然的怀抱。"自然的怀抱！请听这一段轻佻的花腔里是怎样喧响着卢梭的声音啊！听起来仿佛在吹革命的起床号——实际上不过是在鼓吹反动。卢梭宣传重返自然状态，那时人们赤身裸体地在森林里漫游，靠橡实为生。谢林希望把发展还原到人类尚未因原罪而堕落的远古。弗里德里希·施莱格尔则用巨大的浪漫主义的魔号吹起了革命的曲调。但是，正如《儿童的魔号》上面所说：

　　一个猎人吹起了他的号角——
　　他所吹的一切都被风吹掉。

　　结果谈不上什么精神的解放，不过是纵情享乐而已。一切（甚至色情）都变成了艺术。正如浪漫主义的诗是二次方的诗，是诗上诗，是精炼的诗，浪漫主义者的爱情也是精炼的爱情，"爱之艺术"。各种不同程度的较高级的肉欲在这里得到了表现，并被纳入了一个体系；我想请大家看看这本书，它并不像《阿丁格洛》那样提供一些淫秽的图画，而是演绎一种枯燥的、炫学的理论，它的空洞的框架有待于读者的经验和想象来填充。所谓厚颜无耻，毋宁说是游手好闲，是天才的疏懒。疏懒被称为"纯真和灵感的氧气"。它的极致就是植物化："最高、最完善的生活无非是一种纯粹的植物化。"植物看来是"一切自然形式中最端正、最优美的"。浪漫派那样强调回复到自然,结果回复到植物状态。安稳地享受永恒刹那的纯粹植物化,可能是最高的享受吧。尤利乌斯对卢琴德说:"我严肃地思考过一种持久拥抱的可能性。我想设法延长我们的亲近。"但是,既然天才不需要劳苦和紧张,肉欲本身就是安稳的幸福,它们都和目的、行动或用途毫无关涉,那么那种dolce far niente(意大利语:无所事事)便成为生活的顶点,而导向有计划行动的意图便被贬为可笑而恶俗了。《卢琴德》中有关的言论如下:"勤勉和功利是手持火剑的死亡天使,他们阻挡人们返回天堂。"是的,它们确是这样!勤勉和功利挡住了我们回到身后天堂的一切退路。因此,它们对于我们是神圣的!功利在我们看来正是善,而以功利为目的的勤勉不就是一切德行的总和吗!不就是对于消遣、享乐的断念,不就是借以争取和实现善的热情和力量吗!

退回到完善境界,在艺术中就是退回到艺术天才的随心所欲,他可以做一件事,也可以做完全不同、甚至相反的另一件事;在生活中,就是退回到游手好闲,——因为谁要是闲散,谁就会后退,——退回到单纯享受的植物化;在学术研究中,就是退回到直觉的信仰,这种信仰又由施莱格尔规定为宗教,一种重新还原为天主教的宗教。至于谈到自然和历史,这就是退回到极乐世界的原人状态①。因此,正是根据浪漫主义的基本观念——退化说,就可以明白,甚至惊天动地的《卢琴德》,也像浪漫主义者的其他一切惊天动地的豪举一样,并没有产生一点点实际效果。亨利克·易卜生这样歌唱道:"让我们把恶彻底铲除掉!"我却宁愿从容而冷静地说:让我们按照新的形式来提问题,按照不同的方式来处理问题,我们决不朝后退,我们一定要向前进!

---

① 见阿·卢格:《全集》卷一,第 328 页以下。——原注

七　浪漫主义的无目的性。
适应《卢琴德》的现实

　　看来在《卢琴德》中可以简约地找到后来在浪漫主义文学史中得到发展和例解的那些原则。在克尔恺郭尔的《或此或彼》中,那个美学家有过一篇论"变化的本能"的文章,里面把懒散加以系统化:"决不要接受任何职务。如果接受的话,人就变成民众一分子,变成国家机器中的一个小枢轴;人就不再成为主宰了。……即使放弃了职务,人也不能无所作为,而应重视一切同懒散相等的活动。……全部秘密在于随心所欲。人们总认为,随心所欲、兴之所至地行动,不是什么艺术;事实上,如果我们要不误入歧途,要从中得到乐趣,是需要精打细算的。"——懒散,任性,享受! 这就是浪漫主义的田野上触目皆是的三叶草。在艾亨多夫的《废物传》这本书中,懒散和无目的性在主人公的形象中被理想化了。而无目的性正是首先不可忽视的要点。无目的性是浪漫主义才智的另一名称。尤里乌斯对卢琴德说:"抱有目的,按照目的行动,目的加目的人工地构成新的目的,这个劣根性在神仙似的人儿的愚昧本性中是那样深,即使他一度愿意毫无目的地遨游在形象和情绪奔流不息的内心河流之上,他也不得不像平常一样下决心来制定目的……啊,我的朋友,千真万确,人天生就是一头古板的动物。"

　　对于这段话,就连正统派基督徒克尔恺郭尔也说:"为了不致冤枉施莱格尔,我们必须记住,有许多荒谬观念已经窜入了各种人生关系中,特别是对于爱情,这些观念一直不倦地使它变得像任何一头家畜一样驯良、有调教、缓慢、迟钝、有用处,简言之,尽可能使它没有色情味道。……有一种非常褊狭的庄重观念,一种合目的性,一种可怜的目的论,为许多人奉若偶像,这个偶像所要求的合法牺牲就是每个人永远不停地努力下去。爱情本身就这样显得空洞无物,只有存心把它列入在家庭生活舞台上博得喝彩的小节目中,它才会由于这个目的而变得重要起来。"也许可以说,克尔恺郭尔关于驯良、有调教、迟钝而又有用的家畜式的爱情的这段话,特别适用于德国,它当时无疑是旧式妇女的家乡。蒂克的喜剧中有些讽刺性的俏皮话,间或也是对此而发的。在他的《矮人》里,一个丈夫抱怨他的妻子一个劲地针织不停,使他简直不得安宁,——这个主题几乎只有在德国才能为人理解,因为那里的太太们直到今天,还手里拿着针织活,甚至出现在公共娱乐场所,例如在德累斯顿的音乐会上。蒂克笔下的泽梅尔齐格先生说:

> 她一心围着锅台转,
> 外加洗衣、扫地、擦杯盘;
> 我一谈起谈不完的爱,
> 她就手拿硬毛刷,悄悄
> 为我刷掉大衣上的线。
>
> 这一切倒也罢了,只有一桩:
> 不论在哪里,不论在家或出门,
> 哪怕在音乐会上,正值余音绕梁,
> 她也要抽着,卷着,窸窸窣窣,
> 让胳膊肘撞着两胁,
> 勤奋地把她的织针飞抢。

这首讽刺诗的可笑之处在于,不管是否作者有意如此,它读起来

就像在模拟那篇著名的《罗马哀歌》,歌德在那篇哀歌中向他的情人打着六步韵的拍子,"手指轻轻地弹着"她的背:

> 想当初登上了神圣的婚床,
> 天边闪耀着皎洁的月光,
> 银白色的手臂搂抱着我,
> 我祈求着爱神黄金般的赐赏。
> 啊,如此良宵该有一个宁馨儿,
> 一个孔武有力的祖国壮士,
> 足月之后将从这娇躯中产出——
> 我正回想着,只觉背上轻轻一击:
> 莫非是爱吻落在了我的肩头?
> 我深情回眸,笑望着甜美的新娘:
> 刹那间,幻灭使我如堕地狱一般惨痛,
> 原来是织针跳来跳去,跳在我的背上;
> 可不是么,她刚织到袜跟这里来了,
> 这巧人儿算来算去,总把针脚算错了。

人们关心实用价值到如此程度,浪漫派提倡无目的性就不难理解了。

但是,无目的性是同懒散联系在一起的。据说,"只有意大利人懂得怎样散步,只有东方人懂得怎样安寝;但是,什么地方比印度更能使心灵变得温柔而甜蜜呢? 不论是在天南地北,只有懒散才能区分高贵和低贱,只有懒散才是贵族的本性。"

最后一句话当然是不值一驳的,但正因为它愤世嫉俗,反倒更加有意义。这就是浪漫主义对于广大群众的态度。有办法无所事事,在它看来,正是贵族的特征。浪漫主义文学的主人公就是那些从事不生产的艺术、靠别人供养的人们,例如福凯和英格曼的小说中的国王和骑士,诺瓦利斯和蒂克笔下的艺术家和诗人。浪漫主义是和大众相隔绝的。它不为大众服务,眼里只有它所挑选的少数人。《卢琴德》的男女主人公正是天才的艺术家和才女;只有他们之间的自然婚姻或者艺术婚姻才受到歌颂。所以,尤里乌斯才问他的情人,如果他们生了一个女孩,是把她培养成一个肖像画家呢,还是培养成一个风景画家。她只有作为艺术家团体的一分子,才能引起父母的兴趣。而今我们这些讲求实际的人,看到诗歌只有诗人和画家才有份,唯愿早日废除这种不公平的现象。我们希望诗歌宠儿的圈子越来越大,直到最后爆毁掉。

因此不难理解,为什么《卢琴德》不可能有任何社会效果。但是,即使它没有任何实际的胚胎,即使它过于虚弱,不可能促成任何改革,这本书仍然是以某种实际作基础的。

首先,让我们看看这本书的人物形象,然后看看他们背后站着的实际形象。本书的主要人物像一些会讲话的剪影,显现在一个对一切现实散文和一切庸俗关系深恶痛绝的背景上。这部作品毫不为它的色情理论而惭愧,它自以为洁白无瑕,超脱了庸众的评判:"不止是有若王侯的鹰隼敢于蔑视乌鸦的聒噪;天鹅也会骄傲得不屑一顾。它什么也不关心,只要它的洁白的羽翼不失掉光泽。它一心只想平安地偎依在利达的两膝之间,用歌声倾吐它弥留之际的一切。"

这个比喻是美丽而大胆的;但它是真实的吗?丽达和天鹅的故事已经被人采用过多少次了。①

尤里乌斯是个身心分裂的青年人,当然也是个艺术家。我们从"男性的学年"(这一节包含着福楼拜称之为 l'éducation sentimentale② 的一切)中了解到他的最显著的特征:他表面上非常热烈地跟人玩纸牌,实际上精神恍惚,心不在焉;一时兴起,可以孤注一掷,一旦输光,

---

① 据希腊神话,丽达为斯巴达皇后,大神宙斯幻化天鹅与之亲近,生美女海伦。
② 法语,通译作"情感教育"。福楼拜在同名小说(1869年)中描写一个浪漫主义青年学生的志向和失败。

又满不在乎地掉头而去。这种性格特征即使引不起我们的赞叹，但却相当巧妙地描绘出一个纵欲而又倦游的青年形象；他没有强烈的行动欲望，一味在萎靡不振、心灰意冷的懒散中寻求刺激物。他的发展史如同那些年纪太轻的人身上所常见的一样，只是由一系列女性的名字记载而成。有关的妇女都是匆匆勾画出来的，就像画册上的一些铅笔画；这些衬垫性的形象只有一个画得比较成功，就是那个完全消失在东方的草木生活方式中的"茶花女"，她像小仲马的茶花女一样，由于一种坦诚的爱情而出类拔萃，并因不为人所理解、也不为人所信任而死去。她通过自杀壮丽地退出了人生舞台，书中描写她坐在四周装有大镜的闺房里，双手搭在膝间，活生生地体现了浪漫主义文学的忘乎所以和自我表现，体现了它的审美的迷茫境界。在经历了多次十分腻人的性爱经验之后，尤里乌斯终于碰上了他的女性对象卢琴德，她给他的印象是不可磨灭的。"他在她身上遇见了一个年轻的女艺术家〔不言而喻！〕，她像他一样热烈地崇拜美，一样爱好孤独和自然。在她的风景画里，可以感觉到真正的微风在吹拂……她画画，不是为了谋生，也不是为了从事艺术〔毫无目的，毫无用途！〕，只是出于爱好〔享乐主义和讽嘲！〕；她每次都是乘一时兴会，拿起画笔和水彩，把风景涂在纸上。学油画，她却缺乏耐性和勤勉精神〔决不能勤勉！〕……卢琴德必定爱好浪漫风格〔当然！她本人就是浪漫主义的化身〕。她是那些并非生活在平凡世界、而是生活在自己设想、自己创造的世界的人们中间的一个……她还毅然决然割断一切传统，挣脱一切束缚，完全自由而独立地生活着。"尤里乌斯打从遇见她的那时起，他的艺术也变得更加热烈，更加富于感情。他"用一道起死回生的光流"绘画着裸体人像，他的形象"仿佛是以神仙似的人形出之的具有生气的植物"。

尤里乌斯和卢琴德觉得，生活平静而和谐地在被唤醒而又得到满足的永远的憧憬中流过去，"有如一首优美的歌曲"。情节仿佛就发生在画室里，画架紧靠着壁凹。卢琴德做了母亲，因此开始了"自然婚姻"。"从前我们之间只是爱情,而今自然把我们更密切地结合起来了。"婴儿的诞生使这一对父母得到"自然国度的公民权"(也许就是卢梭式的公民权吧),这是他们似乎不得不重视的唯一的公民权。浪漫主义者对于社会权利和政治权利一概漠不关心,就像我国的克尔恺郭尔笔下的某个人物一样,他认为,我们应当感到欣慰,既然有人愿意治理国家,我们别的人就可以自由自在了。

然而,在这些扑朔迷离的图画后面,却有一个轮廓鲜明的现实。主人公的青春生活,正如弗里德里希·施莱格尔的书信所表明,是同作者的青春生活颇相符合的。柏林当时还没有那么假装虔信,根据同时代人的见证,乃是一个真正的维纳斯山①,没有一个人能够走近而不受惩罚的。邦君的榜样纵容了各种伤风败俗的行为。对于艺术和美文学的热忱,排挤并代替了不久前还如此强大、使人们避之唯恐不及的官方道德。

一七九九年(《卢琴德》问世的那一年)秋天,弗里德里希·施莱格尔在致施莱尔马赫的信中说:"不知人们怎么那样冷酷,谢林又遭到了一次袭击,就因为他过去鼓吹不信宗教,而在这一点上我是全力支持他的。对此,他用汉斯·萨克斯-歌德式的文风,草拟了一份伊壁鸠鲁式的信仰告白。"那就是《反抗者》这篇诗。

> 再也不能忍受了,
> 我必须重新生活一遍,
> 好把我全部的感官放任;
> 人们竭力要我相信
> 那些先验的堂皇理论,
> 几乎使我变得麻木不仁。
> 因此,我要宣称:

---

① 维纳斯山在德国爱森拿赫和哥达之间,传说爱神维纳斯居此,以音乐、欢宴及逸乐让人流连忘返。

我的心在燃烧，
我的血在奔腾；
跟任何人一样，我说话算话，
我总是兴高采烈，
不管下雨还是天晴，
自从我恍然大悟，
只有物质才是唯一的真。
我不关心看不见的一切。
只关心我能闻、能尝、能触、
能刺激我全部感官的一切。
我只有一个宗教，
就是我爱优美的膝盖，
丰满的胸脯，纤细的腰，
外加芬芳的花卉，
一切欲望的满足，
一切爱的担保。
如果还须有一种宗教
（尽管没有它，我照样能活），
在所有宗教中，
只有天主教使我中意，
像它古时那样，
那时既无争吵亦无斗争，
一切像一盘糖果点心；
无须向远方寻求，
无须向上苍祈讨，
人们有个活的神像，
把地球当作宇宙中心，
把罗马当作地球中心，

那里住着父母官,
掌握统治世界的权柄;
俗人和教士住在一起,
如同住在安乐乡,
而在上天的宫室里,
日子过得更是花天酒地,
总有少女和老头
每天在举行婚礼。

这样一位作者写出这样一首诗,可以说是时代精神的一份真正的文献。这首诗本来是专门为了反对诺瓦利斯而写的,可是当威廉·施莱格尔按照歌德的劝告,拒绝把它刊载在《雅典娜神殿》上时,诺瓦利斯却写道:"我不懂为什么《反抗者》不能发表。是因为它的无神论吗?请想想《希腊诸神》①吧!"谈一下这个掌故,是颇有教益的。

时尚是革命的:胸怀裸露着,衣服讲究东方式的宽大。在一些最出色的少妇中间,情调是极端放荡的。这时,没有一个人像年轻的保莉妮·维泽尔那样由于美丽而被人谈论。她是一个非常聪明的男人的妻子,此人的怀疑态度和讥刺的机智给年轻的蒂克留下了深刻而扰人的印象(蒂克就是以他作为阿卜杜拉和威廉·洛维尔的原型的);而她则是路易·斐迪南亲王的许多情妇之一。这个莽撞的青年王子对她爱慕得十分炽烈,在他的书信中仍然散发着余热。一个同时代人这样写到她:"我完全把她看作希腊神话里的一个尤物。"亚历山大·封·洪堡步行几十英里路去看她。虽然这些关系未免关碍保莉妮·维泽尔的名誉,却一点也没有引起她的有才情的女友们(例如无懈可击的拉蔼尔)的物议,这正是时代精神的特征。这位女士还有点羡嫉呢,她在少女时期曾经这样烦躁地写过:"无非是生存手段,无非是为

---

① 席勒的一首诗。

生存做准备,从来就不敢生活,我从来就没有生活过,谁要是胆敢生活,就会受到这倒霉世界、整个世界的反对!"

不过,《卢琴德》的原型要比她的画像更优秀,也更伟大,她是属于拉蔼尔的这个小圈子的。这个年轻而聪敏的犹太女郎的小圈子,当时代表着最自由、最高尚的教育,它的历史意义在于当歌德的声望尚未真正建立起来的时候,它是唯一向歌德表示敬意、真正开创了歌德崇拜的团体。这些青年妇女中最有才情的,可以举出目光敏锐、感情纤细、喷射精神火花的拉蔼尔·莱文(后来成为瓦恩哈根的夫人),美丽、活泼而又渊博的亨里埃特(后来同马尔库斯·赫尔茨医生结婚),最后还有摩西·门德尔松的聪明而又自主的女儿多罗特娅,她为了孝顺父母,嫁给了银行家法伊特,但是婚后精神上很不满足。她就是卢琴德的原型。她所以能够迷住弗里德里希·施莱格尔,不是由于她的美貌,而是由于她的机智和热情奔放的才华。他当时二十五岁,她却已经三十二岁了。她的举止行动丝毫没有肉感和轻佻的成分,她有一双闪闪发光的大眼睛,一颦一笑流露出男性的粗犷。施莱格尔在给他哥哥的信中盛赞过她的"真正价值",他说,她"非常单纯,除了爱情、音乐、诙谐和哲学,别的什么也不欣赏"。一七九八年,她离开她的丈夫,跟着施莱格尔到了耶拿。她在当时的一封信上说道:"我们从来没有打算用婚约束缚自己,虽然我早就认为,除了死亡,再没有别的什么能够拆散我们。我一直厌恶对现在和未来精打细算,但是如果可憎的仪式仍然是不散伙的唯一条件,那么我只得按照眼前的命令行事,牺牲我所最珍视的见解。"

为了玉成弗里德里希和多罗特娅的好事,没有哪一个朋友比高尚的施莱尔马赫更卖力的了。在弗里德里希的朋友中间,没有哪一个像施莱尔马赫那样强烈地为《卢琴德》所感动。当时,他在柏林的慈善教会当传教士,早就抱着同情甚至赞美的心情注视着弗里德里希的争取解放的行为。弗里德里希在他的《论迪欧蒂玛》的文章和对于席勒的《妇女的品格》的酷评中,向关于妇女的社会地位的传统见解宣战。他嘲笑了世俗的婚姻,说"结婚双方互相轻蔑地生活在一起,他在她身上只看到她的性别,她在他身上只看到他的社会地位,两人把孩子只当作他们的成品和财产。"他认为,问题就在于妇女在道德上和精神上的解放。心灵和教养,再加上热忱,就是他心目中使妇女变得可爱的品质。他嘲笑关于妇女本色的流行见解。他痛斥男人要求妇女贞洁和无知的愚蠢而恶劣的作风;由于这种作风,妇女便被迫故作正经,而所谓正经不过是并不贞洁而伪装贞洁罢了。真正的贞洁在异性看来是同教养并行不悖的。哪里有宗教,有表现热忱的能力,哪里就有这种贞洁。认为优美而高尚的自由思想只适于男人,而不适于妇女,不过是由卢梭传播开来的许多流行的陈词滥调之一。"奴役妇女"乃是人类的积患。他作为作家的最崇高的愿望,按照他的天真的说法,就是要"建立一种道德"。"反抗成文法和传统法",他认为是人类的第一个道德冲动。

施莱尔马赫在《雅典娜神殿》上发表的片段《为贵妇们所拟的理性问答》,也完全是这个腔调,号召妇女要冲破她们性别的束缚。的确,说起来叫人不相信;弗·施莱格尔经常被人引用的那则片段,认为"四角婚姻"根本无可指摘,说不定(恰如海姆所证实)就出自施莱尔马赫的手笔。这段名文的矛头,指向了许多下贱的虚伪的婚姻,指向了"失败了的试验婚姻",政府荒谬地强制双方生活在一起,从而妨碍了真正婚姻的可能性。这则片段说,几乎所有婚姻不过是对于真正婚姻的暂时的模糊的近似;施莱尔马赫则说,许多尝试是必要的,"如果把三四对夫妇聚在一起,并且允许互换配偶,那么真正的好姻缘就可以出现。"

但是,施莱尔马赫之所以感同身受地热望弗里德里希和多罗特娅的结合,最深刻的原因还在他自己当时的生活处境。他正同柏林一个传教士的妻子爱莉奥诺尔·格鲁诺热恋着,而她同她丈夫结婚后没有孩子,十分不幸。

他认为,一般人对于《卢琴德》所表示的愤慨,夹杂了许多无知而庸俗、狭隘而伪善的成分；人们一方面对这本书吹毛求疵，另一方面却津津有味地读着威朗德和克雷比翁①的淫秽小说。他说，"这使我想起了巫术审讯，起诉人是邪恶，而作出判决的则是虔诚的愚昧。"

他之所以特别要为这一对受迫害的恋人热情辩护，如他自己所说，就是大多数人所谓对伤风败俗表示愤慨，不过是为了寻找借口，对施莱格尔进行人身攻击罢了。

多罗特娅纤弱的肉体中有一个强悍的灵魂。她毫不动摇地承当了她由于同社会准则相决裂而遭受的一切重压，承担了人们在攻讦《卢琴德》时所表示的鬼鬼祟祟的诬蔑和明目张胆的诽谤。她对自己所选中的男人表现出最持久的热爱和最无私的忠诚。她不仅分享着他的兴趣和目标，而且忍受着他的荒唐行为，毫无怨言地适应着这个最反复无常的恋人的怪癖。不仅如此！她的通达而愉快的非凡气质，还驱散了她自己和别人身上的懊丧的阴影。在施莱尔马赫的过于纤细的沉思和弗里德里希的先验的讽嘲之间，总听得见她的快活的笑声。她虽然在其他方面摆脱了女性的多愁善感，可是她却全心全意地景慕她的情人，而且以动人的谦虚为他而自豪。她写了一部小说《弗洛伦廷》，这本书尽管有它的缺点，却比弗里德里希的任何创作都更有创造力，但首先使她感到幸福和骄傲的是，他的名字作为本书编者印上了封面。她红着脸，心里怦怦跳着，把这本书的第一卷送给施莱尔马赫披览，笑着看到他在原稿上画出了许多红杠子。"凡是应当用受格和与格的地方都一塌糊涂。"那时（大约一八〇〇年），当所有的浪漫派，连施莱尔马赫和谢林在内，都在文学上作孽的时候，她也感到不得不写点什么，这样就使她也成为德国浪漫派文学团体的一个成员；事实上，她的小说也是当时所有流行观念的一个表现，是《威廉·迈斯特》和《弗朗兹·斯特恩巴尔德》的一种模仿，是对于同俗人素不相能的雅人、对于自由自在的放浪生活、对于疏懒、对于优美的轻浮、对于

---

① 克雷比翁（1707—1777），法国小说家，小说以上流社会的荒淫生活为题材。

在散文化的现实世界中毫无"意图"可言的无目的性的一种颂扬。

多罗特娅赋予她的主人公一些在她的女性的赞赏眼光看来显然同弗里德里希的特征相应和的特征。"他虽然有一种古怪的、时常拒人千里的态度,但却又有颇结人缘的天赋,不管他有意无意,总赢得所有人的心。一个人拿出全副自尊心来反对他,都是没有用的;他总有办法把这个人完全征服了。没有办法对付他,仿佛他是不可战胜的,这一点使人非常生气。有时他讲的话,仿佛另有深意,不能照表面去理解;有时人家一味恭维他,他竟淡然置之,仿佛那是理所当然;有时人家信口讲出一句不关痛痒的话,却使他感到莫大的快乐;他在这句话中找到了或者放进了某种特殊意义……但是,可以想见,他在社会上多么容易得罪人。"

弗洛伦廷的自白,尤其是关于他青年时期在威尼斯的放荡生活的一段,使我们想起弗里德里希青年时期在莱比锡的经历。弗洛伦廷虽然是个意大利人,他却对德国艺术和德国艺术家感到强烈的爱好。他自学绘画,借以谋生,时而作为有才能的浪漫派业余艺术家,时而作为同样有才能的浪漫派音乐家,从一个村庄漫游到另一个村庄。他的身世笼罩着一层神秘气氛。如他自己所说,他是"孤独者、流浪汉、机缘之子。某种不可言传的东西,我只能称之为我的命运,驱使我不断向前"。他躲避一切爱情的牵连:"我愿意孤零零地承担加在我身上的诅咒。"①

详细地批评这段性格描写,指出它是如何的天真、如何过分浪漫,是不必要的。不过,这本书的作者在许多方面超出了她的小团体。她不愧是明智而持重的门德尔松的女儿。

她说,她高兴看到弗里德里希成为一个艺术家,但是如果她看见他是一个正式国家的合格公民,她就更加爱他了;的确,在她看来,她所有的革命朋友从事文学创作、评论等等,是同他们的气质和愿望格

---

① 《弗洛伦廷》第 65、80、170、195、230、301 页。——原注

格不入的,犹如婴儿摇床之于巨人;她说,按照她的想法,他们应当像葛慈·封·伯利欣根一样,他只是为了恢复挥戈的疲劳才提起笔来。①

这里我们又感到已经在卡尔布夫人身上所感到的那种强烈印象,就是说,这个时期的妇女身上比男人身上显示出一种更刚健、更专一的力量,她们坚持从社会角度来观察男人们只愿意从文学角度观察的问题。她们更深刻地感受到环境的压力,她们并没有因为饱学而变得衰弱起来,她们比周围的男人有更实际的智力和眼光。

这一对刚结合不久的年轻人所遇到的第一件大事,就是费希特走进了他们的生活。大家知道,他在大学里讲授无神论,因此被提起了公诉。卡洛琳娜·施莱格尔写信给她的一个女友说:"你向我问起了费希特事件,我不胜懊恼地奉告如下。请相信我,这件事对于所有品行端正、态度坦白的朋友都是非常痛苦的。你大概了解应当怎样思考由一个顽固的邦君及其顾问——一部分是天主教徒,一部分是兄弟会教徒——所提出的第一次控告。……可是,从魏玛传来种种消息,说费希特在那里的处境颇为不妙,使得他极端愤慨,因此他宣称,如果对他施加法律惩处,并限制他的教学自由,他就辞职不干。……所有廷臣,所有被费希特比得黯然失色的教授,都斥责他胆大妄为。大家都不理睬他,对他避之唯恐不及。"

多罗特娅在一封由弗里德里希·施莱格尔、施莱尔马赫和她共同草拟的书信中说:"费希特在这里过得很好,没有人来打扰他。尼可莱让人通知他,只要他不打算作公开演讲,就决不会有人来找他的麻烦;看来,他不会甘心接受这一点。——我同费希特相处得极好,一般来说,我在这个哲学家团体中表现得很得体,仿佛我从没习惯于某种更糟的生活。只是我对费希特还有点顾虑,问题倒不在他身上,而在于我同外界、同弗里德里希的关系——我担心——我也许错了。我写不下去了,亲爱的,我的哲学家们在书房里不停地踱来踱去,我有点发

---

① 见 R. 海姆:《浪漫派》第 663 页。——原注

晕了。"

　　这里是多罗特娅在柏林的一段小小的家庭生活场面。三个人都高兴地住在一起,费希特甚至计划永远这样过下去。他给他的妻子写信说,他正设法劝说弗里德里希留在柏林,同时促请威廉·施莱格尔同他的太太也迁到这里来:"如果计划实现,我们,也就是施莱格尔兄弟、谢林(也一定得把他找来)和我们,就要建立一个家庭,租一个大寓所,雇用一个厨子,等等。"但这个计划始终没有实现。施莱格尔兄弟的两位太太彼此不和。但是,在这样为费希特而忧虑、为不义而愤慨的时候,读到多罗特娅信中的如下一段话,岂不令人感到像是一阵从另一世界吹来的和风吗?"我衷心感谢你的母亲送给我这幅可爱的圣者像。我总是把它摆在我的眼前;我想,我自己也不会为自己挑选另一幅,这一幅正合我的心意。这些圣者像和天主教音乐那么使我感动,我下决心,如果我要当个基督徒,一定当个天主教徒。"[1]哪里也不比这里更清楚地表现了浪漫派在宗教思想上的混乱。我们看到,天主教在德国完全扮演了格隆特维格的教义后来在丹麦所扮演的角色。

　　然而,多罗特娅并不是《卢琴德》唯一的女性肖像。尤利乌斯在求学时代认识了一个杰出的妇女,书上是这样描写她的:"她是一个无与伦比的女人,是第一个对他的心灵产生了莫大影响的女人,他一见到她,就把这场病给治好了。……她做出了选择,委身于一个既是她的朋友、也是他的朋友、而且值得她爱的人。尤利乌斯成了她的知己,他深知使自己幸福的一切,而且严厉地评判自己的卑劣。……他把全部爱情埋藏在自己内心的深处,让情欲在那里汹涌、燃烧、耗尽;可是,他的外表完全改变了,他善于装出最幼稚的坦白和某种兄弟般的粗鲁,免得由于谄媚而陷入了柔情;他装得那么成功,使她没有一点点猜疑。她在幸福中兴高采烈,轻松愉快,对什么也不疑心;如果发现他心情不畅,她就尽情发挥她的机智和情趣。妇女性格中所有的高贵和优美,

---

[1] 见 G. 魏茨:《卡洛琳娜》卷一,第 253、259、261、292 页。——原注

所有的圣洁和任性，在她身上得到了最精致、最温柔的表现。每一种品质都自由而旺盛地发展起来和表现出来，仿佛它独自存在着；但是，各种相异的品质大胆地结合起来，也并没有产生混乱，因为有一股精神，有一股和谐和爱情的微风，在鼓舞着它。在同一小时内，她既能以一个多才多艺的女演员的豪放而优雅的演技表演一场滑稽插曲，又能以单纯而动人的尊严朗诵一篇高尚的诗。她时而愿意在社交场合露露脸，出出风头，时而又热心快肠，用言语和行动帮助别人，认真、谦逊而和蔼有如一个温柔的母亲。一件无聊琐事，经她一讲，就变得像童话般令人愉快。她用感情和机智装饰一切，她能领悟一切，她的巧手和甜嘴能使一切高贵起来。任何善良和伟大的事物，都受到她的热烈的同情，而不会显得太神圣或者太平凡。她理解每个细微的暗示，她甚至能够回答没有说出来的问题。向她发表长篇大论是不可能的；自然而然就变成了对话，而当对话越来越有兴味的时候，她脸上就有聪明的眼神和可爱的表情，演奏出永远新鲜的音乐。读一读她的书信，就仿佛看见了这些眼神和表情；她的信写得那么透彻而亲切，就仿佛在同通信者面谈一样。凡是只知道她的这一面的人，可能认为她仅仅是可爱，认为她将成为一个迷人的女演员，认为她那些典雅言辞只要添上韵律就会变成精美的诗。然而，就是这个女人，她在任何必要的时刻，都能表现出最惊人的勇气和精力；而且，正是她的性格的这一方面，形成了她用以评判男人的高标准。"

在这幅肖像中，褒誉显然超过了画艺。要让圣伯夫来描画，他会画得截然不同。但是，这幅画像的本人是这样一位女性，她自从以"卡洛琳娜"的署名发表她的书信以来，几乎像个女王似的，就只以这个教名见知于世，这样来称呼她倒也最省事，因为她有过那许多姓氏，不知道应当用哪个姓氏来称呼她才好。她娘家姓米夏埃利斯，格廷根著名神学家的女儿，先嫁一位医学博士伯默尔，后嫁奥·威·施莱格尔，最后同谢林结婚。后两次结婚使她居于整个浪漫派团体的中心，这个圈子自然而然地围绕她建立了起来。她是这个圈子的真正的缪斯。卡尔德隆和阿里奥斯托的天才的翻译者格里斯,把她捧为"他所认识的最富有才气的女人",斯特芬斯和威廉·封·洪堡也有过类似的说法。奥·威·施莱格尔谈到他的一些文章时说,它们"有一部分出自一位才女之手,她要当一个出色的女作家,才能绰绰有余,只是她志不在此"。谢林在她逝世时写道:"即使她同我没有我们已有的那种关系,我也要哀悼她这个人,哀悼这个心灵的杰作,哀悼这个罕见的妇人,她具有男性的大度,最敏锐的精神,并结合着最女性的、最温柔的、最可爱的心灵。像她这样的尤物是再也不会有了。"她的画像是奇妙的、迷人的、优美的,调皮而温柔。她完全合乎莱欧纳多的风格。多罗特娅就要单纯得多了。

卡洛琳娜生于一七六三年,第一次结婚是二十一岁。奥·威·施莱格尔在格廷根大学读书时就认识她,并爱上了她;可是她拒绝了他的求婚。他们的交往不久就中断了,但还保持着书信联系,那时(1791年)奥·威·施莱格尔在阿姆斯特丹接受了一个家庭教师的席位,并在那里有过各种艳遇,其中一段认真的恋爱事件,使他同卡洛琳娜的关系黯然失色。同时,卡洛琳娜本人也陷入了最离奇的关系中。一七九二年,她去到美因兹,住在格奥尔格·福斯特尔的家里。这个卓有天赋、值得钦佩但未免血气过刚的人,杰出的科学家和作家,是洪堡的老师,这时他正在从事革命活动,想把法国的自由传播到莱因地区来;卡洛琳娜带着热烈的同情,协助他开展工作,并同美因兹的共和俱乐部成员往来。于是,她受到了不公平的嫌疑,说她通过丈夫的弟弟格·伯默尔、顾斯丁[①]的秘书,同敌人相勾结。德国军队收复美因兹之后,她被捕了,在可怕的监牢里,同另七个犯人在一个房间,待了几个月。她在监狱里向施莱格尔写信求援。她的处境比从表面看起来还要糟糕而狼狈。在美因兹,她因为最热烈的愿望(她原来期待英俊、强壮的塔特尔向她求婚)未能成功,绝望之余,曾经委身于一个偶然的追

---

① 亚当·菲利浦·德·顾斯丁(1740—1793),法国军官,当时率部占领德国美因兹。

求者、一个法国人,如果她不是及时获得释放,这段关系的后果不可避免地会永远使她陷于窘境。由于威廉·施莱格尔的交际和她自己兄弟的奔走,终于弄到一份释放令;威廉于是以其固有的安详的骑士风度,将见弃于众人的卡洛琳娜托付他的弟弟弗里德里希照顾。弗里德里希就是在这样尴尬的情况下认识了她。他起初对她并没有好感,几乎还有点轻视她。正是在这个情况下,他写道:"我根本没有预料到那种纯朴和真正神圣的诚实感……她给了我一个非常生动的印象;我渴望争取她的信任和友谊,但正当她似乎表现出若干同感的时候,我便非常确切地看出,单是想尝试一下便会引起最激烈的斗争,而且如果我们之间可能形成一种友谊的话,那也只能是许多次荒唐努力的晚熟的果实——从此,每一个自私的欲望都被放弃了……我现在同她保持着最单纯、最质朴的关系,像儿子一样敬畏,像兄弟一样坦白,像孩子一样天真,像陌生人一样无所求。"①

一七九六年,奥·威·施莱格尔同他那个很不体面的女友结了婚。当时所有知名之士便在她的周围结成了小圈子。她同歌德、赫尔德、费希特、谢林、黑格尔、蒂克、施莱尔马赫和哈顿伯格等人经常往来。歌德正是在这时同这个年轻的流派发生了亲密的关系。浪漫派正在形成中,它的各个不同的成员第一次在耶拿聚会。卡洛琳娜同歌德一起吃早餐,同费希特一起吃午餐,不久就同谢林难舍难分了。

我在下面引录一段卡洛琳娜写给谢林的书信(1801年3月1日),看看她的判断力是如何充沛而细腻:"最亲爱的朋友,你大概不会希望我来告诉你,费希特的精神境界究竟扩张到什么地步,虽然你几乎这样表示过了。尽管他具备不可比拟的思想力,有条不紊的推断方法,行文流畅而又确切,并有自我的直观和一个发现者的热忱,我总觉得他还是受到局限的。其所以如此,我认为,不过是由于他身上缺乏神圣的灵感。如果说你冲破了他无从挣脱的小圈子,我相信你不是作

---

① 见 G. 魏茨:《卡洛琳娜》卷一,第347、348页。——原注

为哲学家——如果这个名称在这里用得不恰当,请不要见怪——才做到这一点,而毋宁是因为你身上有诗,而他身上没有。诗引导你直接走向创造,正如知觉的敏锐引导他达到彻悟。他有最亮最亮的光,而你却有热;光只能照明,热却能创造。——我不是很巧妙地看到这一点吗? 就像从一个钥匙孔里看到一片无限的风景。"

在卡洛琳娜书信的另一个地方(卷2,第220页),可以看到一段关于黑格尔的有趣的议论,颇不符合一般人对这位哲学家的印象:"黑格尔在扮演情郎角色,到处向女人献殷勤。"①

卡洛琳娜热情地参与浪漫派的一切尝试,她写稿、改稿、发表匿名评论,时而亲自执笔,时而间接地对别人施加影响。她原比男人具有更强烈的政治革命热情,而今不得不把这股热情消磨在文坛上的钩心斗角上面。例如,我们看到她对施莱格尔的《伊翁》写了一篇颇为刻薄的匿名评论,接着又看到施莱格尔对这篇评论作了匿名的反批评,最后又看到卡洛琳娜向谢林求援,于是谢林在第三篇匿名评论中以卡洛琳娜的骑士自居,字斟句酌地向施莱格尔发出更其猛烈的攻击,私下却又给他写信,希望他不要见怪。破坏席勒和施莱格尔的关系,以致促成他们绝交的,也是卡洛琳娜,她对席勒的诗作发表了许多经常很机智、但却不公平的嘲弄,往往煽起施莱格尔兄弟对席勒的恶感;而在席勒方面,他也不能辞其咎,当那兄弟俩开始写作生涯时,他曾摆出一副老资格的架势,把他们拒于千里之外。席勒经常把卡洛琳娜称作"恶魔夫人"。她最坏的一面表现在她对可怜的多罗特娅·法伊特的气量狭小的嫉恨上,她不断地迫害她,——她的嫉恨还破坏了施莱格尔兄弟俩本来十分美好的亲睦关系,他们不但是兄弟,同时还是最知心的朋友,而她却几乎完全离间了他们。请听她是用什么腔调来谈多罗特娅的:"弗里德里希刚看完了《阿拉柯斯》的演出,立刻就坐上了马车,匆匆赶到法国去,想在那里按照共和方式举行婚礼。在罗伯斯

---

① 原文:Hegel macht den Galanten und allgemeinen Cicisbeo. (Cicisbeo 为意大利语,指陪伴已婚妇女进行社交活动的男子;丈夫只限于在家庭陪伴妻子。)

庇尔执政时期,淹死在罗瓦河里就叫做 noces republicaines（法语：共和式婚礼），我真唯愿这一对的那一半能碰上这样的婚礼。"她最优美的品质是由她的女儿、那个神奇的儿童奥古斯特·伯默尔激发出来的,她虽然十五岁就夭折了,她的名字却同德国文学史分不开。我们读读她对弗里德里希、对多罗特娅的评论,读读她写给蒂克或施莱尔马赫的韵文书信,不能不为她的罕见的天才感到惊讶。她的死成了卡洛琳娜生活中的一个转折点。谢林也许原来就被这个女孩迷住了,她不幸突然亡故,使得他更加接近她的母亲。他那时还很年轻,正热烈地从事初期的著述,焕发着激情,闪耀着天才,而且是歌德的宠儿。他和卡洛琳娜于是共有着深刻的悲伤和相互慰藉的需要。这种关系具有热恋的性质。浪漫派的卑劣的敌人炮制了一个小册子,宣称谢林用他疯狂的《自然哲学》和他所推荐的药方杀死了这个孩子——当然这纯属虚构的谣传——这件事却只能使他们更亲密地结合在一起。谢林回答这个小册子时,使用了同他的敌人一样粗暴的言辞,拉萨尔在他的《资本与劳动》的导言中曾经加以引用。卡洛琳娜和施莱格尔的关系早就冷淡下来了,他们不住在一个城市里。假使卡洛琳娜生性嫉妒,她可以有很多抱怨的理由。施莱格尔后来同蒂克的妹妹索菲·伯恩哈迪发生恋爱关系,她为了他而同自己的丈夫离了婚。他最后打算同唯理主义者保卢斯的一个女儿进行婚姻试验也失败了,像第一次一样以离婚而告终。

　　当谢林和卡洛琳娜变得难舍难分,必须把她身上原有的婚姻约束加以解除时,施莱格尔极其豪爽地表示了同意。离婚之后,卡洛琳娜说,"我们解除了一个我们认为随时可以解除的约束",接着就缔结了新的婚姻,双方都感到非常幸福。

　　看看施莱格尔怎样对待卡洛琳娜的决定,借以理解浪漫派的理论及其在头面人物生活中的应用,是十分有趣的。他不仅表示了同意,而且还同谢林保持着极其友好的通信,这两个男人在他们的文学生涯中还互相以言行支持对方。的确,卡洛琳娜在施莱格尔早已注意到她同谢林的关系之后,她对他仍然继续着极其友好的往还。例如,她在一八〇一年五月给施莱格尔写道:"请仲裁一下谢林和我之间的如下争论:可以这样来写六步句吗? 我认为最后两行写得很笨,——他却坚持要那样写。"施莱格尔后来甚至还陪着斯塔尔夫人,到慕尼黑去拜访过这一对夫妇。

所以,哪怕再严重的个人纠纷和决裂,也不能拆散这些由于思想一致、由于争取思想一致的共同斗争而结合起来的人们。他们认为个人自由是不可让与的,既这样看待别人的自由,也为自己要求这样的自由。

但是,除了说浪漫主义者在爱情上见异思迁,并且完全蔑视社会约束之外,由此还可得出如下结论,即:他们的妇女实际上比他们本人更高超,他们所做的不过是把她们拉到自己的水平上来。且看那个强有力的多罗特娅,她原来痛感浪漫派的一切文学倾向的渺小,后来却慢慢地发生变化,言不由衷地赞美《卢琴德》,然后千篇一律地写起小说来,最后便跟着弗里德里希到维也纳去当了天主教徒。再看感情纤细、热情而又刚强的卡洛琳娜,她二十岁左右作为一个年轻的寡妇,曾经试图把莱因区革命化,她当时是那样地果断而鲁莽,几乎可以同任何三教九流混在一起,并且满不在乎地使她的情人的生命和幸福面临最大的危险。弗里德里希给威廉写信说过:"我永远不能原谅她,她心狠手辣,老是把她的朋友卷进无聊的危险和卑鄙的小人这些可怕的旋涡中。"可是,几年之后,我们却看到她前后判若两人,为她丈夫的拙劣戏剧匿名写一些批评或吹捧的文章,完全沉湎于文坛上的钩心斗角之中。她的心灵似乎偶然为旧日的气息一拂而过,于此更可感到她的变化之大。她在一七九九年十月给她女儿写信,先谈了一大堆家庭琐事,最后一段是:"枢密顾问官胡菲兰德业已带着夫人和孩子们回来了。"接着又写道:"这一切多么无聊啊! 波拿巴到了巴黎! 哦,孩子,想想吧,一切又会好起来。俄国人已经被赶出了瑞士——俄国人和英国人只得在荷兰忍辱投降,法国人正向斯瓦比亚挺进,波拿巴当真来了。跟大家一起高兴吧,不然我会认为,你只会卖弄风情,没有一点明智的思想。"然后又用同样的口吻谈起了文坛闲话:"蒂克非常有趣,我们常在一起。这些男人脑子里究竟想做些什么,你简直不会相信。我将写一篇咏默克尔的十四行诗给你看,这个人在柏林胡说,公爵为了《雅典娜神殿》的缘故,把施莱格尔兄弟骂了一通,等等。因此,威廉和蒂克昨晚又熬到深夜,给他写了一篇恶毒的十四行。看到他俩兴高采烈地从事这场合理的 malice(法语:恶作剧),两对棕色眼睛闪闪对视着,实在令人拍案叫绝。多罗特娅和我几乎笑得在地上打滚。她很会笑,那种笑法会使你欢喜她的。默克尔这个怪物算是完蛋了。他再也抬不起头来。此外,到处都是一片哗然。许茨和威廉彬彬有礼地你来我往,谢林则全力攻击《文学总汇报》。不过,这些争论对你无关痛痒,俄国人和波拿巴才大有文章呢。"看来,当她对于重大事件的兴趣在她身上渐渐熄灭的时候,她似乎努力想把它在她女儿身上保存下来。接着,她便同谢林结了婚,并适应了巴伐利亚这个巨大的僧侣巢穴的一切现状。

  许多伟大的男人都试图诱导他们所爱的女人来分担他们的兴趣,可是一个个都失败了。那些有天赋的男人们并没有提高那些追随他们、向他们委身的女人,而是贬抑了她们,剥夺了她们最高超的兴趣和最高尚的同情,给她们注入了渺小而又卑劣的情操,——我认为,这个事实乃是对他们的最严重的谴责,最能暴露他们弱点的征象。这种谴责可以加在浪漫主义者头上,而且不能不加在他们头上。他们对待众神赐予他们的伟大妇女,就像对待他们作为遗产加以继承的伟大观念一样,他们剥夺了她们身上伟大的胸襟宽阔的社会政治品质,让她们先变成浪漫派和文人,然后顿悟前非,变成了天主教徒。

八　施莱尔马赫论《卢琴德》的书信。乔治·桑和雪莱的婚姻观

气味相投的浪漫主义者们一点也不满意《卢琴德》。只有诺瓦利斯对它赞赏备至。他认为,很少见到这样有个性的书,觉得从这本书里可以清楚地看到作者的内心活动,恰如在一玻璃杯水中溶化一块糖时可以看到物质的活动一样。略微使他感到不安的是,《卢琴德》里面似乎安排了一种骗局,把能思维的人描写成一种纯粹的冲动、一种纯粹的自然力,从而俘虏了读者,使他不得不沉醉于纯粹的肉欲本能。他还认为,整个作品既不轻松简单,也没有完全摆脱卖弄的痕迹。不过,他却称赞它不乏"浪漫主义的和声";比起形式来,内容没有什么使他不满的。

读完第一遍之后,他立刻给卡洛琳娜·施莱格尔写信说:"此外,观念方面无可指责,而在表现方面,我却经常觉得,有很多地方是从克拉蒂斯①那里借来的。可是,我们这里还不流行'做冷嘲家吧!'这样的准则——甚至非常热情的妇女也会谴责雅典的美女拿市场作为她的洞房。"②

千真万确!只是这种渎神行为也怪不得可怜的多罗特娅,虽然她被摆在市场上公开展览,她本人并没有像我们那样以她的名义愤怒过;怪只怪那些高贵的雅典男人。我们看到,卡洛琳娜不久就对这本

---
① 或指"底比斯的克拉蒂斯",公元前四世纪希腊犬儒派哲学家。
② 《诺瓦利斯通信集》第123页。——原注

书极尽挖苦之能事,而奥·威·施莱格尔、谢林、斯特芬斯及其他人私下则把它看作一个 enfant terrible①,不论他们公开是怎么说的。奥·威·施莱格尔确实在一首十四行诗中向弗里德里希这样说过:

> 忠于炽烈的爱情使你成为诗人,
> 你要把生活造成一座神庙,
> 让神权来释放和束缚自由。
> 可是,有祭坛不能没有供品,
> 于是你从天国盗来了
> 辉煌的卢琴德的情欲。

当科策比针对《卢琴德》发表喜剧《北极驴》来讽刺弗里德里希的时候,奥·威·施莱格尔却回报了那篇机智的《科策比议长的凯旋门》;可是,他私下却称这本书是"愚蠢的狂想"。蒂克则管它叫作"不可思议的怪物",就连施莱尔马赫后来由感性的神秘主义倾向转向新教的唯理主义倾向的时候,他也试图否认写过论《卢琴德》的书信。虽然如此,或者正是因为如此,探寻一下这些书信的性质,我们认为是重要的;这些书信的目的,就在于说明《卢琴德》不仅是一部清白无辜的书,而是一部优秀而神圣的书,高尚妇女对它倾慕不置,就证明了这一点。同施莱尔马赫通信的就是这些妇女,其中之一是他的妹妹埃内斯丁,另一个是他的情人埃莱昂诺尔·格鲁诺。

今天,这些书信一件件读起来,不再有任何兴味了。我们将只注意最突出的几点。因为《卢琴德》是浪漫主义者在社会方面唯一的尝试,因为阐明婚姻问题是十九世纪初叶文学所从事的唯一的社会任务——只有歌德的《漫游年代》像卢梭的小说一样,但是在更大的范围内,考察了社会问题——所以把欧洲各个主要国家文学关于这个问题

---

① 法语,"可怕的孩子",说话令人发窘的儿童。

的见解作一比较,是有意义的。

施莱尔马赫的文章是反对假正经的。他在一封早期书信中写道:"我几乎相信你近来变成一个假正经了。如果真是这样,请你赶快到英国去吧,我真想把整个这类人赶到那里去。"本书还有一整节反对虚伪的忸怩,这种忸怩排斥了真正的贞洁,并酿成许多不必要的灾害。这本书信集第 64 页和第 83 页这样写道:"那种已成为今日社会风气的、羞怯而褊狭的贞洁,其根源仅在于意识到一种巨大而普遍的荒谬和一种深刻的腐败。但是,最终会变得怎样呢?如果人们屈服于事态,荒谬和腐败必定会越来越得势;如果人们当真到处搜寻不贞洁,那么最后可能认为,在每个思想范围内都会找到它,而一切言谈和一切社交最后势必宣告中止。……彻底的腐败和完善的教育都能使人回复到清白无辜,二者都将消灭贞洁;通过前者,真正的贞洁按其本性也将和虚假的贞洁同归于尽;而后者则使贞洁再也算不了什么,值不得特别注意,本身更没有价值可言……想想吧,亲爱的孩子,人身上的一切精神性不都是从一种近乎本能的、模糊不清的内在冲动开始的吗,不都是逐渐通过自发行动和习惯才发展成一种明确的意愿和意识,一种自身圆满的行为吗?但是,在达到这个地步之前,根本不能设想这种内在运动对于确定对象会有持久的关系。那么,为什么爱情要不同于其他一切呢?难道作为人生最高性能的爱情,经过第一次最轻微的感情尝试,就能达到圆满的成果吗?难道它比吃喝这类简单技巧还要容易吗?当然,即使在爱情中,也一定有初步的尝试,从中不会得到永久性的成果,但是它却使感情更加明确起来,使爱情的前景显得更加伟大而又高尚。在这些尝试中,同一定对象发生的关系只能是偶然的,最初常常只是一种幻想,而且永远是一阵过眼云烟,正像当时的情感一样倏忽短暂,它不久就让位于另一种更明朗、更深切的情感了。你在那些最成熟、最有教养的人们身上肯定可以发现这一点,他们把他们的初恋当作一件幼稚而古怪的行为加以嘲笑,而且往往漠不相关地同初恋的对象生活在一起。按照事物的本性来说,情况也一定是这样,在爱情上既想坚持忠实又想建立永久的关系,乃是一种危险而又空洞的幻想。"

施莱尔马赫因此警告人们提防他所谓的"关于初恋之神圣性的妄念":"不要相信一切事物之所以存在,是因为它会产生某种正常事物。有些小说鼓吹这个观念,把两个人的爱情从半生不熟的开端一气呵成地发展到最高的圆满境界,是既危险而又拙劣的;总而言之,这些小说的作者既不懂得爱情,也不懂得艺术。……如果你那多少有些模糊的憧憬逐渐化为对某一固定对象的爱,那么由此必然产生某一固定的关系,同时还会有一个尽可能接近的最高点;如果你一旦达到了这一点,觉得如梦初醒,难以为继,这时你除了同对象各奔东西之外,还有什么办法呢?只有在这场尝试作为尝试完成之后,就是说,在割断了这个关系之后,对这场尝试的回忆和思考才能有助于更细致地理解当初的憧憬和感情,从而为另一次更好的尝试做准备。难道有什么义务,非要在同一对象身上进行这另一次尝试不可吗?这种义务的根据又在哪里呢?让我来说,我认为这比兄妹通婚更违反自然。那么,你就肆无忌惮地去进行尝试吧,只是要注意对于尝试本身保持清醒和敏感,这样才不致由于献身而把这样一件肯定不过是一场尝试的事情永久化和神圣化,因为献身就其本性而论,标志着少不更事的尝试的结束,真实而持久的爱情的开端。这样一种错误乃是最不幸的幻觉的结果和原因,你要把它看作可能发生在你身上的最可怕的祸事,而且要知道,这本来可以叫作水性杨花,甘被诱骗。当你获得真正的爱情,感到自己达到了这一点,能由此完成自己的气质,并能使自己的生活变得优美而可敬,那么你自然就会觉得,对于最后一次、也是最美的一次正当结合,采取任何观望和逡巡的态度都是矫揉造作了。最危险的仅在于每一次尝试按其本性而论,都以达到这一点为目标。饱和点只有通过过度饱和才能找到。但是,如果你在思想感情方面都是健全的,那么每逢这种爱的尝试接近这一点时,你肯定会感到一种神圣的嫌恶,这种嫌恶比外来的戒律的威力高得多,或者说,比一般所谓的羞耻与贞操高得多。"

这确是一些健全明智的见解！施莱尔马赫作为一个理想主义者追求新的伦理的基础；但是，他却完全忽略了真实的、实际的困难。然而，这些关于感情的精细思考，对于作者所属的国度，又是多么富于特征啊！一个意大利人曾经对我说过："在日耳曼民族的感情生活中，最使我们感到惊讶的，是他们理解和寻求爱情的方式。爱情对于他们是一种宗教、一个善人必须信奉的宗教。而这种宗教是有其神学的。据我所知，它甚至不乏哲学、形而上学等等！我们却像法国人所说的，爱得 simplement（简单）。"读到施莱尔马赫的文章，我不由得想起这番话。为了证明一个人在恋爱中不应为虚假的理论所干扰，他写得多么有见识啊，而为了彻底阐释这些见识，他对于"使气质得以完成和圆满的"爱情具有多么坚定的信心啊！把其他国家伟大作家的有关言论拿来同施莱尔马赫的上述观点作一比较，是颇有教益的；这样比较一下，会使民族特征显得更其鲜明。

乔治·桑的第一部小说在法国代表了《卢琴德》在德国所开创的同一运动，她在《雅克》和《卢克莱修·芙洛丽安尼》中通过主要人物，就像通过假面一样，发表了如下的见解："保罗和弗琴妮所以能够长久而平静地相爱，因为他们是由同一个母亲养大的孩子。我们却出身于完全不同的环境……要使两个人能够永远相互了解，并由一种永不变心的爱情结合起来，他们必须从儿时起就接受同样的教育，两人身上必须有同样的信仰、同样的意向，甚至同样的举止习惯。然而，我们却是一个动荡而腐败的社会的苦难后裔，这个社会像个后母一样对待她的孤苦伶仃的孩子们，而且在它的野蛮时期甚至比真正的野蛮还要残忍；那么，在经过如此巨大的公开的分裂之后，看到心灵不断隔阂开来，内部的和谐荡然无存，又有什么值得大惊小怪的呢？"

可以看出，乔治·桑比施莱尔马赫更不相信，个人有可能通过"使气质得以完成"的爱情，遇到所谓"意中人"。雅克说："依据我的看法，婚姻是古往今来最可憎的制度之一。我不怀疑，如果人类在正义和理性的轨道上前进一步的话,这个制度就会被废除;那时将代之以一种更其合乎人性的、其神圣性并不因此见少的结合,这种结合能够保障儿童的生活,而不致将父母的自由永远束缚住。只是今天,男人未免过于粗野,女人又未免过于懦弱,都不能要求一个比目前控制他们的铁律更为高尚的法律。对于不讲良心、不讲道德的家伙,才需要沉重的枷锁。少数高尚心灵所梦想的改革在本世纪内是不可能实现的;这些有识之士忘记了他们比他们的同胞先进了一百年,忘记了在改变法律之前必须改变人类。"——雅克在成婚的那天对他的新娘说:"现在,社会将要领着你宣誓。你一定要永远对我忠实而恭顺,就是说,除了我,决不再爱任何人,而且在任何事情上都要服从我。这个誓约的头一点荒谬绝伦,后一点卑鄙无耻。"

乔治·桑在所有这些作品中的思路是这样的:当爱情已不复存在时,还要用温存体贴来保存爱情的皮相,这是恋爱关系中真正不道德的行为。雅克说:"我从来不苦心孤诣地设法燃烧或鼓动我心中不再有的那种感情;我从来不要求自己把爱情当作义务,把忠实当作职责。如果我觉得爱情已在我心中熄灭,我就明说出来,既不感到羞愧,也不感到悔恨。"卢克莱修·芙洛丽安尼说得还要感人:"我曾幼稚而盲目地沉湎于多次恋爱事件,其中没有一次结合我认为像这样一次令我自疚的,那就是我昧心试图在情残意懒之后继续维持两人关系的一次。"

看来这位法国女作家认为,对于同一个人的持久的爱情是一种仅仅在一定条件下才有效的可能性;她的爱情观念不同于施莱尔马赫的爱情观念,她并不把爱情看作最高的教育力量,而是看作不可抗拒的自然力量,看作充溢整个心灵的激情,它是美丽的,是人生最美丽的东西。既然爱情不能按照制度来改变它的性质,那么制度就必须按照爱情的性质来改变它自身。作为卢梭的一名女弟子,她热烈地拥护自然。

最后,来看看同时代一位具有同一精神倾向的英国作家的作品,即雪莱的《麦伯女王》,而且特别注意一下他为这篇诗所增补的注释,我们将会碰到反对流行见解的第三种意见。雪莱说："我们所处的社会状态是封建野蛮和不完善的文明的一种混合。人类承认幸福是伦理学及其他一切科学的唯一目标，放弃出于对神的爱甘愿灭情绝欲的狂热观念，乃是新近的事情。"可以看出，他作为纯粹的英国人，是把功利原则或者幸福原则当作最高原则，并由此出发的。他说，"爱情是对美好可爱有所感知的必然结果。爱情在强制之下就要凋谢；它的本性就是自由；它同恭顺、嫉妒或恐惧是不相容的；它的信徒生活在信任、平等和率真的献身精神中，它才是最纯洁、最完整而又最无拘束的。……一对夫妇只有在彼此相爱的时候，才应当继续结合在一起；当他们的爱情熄灭之后，任何法律还要强迫他们在一起实行同居，哪怕一时半刻，也是不堪忍受的暴政，而且也是最不值得忍受的。如果一种法律不顾人类精神好恶无常、动摇不定、容易迷误以及大有改善之余地等特点，规定友谊必须始终不渝，这岂不是法律对于个人的评判自由的一种多么可憎的监护吗？爱情的羁绊要比友谊的羁绊沉重得多，也难受得多，因为爱情更猛烈、更任性、更仰仗想象力的微妙特质，更难得满足于对象的一目了然的优点。……爱情是自由的；答应永远爱同一个女人，其愚蠢程度不亚于答应永远遵奉同一个信仰。……当前这种强制性的制度在大多数情况下，只有制造伪善者和公开敌人的作用。敏感而又有德行的人们，不幸同一个他们所不爱的人结合在一起，但是为了照顾他们配偶的感情或者共同子女的福利，不惜强颜为欢，消磨了他们一生最美好的年华；至于为人并不宽宏大量的人们，他们则公开地宣布自己的失望，在一种不可救药的勃谿和殴斗的状态下，苟延残喘地度过只有死亡才能消解的怨偶生涯。他们的子女的早年教育则染上了父母鸡生鹅斗的色彩；他们是在坏脾气、暴行和虚伪的正规学校里被教养大的……婚姻是无法拆散的，这个信念使性情乖张者受到了最强烈的诱惑：他们肆无忌惮地发泄着怨气，沉湎于家庭生活中所有小小的暴政，因为他们知道，他们的牺牲品是有口难言的。……卖淫是婚姻及与之俱来的胡作非为的嫡子。妇女仅仅因为犯了顺从自然欲望的罪过，便触怒了众人，被屏于社会的同情和安慰之外，这比谋杀更严重……假如一个女人顺从了决无过错的自然〔原文如此〕的冲动，社会便向她宣战，这是一场残酷而永久的战争；她必须是驯服的奴隶；她不得有任何报复行为；社会有迫害的权利，而她只有忍受的义务。她生活在耻辱之中；喧嚣而恶毒的讥笑声堵塞了她的任何自新之路。她死于长久缠绵的疾病；但是，她做了错事，她是罪人，她是桀骛不驯的顽童，——而社会这个年高德劭、守身如玉的保姆，则从她洁白无瑕的胸怀里把她像怪胎似的抛开了！……青年男子被狂热的贞操观念屏弃于庄重而有才艺的妇女社会，便同这些伤风败俗的可怜虫混在一起……今日社会的偏执的贞操乃是僧侣和福音派传教士所宣传的一种迷信，甚至比愚顽的纵欲更是自然节制的敌人；它磨噬着所有家庭幸福的根基，使人类的大多数陷于不幸，以便少数人能够享受合法的垄断。大概难以设想还有什么制度，比婚姻更其刻意敌视人类的幸福了。我断然相信，废除了婚姻制度，将会产生正当而自然的性关系。我决不认为这种性关系会变成一种杂交；相反，由于父母同儿童的关系，这种结合一般会是长久的，而论及宽厚与诚挚，它将超过其他一切结合。……事实上，目前状态下的宗教和道德形成了一部不幸和奴役的实用法典；维护人类幸福的天才必须从这本邪恶的圣经上把每一页都撕掉，人才能读到他心中的题词。用僵硬的胸衣和盛装打扮起来的道德，如果朝着自然的镜子照一照，将会怎样为她自己可憎的形象感到惊愕啊！"

这里又是向自然的呼吁，但观点完全不同了。热情的无神论者雪莱在传统宗教中看出了社会不幸的根源，"决无过错的自然"便是他用以代替圣经里的上帝的神性。他认为要求幸福是人类的权利，并且作为英国人，他并不在心理学方面多费口舌，直接宣称个人有自由摆脱外界法律的强制。施莱尔马赫警告人们防止背理行为，因为一旦失足，人就会受到束缚；不过，他是新教的牧师，只能间接地鼓动人们反抗。乔治·桑则对卑劣行为感到愤慨；在这位法国女作家的伦理学中,荣誉扮演了理性在施莱尔马赫的伦理学中所扮演的同一角色;她借用她的男性荣誉心的理想人物雅克之口,以人类荣誉的名义提出了抗议。雪莱最后作为个人自由的代言人和战士挺身而出,他希望废除奴役。英国这位不久就逃亡国外的自由使徒毫不踌躇地抨击了社会制度。乔治·桑却从没有诋毁过婚姻,她在《莫勃拉》的序文中甚至说过:"我公开反对丈夫,如有人问我拿什么来代替他们,我将坦白回答:结婚。"然而,雪莱从政治上和社会上来理解一切不幸,他建议通过立法途径来改善人类,因为他确信国家一定会按照这种广泛的方式,尽可能保证个人充分行使他作为公民的自由权。

显而易见,这三个谈论同一事题的代表人物中间,施莱尔马赫是最富于思考、也是最谨慎的一个。气质及其恳挚之于他,犹如心灵之于乔治·桑,幸福之于雪莱,乃是首要的。这三个伟大的作家都分别代表了他们的民族,把他们这样比较一下,可以更清楚地理解这个发端于本世纪初叶的整个运动的性格;这个运动还没有停止,也没有定型,更没有得到良好的抚慰人心的成果,一直要等到妇女在精神和社会方面获得解放,使她能够同男人平起平坐,并通过文学和立法的途径照顾她自己的需要。

九　威·亨·瓦肯罗德尔。浪漫主义文学对于音乐性和音乐的关系

敏感而笃实的施莱尔马赫在他的论《卢琴德》的书信中，运用他的一切聪明才智，想从中找出一点完整的、合乎理性的东西。他从中读出的却是他自己的见解。但是，他的立场是错误的。他试图通过讨论一本不现实的书，动手解决一个现实的问题，即以那本书为基础，建立一个更自由、更高尚的伦理学。然而他的努力落空了，因为那本书并没有像它所宣称的那样证实人生向诗的转化，实际上只是叙述了几个才子对于一个荒芜现实中的诗意的幻想和沉思。

《卢琴德》从根本上说是空洞的。这种空洞的一无所有的理想主义是各种各样的浪漫主义分支所共有的特征。我们知道，歌德的普罗米修斯曾经向宙斯呼喊："你以为我会因为梦想之花没有全部成熟，就要憎恨人生、逃向荒野吗？"普罗米修斯这样呼喊，歌德也这样呼喊。但是，不难理解的是，从这些多愁善感而无行动的年轻一代，用黑特纳的话说[1]，产生了这样的一群，他们"因为梦想之花没有全部成熟"，由于对于现实不满而感到绝望，便伸手抓扑一无所有的空气，一味追逐着幻象，并且执拗地想赋予这些幻象以生动的形体；他们宣传这样一种见解，即艺术和诗及其元素和器官——想象力才是唯一本质的、有

---

[1] 见 H.黑特纳的《浪漫派》第48页。——原注

生命的,而其余的一切,生活和现实,不过是平庸的散文,毫无意义可言,甚至是害人不浅的祸殃。对诗的崇拜变成了一个新的酒神崇拜。当时的青年人则是狂热赞颂酒神的宣教士。

然而,这个新学说的最初一批宣教士却决不是狂饮醉闹、放荡不羁的。相反,我们所遇见的第一个面容,乃是最文静、最无邪的,也许是现代文学中最纯洁、最温柔的。那就是瓦肯罗德尔的高贵的苍白的脸。

浪漫主义的艺术热忱最初表现在一个沉醉的青年的纤巧的作品中。这个青年一方面抱着炽烈的感情,渴望为艺术而生活,另一方面又迫于父命,不得不屈服于实际事务的约束。他在内外夹攻之下,终于筋疲力尽,二十五岁就离开了人世。他的一生有如一阵柔和的微风,在初春的日子里使空气变得温暖起来,从而诱发第一批花朵开放。蒂克和他是最知心的朋友,他对蒂克仰慕备至。他给蒂克的书信表现出,他对这个更有男性风度的朋友怀有一种近乎少女般的爱情。

在每个图书馆里都可以找到一七九七年出版的一本印刷精美、装帧雅致的小八开的小书,没有作者的署名,只有题目《一个热爱艺术的修道士的心曲倾诉》,扉页还有一个沉醉的拉斐尔头像,大眼睛,厚嘴唇,细脖子,就像一个才智横溢、狂热信奉基督、即将死于肺病的爱神膜拜者。在这幅画像下面并没有直截了当地写上拉斐尔,而是"神圣的拉斐尔",即浪漫主义文学的拉斐尔。这本精致的小书宛如整个浪漫主义文学建筑的基层结构,后来的作品都摆在它的周围。它虽不是气势磅礴的创作,它的萌芽能力却非常令人惊叹。这本书包含着一些常春藤似的缠绵的情绪、纯粹被动的印象,但却是用如此晶莹纯净的蜡印出来的,以致印迹显得牢固而又清晰。它正如书题所示,乃是心曲的倾诉,是一股对于艺术的宗教般虔诚的热情之流;它以最无矫饰的率真风格,用少数简单的观念写出来,不讲理论,也不讲美学。因此,这本书不是一个伟大或重要的心灵的产品,但它有一个优点:它不倚傍任何人。在这个修道士看来,对艺术的唯一真实的态度就是虔诚,伟大的艺术家就是被选拔的、蒙受神惠的圣者。他对他们的赞叹乃是一个五体投地的孩子的赞叹。

在这本书的写作过程中,瓦肯罗德尔不止一次地同蒂克合作过。但是,《心曲倾诉》中那篇年轻音乐家约瑟夫·伯格林格尔的简单自传,却出自瓦肯罗德尔的手笔。——书中伯格林格尔的温柔纤美的性格,令人想起年轻的浪漫派创始人圣伯夫描绘出来借以自况的那个约瑟夫·德洛姆。伯格林格尔就是瓦肯罗德尔。就像伯格林格尔一样,瓦肯罗德尔为了违抗父命而当艺术家,曾经斗争过;同时,还在对待艺术的态度上,同自己进行过更为艰苦的斗争。说也奇怪,初出茅庐的浪漫主义者一跨步就遇到自己命运的阴影,使他深深感到苦恼,那就是恐惧由于沉湎于艺术而对生活变得无能。吕克尔特曾用文字痛切地表现过这一点:

> 亲爱的儿子,马德拉斯魔术家的孩子
> 不是靠糖果来练习吞剑的,
> 他们先学着吞竹尖,吞着吞着,
> 最后才达到吞剑的本领。
> 你将来成人,如想消化科学这把剑,
> 你年幼时决不能啃艺术的糖果。

而约瑟夫则是这样说的:艺术是一种诱人的禁果;谁一旦尝到它最里面的甜汁,谁就不可挽救地迷误于熙熙攘攘的人世。"娇生惯养"的艺术家心灵面对现实,便感到一筹莫展。只有当华美的音乐使他超脱尘世生活的烦恼,约瑟夫才能摆脱这种痛苦的精神状态;但是,他的情绪起伏不定,所以他说:"我的心灵恰似余音袅袅的风奏琴,一阵不知从何而来的气息就能拂动它的音弦,千变万化的旋律在它上面随意震颤。"瓦肯罗德尔理解并热爱音乐超过一切艺术。在他的遗著《关于艺术的想象》中,他将音乐置于其他一切艺术之上。

瓦肯罗德尔在体质上近似诺瓦利斯，可是对于人生的暴风雨则更少抵抗力。他心地善良，极端轻信，正由于这种真正浪漫主义的轻信，他到处发现了神秘和奇迹。他身上这种忧郁和神秘的倾向发展到经常成为他的伙伴们的嘲弄对象，而这些人也多少同样迷信奇迹和错觉。我这里不免要讲一个只有在浪漫主义者的生活史中才发生的逸事；因为，如果不看看这些怪人的生活起居和写作情况，就理解不了他们的理论。瓦肯罗德尔是个勤奋的大学生，他没有不得已的原因，是决不旷课的。两个调皮的朋友趁他上课的时候，把他的一条狗牵到他的房间里。他们把它绑在瓦肯罗德尔的书桌前的椅子上，让它坐得端端正正的，两个前脚掌放在一本为它翻开的大书上。这个驯顺的动物原来就习惯这类把戏，坐在安乐椅上扮了一个十分惊人的角色。两个淘气鬼接着就藏在隔壁房间里，等待他们的恶作剧的成功。瓦肯罗德尔为了取一个忘掉拿的笔记本，比平时要回得早一些。他看到那条狗和它的沉思的姿态，简直目瞪口呆，站着一动不动了。他对它怯生生地望了一眼，然后把那个本子悄悄揣在怀里。由于害怕旷课，又担心待久了会破坏这个神奇的现象，他转身就走了。他匆匆地、悄悄地离开了房间。晚上，没有什么正经话可谈，他便打破沉默，摆出莫测高深的神色说道："朋友们，我要告诉你们一件我今天亲眼得见的怪事。我们的施塔尔迈斯特（那条狗叫这个名字）会读书了。"①

这不就是蒂克的《穿靴子的雄猫》或者霍夫曼关于狗柏尔甘扎的故事中的一个场面吗？这些荒诞不经的书不就是浪漫主义者的私人生活的写照吗？例如，《雄猫慕尔》中的雄猫就一模一样地说过："在我主人的屋子里，没有什么比那张堆满书籍、文稿和各种罕见文具的写字台更吸引我的了。我可以说，这张桌子就是一个魔圈，把我拘禁在里面，使我感到某种神圣的敬畏，完全无法随心所欲。终于有一天，主人不在了，我压制住我的恐惧，跳上了桌子。我坐在文稿和书籍中

---

① 见 R. 克普克：《路德维希·蒂克》卷一，第 177 页。——原注

间钻研起来,那是多么令人欢悦啊。"接着,雄猫用脚爪灵巧地打开了一本厚书,试图理解里面的文字;最后,它似乎感到一种十分奇异的精灵凭附在它身上。正在这一刹那,主人大喊一声:"看这该死的畜生!"同时扬起桦树枝就往它身上抽去,把它吓了一大跳;可是,突然间他停了下来,叫道:"猫呀!猫呀!你在读书吗?你读吧,你读吧,我不会禁止你读书的。你身上有多么强烈的求知欲啊!"

我要问一下:如果我们看到现实生活中所发生的一切,这段情节在一篇童话故事中难道是不可思议的吗?难道我们没有看见,幻想的彩虹是怎样笼罩着整个浪漫主义集团,从他们最初的温柔诚挚的先知直到最后的着魔似的文体家,从瓦肯罗德尔直到后备军领袖霍夫曼?如果我们还听说,蒂克的一生也充满着类似的迷误和幻觉,我们将会感到,凡是在浪漫主义者的作品中可以找到的一切虚妄内容,没有一样不是他们的热昏症的幻觉曾经在现实生活中蒙蔽过他们,使他们信以为真的。

最有趣的是,不仅可以看到瓦肯罗德尔的心境和情感对于蒂克所产生的影响,而且还可以看到为同龄的朋友所影响的蒂克本人反过来又参与了瓦肯罗德尔的创作。这里使我们感到惊讶的第一点是,蒂克当初本来只是在创作活动使人解放的一刹那,充分发挥他的优秀才能的时候,才能够摆脱威廉·洛维尔式的幽暗的心境,后来他却从瓦肯罗德尔那里学会相信想象和艺术乃是人生的力量,并由此为一种他从未有过的世界观获得了唯一巩固的支柱。第二点则是,他在两人中间本来比较带有依赖性,对另一个抱亦步亦趋的态度,但是他却把瓦肯罗德尔的一切倾向推到极端,并使之得出荒诞而又自然的结论。

在《心曲倾诉》中由蒂克参加合写的那些部分,天主教倾向暴露无遗。里面写到,画家安东尼奥不仅仅膜拜艺术,而且还膜拜"圣母和崇高的使徒",这就是说,对于艺术的真正的热爱必须是"一种宗教的爱或者一种被爱的宗教"——这些都是蒂克添进去的。但是,最值得注意的文献还是这样一封书信,这封信虽然蒂克后来试图否认,但根据他自己的证言①,无疑出自他的手笔,其中假托阿尔布莱希特·度勒的一个青年学生来到罗马学习艺术,在信中描述了他改宗天主教的经过。这件事发生在彼得大教堂:"洪亮的拉丁歌曲时起时伏,从汹涌的音乐波涛中穿过,宛如在滔天海浪中航行的船只,使我的心情为之激越飞扬。当音乐这样渗透了我的全身,贯穿了我的全部血管——这时我抬起了内向的目光向四周环顾,——整个庙宇在我的眼前活跃起来,我便完全沉醉在音乐中了。霎时间音乐停止,一位长老出现在高高的祭坛上,用虔诚的姿势扬起了圣饼,拿给全体教徒看,——全体教徒都跪下了,长号和一些不知什么名称的巨大乐器轰鸣起来,不禁使我醍醐灌顶、肃然起敬——我清楚地感到,仿佛所有拜倒的教友……都在向天上的父为我的灵魂祈福,并以不可抗拒的力量把我拉到他们的信仰这边来。"

我认为这一段文字特别重要,因为它提供了一个决定性的证据(连明察秋毫的黑特纳都忽略了它),说明天主教的倾向从一开始就深深植根于浪漫派的原则之中。黑特纳和尤利安·施密特都未免夸大了下列这件事的意义,即奥·威·施莱格尔晚年在给一位法国太太写的著名书信中,把天主教倾向简单地归之于一种所谓 prédilection d'artiste(法语:艺术家的偏好)。因为,事实上,这种艺术家的偏好在那一开始就采取的排斥理性的方针中有着更深远的根源。

此外,立刻为蒂克和浪漫派所接受并继续加以发展的同天主教的关系,并不是瓦肯罗德尔身上唯一的倾向。在《关于艺术的想象》中,瓦肯罗德尔称赞音乐是艺术的艺术,是首先懂得压缩和固持人心中的情感的艺术,是教导我们"感觉情感本身"的艺术。浪漫派另外还能感觉什么呢! 蒂克正好承认这一点。瓦肯罗德尔使音乐凌驾于诗之上,认为音乐的语言是两者中更丰富的语言,还有谁像蒂克一样热衷于这个观点呢? 蒂克的诗与其说是真正的诗作,不如说是写诗情绪的一种

---

① 见《斯特恩巴尔德》第一版跋,卷一,第374页。——原注

表现；与其说是艺术作品，不如说是艺术情绪。蒂克比瓦肯罗德尔走得更远。他又从音乐中挑选出器乐来，因为只有在器乐中，艺术才是真正自由的，才摆脱了外界的一切限制。所以，到后来，彻头彻尾音乐化的霍夫曼也把器乐称为一种最浪漫的艺术；这就显著地证明了一个时代的伟大精神现象之间经常发生的联系，证明了浪漫主义者尽管自以为可以为所欲为，实际上放浪不羁，却不自觉地服从于一个使他们就范的历史必然性，不得不追随这个历史必然性的潮流；不妨顺便指出，正是在这个时候，贝多芬也解放了器乐，并把它推到了最高的位置。由于把对音乐和声的热忱转移到创作艺术方面，蒂克便把化为和声和叮咚之声的诗视作真正的诗、"纯粹的诗"。他的《美丽的玛格龙的艳史》和《策尔宾诺》就是很好的例证。在前一部作品中，连散文部分所写的一切——主人公的情绪和作为背景的风景——都发着音响和回声。伯爵一点也听不见他周围的声音，因为"他内心的音乐淹没了树木的沙沙声和泉水的溅泼声"。但是，这种内心音乐反过来又为真正乐器的甘美的音流所淹没。"音乐像一道潺潺的小溪，他看见娇媚的公主在银色溪流上漂浮而来，看见水波吻着她的衣袍的边缘。……音乐现在是唯一的运动，是自然中唯一的生命。"然后，音乐消逝了。"像一道蓝色的光流"，它消逝在空无之中；于是，骑士自己开始歌唱起来。

在《策尔宾诺》的"诗歌花园"里，玫瑰和郁金香、雀鸟和蓝天、喷泉和暴风雨、溪流和精灵都在歌唱。在《蓝胡子》里，"花朵相互亲吻，发出优美的声音。"在这种文学中，万物都有它的音乐——月光也罢，香气也罢，图画也罢；另一方面，我们又读到音乐的光线、芳香和形式："它们用悦耳的嗓音歌唱，同月光的音乐和着拍子。"看来，浪漫主义者对于物质的现实真是不屑一顾。明显的实体，固定的造型，甚至感情状态的具体表现，都是他们不能接受的。他们从不追求这些东西。在他们的心目中，有形的一切都俗不可耐。所以，每个明确的面貌都淡化为 dissolving views（英语：渐次溶暗的景物）。他们生怕丧失了他们可能在有限形体中获得的无限性和深远性。

这个派别的所有名家在这一点上都不谋而合。首先可以举出诺瓦利斯。他的《夜颂》以及全部抒情诗，都是黑夜和黄昏的诗歌，那种朦胧气氛容纳不了任何明晰的轮廓。他的心理目标如他自己所说，就是探测灵魂的无名的、未知的力量。所以，他的美学主张也无非是：我们语言必须重新成为音乐，重新成为歌曲；所以，他教导人们，在真正的诗作中，除了情绪的统一，没有任何其他的统一，也就没有思想和行动的统一。他说："可以设想故事没有任何连贯，但却像梦一样具有联想；诗歌可以和谐悦耳，充满美丽的词句，但没有任何意义和关联，充其量是一些个别可解的诗节，有如五花八门的碎片。这种真正的诗只能大体上有一种寓意和间接效果，像音乐那样。"——这种论调同弗里德里希·施莱格尔的理论何其如出一辙啊！施莱格尔这个人，他的本性完全是破碎的，他的生命消耗在朝三暮四的异想中，他的意志不能贯彻实行任何计划，他的一生宛如一片阿拉伯花饰，开头是一根酒神杖，末尾则是一个用刀和叉构成的十字架，——他说："阿拉伯花饰，线条本身的这种纯朴的音乐颤动，乃是人类诗意最古老、最原始的形式。它的轮廓并不比黄昏天空的云彩更为固定。"

这段话如果不是泛指一般人的想象，而是单指浪漫主义者的想象，无疑是说到点子上。拿蒂克的抒情诗同歌德的抒情诗相比较，其区别有如天边的云彩之于稳固的雪山。读者欣赏浪漫主义的抒情诗，就像《哈姆莱特》中的波洛涅斯欣赏云彩一样："那片云可不就像一头骆驼吗？——是的，拿人格担保，它就像一头骆驼。——我觉得，它还像一头鼬鼠。——从背后看，它正像一头鼬鼠。——要不然，就像一条鲸鱼吧？——的的确确，就像一条鲸鱼。"就诺瓦利斯来说，诗作的艺术形式毕竟还是规矩的、明确的；而在蒂克笔下，为了适应内容的忐忑不安而又神秘莫测的热望，一切都消失在、沉浸在形式的烟幕之中。艺术作品被固定在它最初的胚胎阶段，形成一片混沌。这种原始状态的想象被称为原诗。为了把界限明确的诗艺还原为原诗，固定、明确的艺术形式必须化解开来，重新揉成一团。对于伟大的诗人们的作品，蒂克偏爱他们在他们的形式尚未得到发展时所写的一切——例如，他承认，莎士比亚的剧作没有一部像《配力克里斯》那样给予他深刻的印象——因此他自己也写出了《格内维瓦》和《奥克塔维安》这样的作品，里面的叙事诗、抒情诗和戏剧的形式都给剁成了一堆肉泥。

在丹麦，这种由一切形式混合而成的驳杂风格也得到了模仿。这颇适合于欧伦施莱厄的《夏至节的戏剧》这样的题材，也相当适合于《阿拉丁》这样的题材，但有时却产生了十分不佳的结果，例如豪赫的《哈玛德丽雅德》。

蒂克写起纯粹的情绪抒情诗来，根本没有形式可言。在他的浪漫主义时期，他缺乏凝练的才能。尽管他大谈其音乐及语言的音乐性，他的韵律方面的天赋却十分不完善。他的耳朵似乎很不灵便。在这一点上，他远不及奥·威·施莱格尔，后者对莎士比亚的《皆大欢喜》中的插曲的绝妙的翻译可以为证。而蒂克和大多数浪漫主义者，尽管他们夸口掌握了和谐悦耳的形式，照例只有重新采用南国的诗律，并能遵守其固定的格式时，才能够达到和谐悦耳的效果。他们填充十四行体和意大利谣曲体，就像我们的贵妇人在画好图案的帆布上刺绣一样。他们堆集了那么多的脚韵，诗的意义则在一大堆"一东二冬"中被淹没殆尽。蒂克在《玛格龙》中这样写道：

> Errungen,
>
> Bezwunden
>
> Von Lieb ist das Glück,
>
> Verschwunden
>
> Die Stunden,
>
> Sie fliehen zurück;
>
> Und selige Lust
>
>   Sie stillet,

> Erfüllet
> Die trunkene, wonneklopfende Brust.

巴格逊在他的《浮士德》中,对这种浪漫主义的铿锵风格作了如下的模仿:

> Mit Ahnsinn, Wahnsinn, lächelndweinend,
> Einend——
> Mit Schiefe, Tiefe, dunkelmeinend,
> Scheinend——
> Der Enge läng'entflammt in weiten Breiten,
> Muss licht der Dichter durch die Zeiten gleiten.

不仅是韵律,就连一切可能用上的小手法,他们都是从西班牙人和意大利人借来的。他们天真地借助半谐音和凄怆的母音,力求烘托出一幅气氛的图画。他们轮换地使用字母的一切元音和辅音;四十个响亮的 a 音连续使用,就可以将读者引入愉快的心境,而二十来个阴沉可怕的 u 音则将陷读者于一种有益的恐怖之中。例如,蒂克所写的关于被魔鬼所凭附的老骑士乌尔夫的忧郁的 U 字浪漫曲就是这样。在这篇作品的矫揉造作的古雅文字中,竟然为了悲剧效果,把 begunn 变成了 begunnte,等等。当读者的神经为这样一些句尾,如 Unke——Sturme——hinunter——begunnte——verdunkeln——verschlungen——Wulfen——Münze——gulden——grossen Klufte——rucke, Drucke——rufen, Zunften——lugen——bedunken——erschluge——anhube——mit tiefen Brunsten——vielen Unken, die heulten und wunken——zu dem Requiem des todten Wulfen, den der dunkle Satan mit vielen Wunden——erschuge,麻醉了半小时之久,当他除了 u-tu-tu 以外什么也听不见的时候,便可算是登峰造极了,语言变成了音乐,他本人随着便溶化为一片情绪。① 这种元音音乐在戏曲中表现得最为滑稽。在弗里德里希·施莱格尔的《阿拉柯斯》,这个半谐音和头韵的武器库里,主人公经常在接连两三页中用一个 a 或者 u 为每句三韵律诗收尾:

> Ihr männer all', Pilaster dieser alten Burg,
> Genossen, Tapfre! die umkränzt mein Ritterthum,
> Dess Glorie wir oft neu gefärbt mit hoher Lust
> In unsres kühnen Herzens eignem heissen Blut——
> Die alte Ehr'in tiefer Brust, der lichte Ruhm,
> Dem festen Aug'in Nacht der einzig helle Punkt,
> So folgten einem Stern wir All' vereint im Bund;
> Der Bund ist nun zerschlagen durch den herben Fluch,
> Der mich im Strudel fortreisst fremd'und eigner Schlud. ——
> Mich zwingt, von hier zu eilen, ein geheimer Ruf,
> Nach fernen Orten muss ich in drei Tagen, muss
> Ein gross Geschäft vollenden, und die Frist ist kurz.

而且,就这样一直继续下去,如 Burg, Lust, Muth, Schutz Bund, Brust, Furcht, muss, Ruhms, thun, Punkt, uns 等等——单是听听这些半谐音,仿佛作者在半卖半送一样,读者实在是够受了。当《阿拉柯斯》在魏玛上演的时候,观众不禁哄堂大笑,歌德便从正厅的座位上站起身来,发出雷鸣似的吼声:"不要笑!"同时指示警察,谁要笑,就把谁赶出去。我们今天来读《阿拉柯斯》,可以庆幸没有人来赶我们了。

  浪漫主义者所以屈从所有这种韵律上的限制,其原因是不难明白的。这许多冷淡的强制性的格式,对于娴熟韵律而毫无诗才可言的人们,不言而喻是很舒适的。所谓"三韵""八韵""十四行"等体裁,都不

---

① 见阿·卢格:《全集》卷一,第 361 页。——原注

过是为了掩饰内容的空洞而已。如果说烟雾浓厚到要用一把刀才戳得破,浪漫主义者便把它切成十四块,并称之为"十四行"。

在这种放纵的格式中,无形式和散文化达到了顶点。例如,下面这首蒂克的游记诗,叫人说什么才好呢?

> 罗马远留在我身后了,
> 我的友人也为之踌躇,
> 他正陪我一起回德国去,
> 他已将毕生精力
> 倾注于古今的艺术——
> 高贵的鲁摩尔[①]啊,
> 我在多次难堪的时刻
> 感谢他的友谊带来安慰和欢娱。

著名的激烈的批评家阿诺尔德·卢格当时给这首诗续写了如下几行:

> 尊敬的宫廷顾问先生!
> 请您多加原谅:
> 任凭我有百般好意,
> 我在古今诗歌里
> 也找不到什么可以
> 同您这篇抒情佳作相当,
> 也许除了我
> 这篇蹩脚的模仿。

[①] 卡尔·弗里德里希·鲁摩尔(1785—1843),德国著名艺术史家。

然而,只有当蒂克发展到把语言借给音乐本身或乐器的时候,这种为音乐而牺牲语言的尝试才算达到了高潮。有时简直变得十分可笑。例如,在《斯特恩巴尔德》(第一版)中,乐器居然讲起话来,笛子说道:

> 我们的精神是天蓝色的,
> 把你引到了蓝色的远方。
> 柔和的音调使你心醉,
> 各种乐声交错奏响。
> 当别人高声歌唱时,
> 我们也愉快地参加进来,
> 唱着蓝色的山峦、云彩
> 和可爱的天庭,
> 就像新绿树木后面的
> 幽远的背景。

这个思路在《幻想集》收尾的那篇诗中,得到了绝妙的表现,它的主题按照卡尔德隆的方式反复无穷地变化着:

> 爱情在甘美的声音中沉思,
> 因为思想远不可及,
> 她只有在声音中
> 才可尽兴美化一切。
> 所以,爱情永远与我们同在,
> 当音乐用音响讲话时,
> 优美的爱情无处不见;
> 她不需要语言,
> 但音乐如不赋予她声音,

爱情便无法动弹。

这种天上的爱情同人间的爱情大不相同,根本用不着语言作为器官,它在音调中找到了适当的表现工具,而语言仅仅是为了出丑,为了声明自己不及音乐才被使用着。浪漫主义的情调逐渐变得精致而纯粹起来,直到这个地步。

现在,只剩下蒂克在喜剧《颠倒的世界》中所走的一步,即专门为了它的音乐性质而使用语言。这篇喜剧前面有一阕交响乐作为序曲,这种表现方式以其完全虚无缥缈的音乐性,达到了真正绝妙的独创性。像这样把音乐解释成语言,迄今为止是前所未闻的,所以这种尝试在今天也似乎是绝对典型的。因为谁要是有勇气把他的疯狂发挥到淋漓尽致,那么他之所以做到这一点,正因为这种大有深意的疯狂[①]具备着一种强有力的活跃的性格。

交响乐

D 长调行板

如果我们想取乐,那么采用什么方式并不重要,重要的是实实在在地乐起来。严肃久了,终归要寻求玩笑,而玩笑厌倦了,又要重新寻求严肃;但是,如果密切地观察自身,如果对二者抱太多的意图和决心,那么真正的严肃和真正的玩笑都将烟消云散。

轻柔

但是,这样的感想适用于一阕交响乐吗?为什么要这样古板地开始呢?不要,真不要!我倒宁愿马上让所有的乐器合奏起来。

[①] 借用《哈姆莱特》的用语:Though this be madness, yet there is method in't.(这些虽然是疯话,却有深意在内。)

渐强

我只需有所愿望,当然要愿望得合情合理;因为暴风雨不是突然一下子起来的,它先有预报,渐渐成熟,然后激起同情、焦虑、恐惧和欢乐,因为不然,它将招致空洞的惊愕和恐怖。看着乐谱演奏是困难的,当场看着乐谱聆听是更其困难的。但是,我们现在已深深陷入一片喧嚣了;敲鼓呀,吹号呀!

最强

哈!音响的喧嚣呀,呐喊呀,混战呀!你们奔向何方?你们又来自何方?他们像英雄一样冲过了叫嚷得最凶的群众,那一些倒下了,阵亡了;而这一些也负伤了,溃退了,伸手寻求安慰和友谊。听呀,声音在奔驰,有如战马的长嘶;在轰响,有如群山间的雷鸣;在澎湃,在咆哮,有如一道绝望的瀑布,甘心毁灭自己。于是从赤裸的悬崖冲下来,愤怒地向下冲去,越冲越深,一直冲进了无底的深渊。

第一小提琴独奏

什么?用音响进行思维,用语言和思想制作音乐,难道不行吗?不可能吗?啊,要是那样,我们艺术家可就糟了!多寒碜的语言,更其寒碜的音乐啊!你们可曾想到,有许多思想是如此微妙,如此带精神性,它们在绝望中只有逃到音乐中去,才能挽救自己,才能最终得到安息?难道不经常是一整天冥思苦想之后,只剩下一阵嗡嗡之声,这阵声音后来又重新变成了曲调?

强音

一切就绪了,舞台布置好了,提词人已经上场,观众已经满座。人人都在热望着,好奇心紧张起来;只有少数人会想到结局,他们马上会问:"还有什么了不起的呢?"——注意!你必须注意,不然一切会变得颠三倒四。——但也不要过分注意,不然就会看出了和听出了破绽。——注意!但要注意得恰到好处!听呀!听呀!听!

熟悉丹麦文学的人将会看出,克尔恺郭尔在他的那篇论莫扎特的《唐璜》的著名论文中(从收尾的合唱中似乎可以听到指挥者的脚步声①),不过是沿着蒂克所开辟的道路走得更远罢了;而霍夫曼在《克莱斯勒利安娜》中,把音乐解释为情绪流露和鬼魂显现,这一切尝试同蒂克对于浪漫主义理想的最初理解相比较,两者显然有着非常密切的关系。不过,霍夫曼同时具备如此深刻而独特的音乐才能,几乎不可能仅仅称之为诗人,必须称作诗人兼音乐家,他在用语言制作音乐这一点上,远比蒂克更加严肃认真。

他生活在、活动在音乐之中,他作为作曲家同作为作家一样地多产,他的作品大部分是关于音乐和最伟大的作曲家的异想天开的理解。在患病的时候,在热昏中,他常常把他的女护士错当作乐器。有一位护士讲话很轻,腔调有点懒散,他便这样说她:"今天笛子又捉弄我了。"另一位声音低沉,他便这样说:"整个下午,巴松管使我苦恼不堪。"

当他在他的《幻想曲》里介绍格鲁克时,他让他像谈论活人一样地谈论音程:"又是夜晚,两个巨人对着我冲来:基音和第五度音!他们抓住了我,但眼睛却在微笑:我知道,你心里渴望着什么;那个温文尔

---

① "听唐璜!听他生命的开端!像闪电从乌云中放射出来,它从真情实意的深处迸发出来,比闪电还要快,比闪电还要无常,但却一样可靠;听它是怎样坠入生活的五光十色之中,又怎样粉碎在生活的坚固的堤防之上,听这些轻松的、飘忽的小提琴声,听欢乐的示意,听喜悦的欢呼,听享受的极乐,听它的狂烈的逃遁,它越逃越快,越发不可制止,听激情的无缰的渴望,听爱情的呼叫,听诱惑的耳语,听勾引的鸣啭,听瞬息的静默——听呀,听呀,听莫扎特的《唐璜》!"——克尔恺郭尔:《或此或彼》卷一,第93页。——原注

雅的青年——第三度音——就将来到巨人中间了。"在另一个地方，克莱斯勒还谈到，要"用庞大的第五度音刺杀自己"。在其他浪漫主义者那里不过是感伤和幻想的一切，到了他的笔下则变成令人毛骨悚然和滑稽的东西了。

在题名为《克莱斯特的音乐诗俱乐部》的文章中，他用颜色的名称称呼某些音调的特质，借此创作出一系列有连贯性的心境的图画。他对于音调和颜色之间无疑存在着的那种亲属关系，具有某些温柔的非常神经质的性格所特有的敏感。

蒂克试图用文字来表达纯音乐，霍夫曼在这方面则有过之无不及。请看描写克莱斯特演奏之后，在钢琴里面可以听到一阵非常华美的由急奏和和音组成的轰鸣的那段文字。把对于这种音乐的全部感官印象融合起来，例如，"香气在炽燃的、神秘地交错而成的圆圈中闪光"，这才叫作真正的浪漫主义。下面就是用诉诸情绪的语言表现基调和和声的、闻所未闻的尝试。

降 A 短调（中强）

"啊！——它们把我带到了永恒的憧憬的国土；可是它们把我抓住时，苦恼便醒过来，撕裂着我的心胸。"

六度 E 长调（更强）

"我的心啊，坚定起来吧！不要为穿进我的心胸的灼热的光线所击倒。拿出勇气来吧，我的灵魂！上升到使你诞生并为你安家的元素中去吧！"

三度 E 长调（强）

"他们为我戴上了荣耀的王冠，但是它的钻石的闪烁光辉却是我滴下的万千颗泪珠，而在它的金色闪光中则是把我烧成灰烬的火焰。奉命统治精神领域的人，应当有勇气和权力，有信心和力量。"

A 短调(竖琴音柔和)

"你为什么要逃跑啊,可爱的姑娘?你跑不掉,因为你被看不见的束带紧缚住了。你也讲不出那停留在你胸怀的是什么东西。它像一阵咭人的剧痛,但又使你快乐得发抖。但是,如果我用那种我能讲、你也能懂的精神语言同你亲切地交谈,你将会明白这一切……"

降 E 短调(强)

"跟着他!跟着他!他的衣裳绿得像树林一样绿;号角的甜蜜音调在他的随心所欲的言语中发出回响!请听丛林的瑟瑟音,请听充满狂喜和痛苦的号角声!是他呀!让我们赶快向他迎上去!"

霍夫曼在《雄猫慕尔》中,甚至把猫叫也纳入诗中当作词汇使用,足见这种诙谐习惯至终也没有摆脱。在这种绝对音乐化的诗作中,瓦肯罗德尔的艺术理想达到了顶峰,得到了最真实的体现。自然泛神论在歌德的作品中是造型性的(他的《以弗所人的狄安娜》的形象可以为证),而在这里却变成音乐性的了。在蒂克的早期作品中,除了虔诚性、感性和对于瓦肯罗德尔和歌德的忆念,我们还感到浪漫主义泛神论汹涌澎湃,有如一股聚集起来的巨潮。例如,在《斯特恩巴尔德》(卷2,第54页)中,他这样写着:"我们时常倾听着、热望着新的未来,热望着将披上五颜六色的艳服从我们身旁走过的现象:这时森林的洪流仿佛要更清晰地唱出它的曲调,树木仿佛放开了舌头,它们的沙沙声因而变成听得懂的歌曲。于是,爱情开始乘着远方的笛音跨步前来,跳跃的心将迎着它飞去,当前的时间像被一个强有力的咒语禁住了,灿烂的分秒也不敢逃逸。我们仿佛陷入了一个美妙音响的魔圈,一个美化的存在像朦胧的月光照进了我们的现实生活。"或者,在另一段(卷2,第106页)中这样写着:"啊,软弱无力的艺术,你的声音同从无底深渊、从山脉和山谷、森林和河流中以不断高涨的和声迸涌出来的风琴声相比,是何等的结巴而幼稚啊!我听到,我感觉到,永恒的世界精神怎样以熟练的手指叮叮咚咚地拨弄着可怕的竖琴,各种各样的图像又怎样从它的弹奏中产生出来,并以精神的翅膀向四面八方飞翔,飞过了整个自然。我这个小人物的心灵的热忱也想参加进来弹奏,并在同至高无上者的斗争中精疲力竭地挣扎着……不朽的曲调欢呼着,喊叫着,从我身上冲过去。"——生活和诗在这里融化成为音乐了。

在一切时代,在各个艺术部门中,对于艺术家来说,最大的诱惑就是,在利用他的材料的同时又蔑视它,借以表示他能支配它。在雕刻艺术史上有一个时期,人们嫌石头太重,硬要它来表现轻飘飘的东西;或者像文艺复兴时期那些矫揉造作的洛可可,一味追求绘画的风格。所以,浪漫主义者也同样把语言当作音乐来对待,他们使用语言,着重推敲它的音响,而不在乎它的意义。正如今天一些作家相当成功地试图用文字绘画一样,浪漫主义者也想用文字制作音乐。他们正是陷入了这种片面性,这是一目了然的。我们还记得,他们反对任何宗旨,他们把嘲讽加以偶像化。所以,他们不希望忠实于他们的文字,不希望为它们所束缚。他们嘲讽地使用文字,以致能够重新废除它们。他们不愿意它们实实在在地摆在他们面前,表示一个宗旨或者一个目的。正如他们把自由抽象地理解为任性,直到随心所欲地这样做或者那样做一样,他们把语言也抽象地理解为声音,以致使语言变成没有倾向的、也就是与生活和行为无关的纯粹的情绪表现。然而,他们又离不开倾向性——任何人也离不开倾向性——因为他们既然不能自由地向上和向前,万有引力势必把他们拖下来、拖向后去。既然他们一再让文字出面敬谢不敏,声明自己无从与音乐相伦比,所以不难了解,音乐家们在主导的时代精神的影响下,便努力按照诗人们在自己软弱无能时经常指出的那种方法,在自己的艺术中表现浪漫主义的艺术理想了。

蒂克的剧体童话,例如《蓝胡子》,事实上就同歌剧一模一样。歌剧正可以采用浪漫主义者所推崇的那些幻想的传奇性的成分。作为歌剧作者,蒂克可能是很有前途的。不过,他只写过一部歌剧,而且这一部也没有配过曲。虽然如此,浪漫主义理想在音乐中仍然得到它应用的权利。恩·特·阿·霍夫曼标志了从浪漫主义文学创作到浪漫主义音乐创作的过渡。我们看到,他作为歌剧作曲家,不仅从音乐上阐释了为浪漫主义者所崇拜的诗人卡尔德隆,而且还同当代的浪漫主义者进行过友好的合作。他为勃仑塔诺的《快乐的音乐家》、扎哈里亚斯·维尔纳的《东海上的十字架》配过曲,还十分成功地将福凯的《涡堤孩》改编成三幕歌剧。

但是,他为歌剧作曲却不及他用音乐语言翻译诗的内容更有才华,更能称为音乐诗人。凡是同他的创作个性相调和的恐怖和鬼怪题材,据第一流的专家鉴定,他都表现得十分出色。例如《东海上的十字架》中那个粗野的、不通人性的古普鲁士人的歌曲,以及他们的桀骜不驯的激情的流露;又如《涡堤孩》的所有鬼怪场面,使人感到甜蜜恐怖的幽灵般的童话世界。

就连卡尔·玛丽亚·封·韦贝尔[①]也热烈赞美霍夫曼的最后这部歌剧,而在能够用音乐表现浪漫主义艺术理想的作曲家中间,韦贝尔无疑是最卓越的一位。他选择题材,紧步浪漫主义者的后尘。在《普赖西欧沙》中,无拘无束的流浪生活备受颂扬,就像在蒂克的《斯特恩巴尔德》和艾亨多夫的《废物传》中一样。《奥伯龙》把我们引进了从莎士比亚的《仲夏夜之梦》发源的那个十足的魔境,莎士比亚的那个剧本显然就是蒂克的所有幻想喜剧的出发点。在《神枪手》中,韦贝尔终于像后期浪漫主义者一样,力图以国粹为艺术手段,像法国和丹麦的浪漫主义者一样采用民间曲调,吸收民间传说和民间迷信。凡是在德国剧场观看过《神枪手》的人,即使是个聋子,也不会片刻怀疑,这是一部浪漫主义的歌剧。他看见自然精灵居住的幽暗的深谷,看见鬼怪在月光下的旋舞(这些布景和人物使人想起荷兰图画上圣安东尼的诱

[①] 卡·玛·韦贝尔(1786—1826),德国作曲家和乐队指挥,以歌剧《神枪手》出名。后文"扎米尔"系该剧中一个精灵。

惑），最后还看见狂放的狩猎，人物的阴影像幻灯的图片一样以一种非常逼真的效果从空中晃过。但是，如果他不是聋子，他将注意到作曲家是怎样对待所有这些外景的，从而享受到最大的乐趣。因为他会觉得，韦贝尔按照浪漫主义者处理题材的方式来处理他的题材，比浪漫主义者显得更有才能。韦贝尔还把他的艺术引向了一个极端。像浪漫主义者欢喜把语言抽象地看作声音和韵律一样，他也欢喜把音乐抽象地看作韵律。例如，扎米尔的乐旨就是韵律多于曲调，所以产生了一种更粗拙、更客观、但是更有画意的效果。正如浪漫主义者在诗中制作音乐一样，他就在音乐中绘画。如果说贝多芬提供了一幅纯心灵的图画，什么客观的东西都没有表现，只表现了他自己的灵魂，那么韦贝尔便提供了物质的特征。他在题材方面一向信赖鲜明的外观，信赖人们一开始就有一个概念的东西，例如小鬼仙。除了《田园交响乐》，贝多芬只描绘印象；韦贝尔则描绘事物本身。他模仿自然的声音。他让小提琴飒飒作响，来表现树林的飒飒声。当月华初升，他便用和声来暗示和描绘。因此，当他以韵律沉闷的节拍代替音波，也就是说，抽象地使用他的艺术手段的时候；当他幼稚地或者通俗地遵守歌曲的形式和最简单的和谐，也就是说，朴质地运用他的艺术手段的时候；当他为了取得古怪的、阴郁的、鬼气森然的效果，颠倒了乐器的天然音调和天然音量（例如，让单簧管吹低声部），也就是说，以音乐上闻所未闻的方式怪诞而诡谲地运用他的手段的时候——他完完全全是个浪漫主义者，这个浪漫主义者以其更伟大的天才和更适合目的的表现方法，必然会在音乐上弥补浪漫主义诗人的不足。①

---

① 见乔治·桑:《蒙尼·罗宾》的导言。——原注

十　浪漫主义文学对艺术与自然的关系。风景。蒂克的《斯特恩巴尔德》

瓦肯罗德尔的那本小书,既是浪漫主义对音乐性与音乐的关系的出发点,同时也是它对艺术的关系的出发点。正如温克尔曼的第一本倾慕艺术的著作促发了人们研究古代艺术世界的欲望,瓦肯罗德尔也唤醒了人们对于德意志中世纪艺术及其时代的爱。他带着天真的热忱,开始阐释和翻译瓦萨利①的古代艺术家传记的片段,这些片段企图反映出著名的意大利大师们的伟大和高尚。例如,他称颂莱欧纳多,不是根据他的性格特征,也不是把他作为一个特定的个人,或者凭借内行的艺术批评,而是用的这样一个题目:《莱欧纳多·达·芬奇的一生所显示的一个灵巧而又博学的画家的楷模》。这篇文章是以这样狂热的词句开始的:"意大利绘画艺术的复兴时代产生了今日世界应当像对于头带神光的圣徒一样仰慕的人物。"按照瓦萨利的描绘,文艺复兴时期的意大利伟大艺术家们所过的生活完全不是圣徒式的,这个事实完全被忽略了。浪漫主义的艺术观在其最初的萌芽阶段,就为感情上的反动所毒害。批评家合起双手来祈祷,却忘记睁开眼睛来看。

在瓦肯罗德尔的这些文章中间,蒂克插入了几页文字,题名为《对意大利的憧憬》。这里第一次出现了关于意大利的见解,这种见解后来变成老生常谈,而且欲罢不能。眷恋意大利,爱慕意大利,大家知

---

① 基奥乔·瓦萨利(1511—1574),意大利画家、艺术史家,现代艺术史和艺术批评的奠基人。

道,变成了真正浪漫主义者的教义问答中不可缺少的一章。真正浪漫主义者认为,不尊重意大利和罗马的人都毫无性灵可言。在诗歌方面,有大量的抒情诗作倾吐了这种憧憬,从而冲淡了并扰乱了迷娘的美妙的富于诗情画意的歌曲(迷娘只满足于说:"桃金娘悄悄地、月桂树高高地伫立着……"而这些抒情诗却夸大其词);在一般文学方面,则出现了那样一个意大利,也许最好简称为莱欧波尔德·罗伯特[①]的意大利,——虽然这个称法也未免有嫌穿凿——这个国家除了在浪漫主义的地图上,在任何地图上也是不存在的。这里找不到绚丽斑斓、生动活泼的真正的意大利。色彩为理想主义的形态所取代,运动凝固起来,以免妨碍美丽的波状线条的组合。意大利对于浪漫主义者来说,变成了堂吉诃德的杜尔琴妮亚,那个除了若干索然寡味的普通标志、人们则一无所知的理想。如果说一个确定的真实的国家成为一切憧憬的对象和美的故乡,那么它由于这样不同凡响,便逐渐被描绘得丧失了它所有真实的生动的美。然而,后期浪漫主义者在意大利身上所爱慕的,恰恰不是这种真实的生动的美,乃是变成废墟的意大利,变成木乃伊的天主教,乃是为又愚蠢又卑贱的教士团体密封起来、陷于未开化的质朴状态的、瘫痪了的国民精神,乃是(各地皆然)那种追怀往昔的萧索落寞的诗。

但是,赞美意大利,赞美虔诚的或者被认为虔诚的意大利画家,不过是那个修道士[②]进而赞美他本国的偶像阿尔布莱希特·度勒的阶梯。对于这个德国的艺术使徒的迷恋,是同对于古老的纽伦堡的热忱联系在一起的。蒂克和瓦肯罗德尔于一七九三年联袂旅行德国时,纽伦堡便是他们主要的巡礼目标。他们观光这座城市的次数越多,他们重游旧地便怀着越发浓厚的赞赏以至肃穆的心情。"他们在这里完全沉浸到古代德国的艺术生活之中。他们从前朦胧地预感到的一切,在

[①] 莱欧波尔德·罗伯特(1794—1835),法国风俗画家,善于以古典风格描绘意大利风土人情。

[②] 指瓦肯罗德尔。

这里早已变成活生生的现实。这座城市有圣·泽尔巴尔德教堂和圣·洛仑茨教堂,有阿尔布莱希特·度勒、菲舍尔和克拉夫特的作品,它的各种艺术纪念碑是何等丰富啊！这里的手工艺品已经由艺术感和辛勤劳动提高成艺术。每座房屋都是古迹,每口水井、每张凳子都是先人们的宁静、朴素而又意味深长的生活的见证。白色的粉刷仍没有使各家房屋一律化。它们富丽堂皇地装饰着五颜六色的、从民间传说和诗歌中借用的图像。可以看见奥特尼特、西格诺特、迪特里希及其他英雄人物在各家的大门上面充当守护神。在这座保存各种奇迹珍品的、名不虚传的古老皇城上空,缭绕着一股诗的香气,而在别的地方,它早已被近代的政治和文明的大风吹散了。"①

这里的中世纪情调、古老的房屋、古老的天主教教堂、大门上古老的尼伯龙根式的英雄,千真万确,正使得两个年轻的、初出茅庐的浪漫主义者一往情深！这两个朋友怀着一种对于艺术的醉意,漫游了教堂的墓地,凭吊了阿尔布莱希特·度勒和汉斯·萨克斯的古冢,于是一个消失了的世界又出现在他们眼前,古老的纽伦堡的生活对于他们变成了一部艺术传奇。《心曲倾诉》中有一章题名为《追怀阿尔布莱希特·度勒》,就是这种心情的最初收获,同时也是赋予这个青年人以灵感的热烈的民族感情的表现:"当阿尔布莱希特挥动着画笔的时候,德国人在欧洲的民族舞台上还是一个特殊的出类拔萃的角色;他的画像不仅在脸部和整个外貌上,而且在内在的精神上,都忠实而清晰地刻画了德国性格的这种诚挚、直爽和强毅的本质。到了我们这个时代,这种非常明确的德国性格,连同德国艺术,已经一齐消失了。……德国的艺术本是一个在小城的环垣之内,在血族近亲中间继承家学的虔诚的少年,——而今也长大了,变成一个四海为家的世人,他的情感、他的独特的心迹以及小城的风习都已一扫而光。"——但是,这种民族感情在瓦肯罗德尔的艺术中还不是基本的感情,它是以一种更其广泛

---

① 见 R. 克普克:《路德维希·蒂克》卷一,第157页。——原注

的感受为基础的。这本小书始终愤激地反对艺术中的任何偏执表现。这个新的艺术福音的宣告者用一种使人感到他像含羞草一样敏感的语言,宣告他凭借对于美的深刻而纯真的爱悦,摆脱了一切规则的强制。他说:"谁要是有更敏感的神经,能够觉察到深藏在艺术中的神秘魅力,那么他的心灵往往会在别人无动于衷的地方深深受到感动;他将有幸在生活中经常找到机会,使自己的内心有益卫生地激动和兴奋起来。"

这种内心的激动和兴奋,像我已经说过的,通过对于诗的音乐处理或者通过音乐本身来引发,是最自然、最容易不过的,但是通过明确的具体的艺术形式,就远不是那么自然了。

如果我们有理由认为,瓦肯罗德尔的艺术理想在绝对音乐化的诗作中达到了真正的最高造诣,那么蒂克在瓦肯罗德尔去世之后,决心利用他的遗稿来写一部小说,以便赋予那位修道士的憧憬与教旨以生动的形象和具体的形式,其结果又将如何,就不难理解了。在罗马的德国画家给他在纽伦堡的朋友的书信,成了这部新的艺术家小说的胚胎,这部小说依据它的主人公、一位度勒时代的德国画家的名字,以《弗朗兹·斯特恩巴尔德的漫游,一篇古德意志的故事》为题。其中的性格描写是模糊而疲软的,情节完全消失在对话中,事件的发展则放诞、怪异有如梦境(而梦境在这里也是层出不穷的),书中男女主人公都只是一些苍白的讲讲话的人形,甚至这些事件每时每刻都会为一些临时不得不插进来的歌曲所打断。斯特恩巴尔德的朋友弗洛莱斯坦说得好,一定要能够用语言和韵文构成一整篇除了声音什么意义也没有的对话。当事件的纤维拉到最细、韵文的织品纺得最薄的时候,最后就用乐谱来填充空白了。一种用号角或管笛演奏的原始曲调用得太多,作者本人后来在《策尔宾诺》中也嘲笑了自己对号角音乐的滥用。

我们从卡洛琳娜的书信(卷1,第219页)中读到的歌德对这本书的评论,不可否认地是一篇精当的中肯的评论。歌德说:"本来可以把这本书称为音乐的漫游,因为里面有太多音乐性的感受和鼓舞;除了画家,这就是一切。如果说这是一部艺术家小说,那就必须有许多完全不同的东西来表现艺术;这本书缺乏正当的内容,而音乐性变成了一个错误的倾向……里面有许多美观的日出,但翻来覆去地写得太多了。"但是,更其尖锐、更其深刻的却是卡洛琳娜本人的批评。她这样写道:"至于第一部,我一直在怀疑,斯特恩巴尔德对于艺术的热爱是否应当存心表现成一个错误的倾向,是否应当像在威廉·迈斯特身上一样一事无成,但是显然会有另一个缺点——那就是,里面的人情味太少了。第二部分仍然使我莫名其妙。还是那样模模糊糊,缺乏雄健的笔力——人们总希望发生什么决定性的事情,希望看到弗朗兹有显著的进步。他做到了这一点吗?又是那些优美的日出和春天;昼夜循环,日月星辰升天,小鸟歌唱;这一切写得很雅致,但是很空洞,斯特恩巴尔德的各种感觉和心情的交替表现得很浅薄。诗歌简直太多了,彼此联系太松懈,就像那些故事和事件一样,里面甚至还有许多模仿的痕迹。"

但是,如果说这部书没有任何情节,那么里面究竟写的什么呢?首先是对艺术的沉思,其次是对自然的沉思。

首先,我们碰到无穷无尽的关于文学艺术的默想和格言,交织着一些彼此毫无差别的淡而无味的抒情诗。在这一大堆诗歌中只有一篇较长的关于阿里昂[①]的诗是出类拔萃的,并且标志了这本书的精神。三个浪漫主义的泰斗,奥·威·施莱格尔、蒂克和诺瓦利斯,都颂扬过阿里昂。后来,保尔·默勒用丹麦语也赞美过他。这位诗人作为自然的主宰,甚至能够激起海怪的热忱,骑上海豚而去,不可伤害,不可征服,最后在记忆中达到不朽;关于他的传说一定会感动浪漫主义者的心,这是不难理解的。阿里昂是他们的象征,他们的英雄。他们所有的诗作在某种意义上说,不过是试图阐发这个传说罢了;至于模仿他

---

① 阿里昂,公元前七世纪的古希腊诗人,传说被海盗投入大海,为海豚所救。

们歌颂诗人、艺术家、演员、吟游诗人、刚勇而难以匹敌的男高音歌唱家的那些袅袅余音似的作品,又能别致到哪里去呢!所有这些书都不得不用那尔刻索斯①来做封面装帧。它们的内容又如何呢?无非是些对于所谓艺术无用论之类陈腐谴责的陈腐驳斥,所谓艺术必须民族化("因为我们既然不是意大利人,而且意大利人也不能像德国人一样感觉")之类的陈腐声明,以及对于阿尔布莱希特·度勒的赞歌;两个恋人甚至初次邂逅,都是由于倾慕度勒,就像维特和绿蒂是由于倾慕克洛卜斯托克一样;——这就是丹麦的西贝恩的第一部《加布里埃利》和欧伦施莱厄的《科列吉奥》所表现的那些情调。《科列吉奥》的某些细密的笔锋甚至可以在德国浪漫主义者的作品中找到娘家,例如一位艺术家把自己的夫人画成圣母像,以及后文中他为了要同自己的作品分手而感到悲伤等情节。继一篇冗长的颂扬斯特拉斯堡大教堂的文字交响乐之后,就是对"米兰和比萨的未成熟的石头堆"和"散漫的建筑"——卢卡教堂的旁敲侧击。再就是对于蒂尔·奥伊伦施皮格尔的激赏,正如在讽刺性的文学喜剧中激赏汉斯乌尔斯特一样②,这两个人物被认为是幻想和讽刺的代表。最后就是惊叹度勒画的那头在两角中间顶着十字架的牡鹿,以及骑士匍匐在牡鹿面前的那副"真实、虔诚而动人"的样子。这幅画无疑是优美而朴实的,但是看到这本书像煞有介事地论证,在一个拜倒者安顿双腿的所有姿势中,这个把双腿伸直的姿势是最合乎基督教徒身份的,这就未免令人哑然失笑了。

　　一切真正的艺术都必须是讽喻性的,也就是说,必须没有骨髓,没有血液——这个观念在书中一再地表现出来。大部分诗歌都是用最蹩脚的韵文讽喻想象,本身却没有一点想象的火花:

　　　　反复无常的想象,

----

① 那尔刻索斯,希腊神话中因爱上自己映在水中的影子致淹死而变为水仙的美少年。
② 蒂尔·奥伊伦施皮格尔(?—1350),德国滑稽大家。汉斯乌尔斯特,十七世纪德国喜剧中插科打诨的丑角。

> 像个古怪的老头,
> 随心所欲,生性乖张。
> 现在人们把他捆了起来,
> 免得他再去恶作剧,
> 再去搅乱理性的思想,
> 再去使可怜人迷失方向……

我们读安徒生的童话,处处可以回想起这种对于俗人诋毁想象的讽刺。这种诗是在月光下写出来的。下面一幅情景可以作为一个理想的绘画题材来描画:一个月光下的朝圣者,他是全人类的象征——"我们难道不就是漫游的、迷途的朝圣者吗?除了上天的光,还有什么能指明我们的道路呢?"在豪赫身上也可以找到这种精神倾向的鲜明的痕迹,他也一味暗示着彼岸,偏爱遁世者和朝圣者这类人物。

但是,在这一阶段的浪漫主义文学中,尽管存在着苍白的精神性,仍然喷涌出一股狂放不羁的感性。弗朗兹完全成为一个画家之后,就把提善和科列吉奥捧到其他艺术家之上。他特别推崇科列吉奥。他这样谈到他:"至少在他之后没有任何人敢于描绘爱情和肉欲了,因为感性世界的荣光对于其他任何人的心灵都没有那样显示过。"

大家知道,德国浪漫主义者不久就放弃了这个立场,转而坚定地采取了另一个立场。弗里德里希·施莱格尔一八〇二年在巴黎从事研究期间,科伦的苏尔皮斯和麦尔肖·波瓦塞莱兄弟[①]也正在那里逗留。施莱格尔给他们私人讲过课,而卢浮宫的德国古画更使他们记起了他们故乡由于学院趣味风行一时而湮没无闻的若干古画。此外,拿破仑在各地劫掠名画,结果使德国大批的艺术珍宝汇聚巴黎,研究它们也就变得很容易了。

在修道院和慈善机构被废除之后,大量的绘画、木刻和石雕流入

[①] 波瓦塞莱兄弟,德国中古艺术收藏家。

了市场，从这些作品可以最清楚地了解德国中世纪艺术家的成就。这时，人们已经完全不能欣赏那些艺术纪念碑了；他们漠不关心地看着教堂变成废墟，看着最宝贵的艺术宝藏随风四散。杰作被当作废品出售，而购买这些所谓古董废品的人事实上也是可怜而又可鄙的。祭坛雕刻变成了百叶窗、鸽子房、桌子和屋顶；修道院的看守人经常拿古木板画当燃料，因为连最优秀的作品都照例由于烛烟和尘埃变得模糊难辨了。

弗里德里希·施莱格尔在他的刊物《欧罗巴》上提醒人们注意德国古画之后，波瓦塞莱兄弟开始搜集那些散佚的宝藏；他们走遍了莱茵河两岸，走遍了荷兰全境，终于抢救出一大批长期蒙尘的杰作。到一八〇八年，他们把抢救出来的法兰德斯和德国的古老艺术品搜集在一起，在艺术史上产生了巨大的意义。

由于对德国的早期艺术恢复了热忱，便引起了对前拉斐尔派的意大利画家的偏爱。一切光荣归于前拉斐尔派！从菲索尔和吉欧托到马萨齐欧、勃蒂柴利、吉尔兰达乔、路加·西格诺莱利、皮鲁吉诺以及宾图里齐欧，他们都从全欧洲得到了他们应得的敬意。但是，弗里德里希·施莱格尔在《欧罗巴》杂志上评论拉斐尔的那篇文章中，是以牺牲后一时期的艺术家为代价，来赞美前拉斐尔派的。他这样写道："以拉斐尔、提善、科列吉奥、裘利奥·罗曼诺、米开朗琪罗为代表的这个晚近的画派，一开始就招致了艺术的沦落。"这句话说得如此斩钉截铁，施莱格尔认为根本不需要加以论证；果然，两页后面，他甚至承认，他从来没有亲眼见过米开朗琪罗的作品。于此可见浪漫派的十足的厚颜无耻。这个怪物似的艺术批评家，为了便于赞美修道院里的古老圣像，不惜将艺术的沦落时期从拉斐尔、科列吉奥、提善和米开朗琪罗算起；而最后这位最伟大的艺术天才的作品，他竟恬不知羞地承认，他连一幅也没有见过。他毫无实际经验，就按照他的习惯意识把这位艺术天才一笔抹杀了。

我们也不需要扯得太远。就在《斯特恩巴尔德》这本书中，萦回着修道院的虔诚气氛及其热烈的憧憬,可以说伪善到家了。正是这一点,使歌德大不以为然。把虔诚看作真正的艺术活动的基础,这个观点不久就开始为整个德意志的拿撒勒画派所实行,却成了歌德不断加以嘲笑的对象。他谈到拿撒勒画派,经常说他们"斯特恩巴尔德化"了。

歌德这时发表的一篇纪念温克尔曼的文章,就是直接抨击浪漫主义者的。他在文中写道:"那种关于注重现世及其福祉的远古精神的描写,使我们直接想到,这些优点只是同一种异教精神相一致的。那种对自身的信任,那种眼前的功效,把众神当作祖先一样的单纯崇敬,把众神视若艺术品一般的惊叹,对于不可抗拒的命运的屈服,在高度评价身后荣名的同时又注重现世的未来,所有这一切必然相互联系,形成一个不可分割的整体,成为一种为自然本身所安排的人类生活方式,使得我们不论在赏心悦目的极乐时刻,还是在牺牲以致毁灭的严重时刻,都觉察到一种永恒的健康身心。这种异教徒精神从温克尔曼的行动和文章中鲜明地表现出来。……如果要评判他的所谓改宗,就必须看到他的这种思想方式,看到它同所有基督教思想的距离,看到他对于后者的厌恶。……温克尔曼觉得,为了在罗马当一个罗马人,为了衷心地同那里的生活打成一片,为了享受一种知心的交往,必须自认是那个教区的一员,接受他们的信仰,适应他们的风俗习惯。……他达到这个目的倒也很容易,因为他是个天生的异教徒,新教的洗礼并没能把他变成了基督教徒。……当然,任何一个改变宗教的人,总会蒙受一种洗刷不清的耻辱。由此可见,人们懂得珍视对于一切事物的坚定意志,而且由于他们整个地划分成党派,时刻想着自身的安全和大限,他们便更加珍视这种意识。我们就只能待在命运安置我们的、而不是我们自己选择的地方。……如果这是令人不快的、非常严峻的一面,那么事物还可以从轻松、愉快的另一面来看。人们身上某些决不为我们所赞许的状况,第三者身上某些道德上的污点,对于我们的想象却有一种特殊的魅力。……有些人,我们本来也许只认为可敬和可亲，现在看来却有些不可思议了，因此不可否认，温克尔曼的改变宗教，对于我们的想象力来说，大大地提高了他的生活和气质的浪漫性。"

可以理解，浪漫主义者当时正准备整个地改宗天主教，听了这些话，该是怎样地恼羞成怒啊。他们对于歌德的崇拜就此完结了。蒂克当时在罗马，谣传他正准备接受他的妻女早已接受的天主教信仰。弗里德里希·施莱格尔同样准备采取这一步。他当时在科伦讲学，同时向科伦、巴黎、维尔茨堡、慕尼黑等一切可能的地区谋求固定的位置。他在一八〇四年七月写道："在适当的条件下，我甚至会到莫斯科或多尔巴特去。可是，我还是宁愿留在莱茵区。"也许是因为那个地区时兴天主教吧？完全不是。"这里的鲑鱼天下闻名，龙虾也不错，更别提葡萄酒了！"他后来终于改宗了天主教，大家知道，正是梅特涅所提供的金钱使然。此后他便让人把鲑鱼、龙虾和葡萄酒给他送往奥地利了。现在，表面上他对歌德的《温克尔曼》十分恼怒，对它表示出无限的轻蔑。不过，看看这篇小文章怎样像一颗炸弹似的落到维也纳真正反动的政客们中间，倒也是十分有趣的。甘茨当时已经接近了他一八一四年给拉蔼尔写信时所采取的那个立场，他在信中说自己"变得又老又坏了"，并且这样描述那个立场："我必须让你明白，我的玩世不恭和自私自利发展到什么地步。只要我把笔一放下，我就不忙别的，一心就想布置我的房间，不断地筹划怎样才能弄到更多的钱来买家具、香水和每样精巧的所谓奢侈品。我的食欲可惜已经消失了；只有吃早餐，我还感到几分兴趣。"——就是这位甘茨，他在一八〇五年给他的尊贵的朋友亚当·米勒却这样写道："您的来信中最使我惊诧的，是您对歌德最近两篇作品的批评。这两篇文章我都读过，我却一直不敢这样谈论它们。我不否认，我也像你那样想，只是没有像你想得那样周全罢了。对《拉摩》的注释不过是老生常谈；关于伏尔泰和达朗贝尔，今天还这样胡说八道，实在跟歌德的声望不相称。论温克尔曼的文章都是不信上帝的。虽然我早就从这篇文章臆测到他是邪恶的，我却从没相信歌德对于基督教会有这样深刻而恶毒的仇恨。当他得意地发现温克尔曼原来是'一个天生的异教徒'时,他似乎感到何等下流、无耻、粗野的欢快呀!不!哪怕是歌德,写了这样两本书,也再不会那么容易得到我的好评了!"

由此可见,歌德的这篇文章击中了要害;当他出面反对浪漫主义者的时候,他们的艺术观立刻仿佛挨了一记耳光。

我们还得谈谈与这种艺术观相适应的自然观。在《斯特恩巴尔德》中,正如歌德和卡洛琳娜所指出的,这种自然观转移了读者对于人物和情节的兴趣。

我在前一卷中已经写过,卢梭是怎样重新发现对于自然的感情的。或者,就像圣伯夫借用卢梭本人谈及在他的新居的屋檐下筑巢的燕子的说法,"就是这只燕子在文学中预告了夏天的来临。"正如我曾经指出过,这种自然感情在《维特》中得到了进一步的发挥。它目前所经历的变化是:这种自然观在卢梭那里侧重于情感,在浪漫主义者这里则侧重于幻想。所以,他们回头就去搜寻传说和童话,搜寻充满妖精和鬼怪的民间迷信。歌德曾经说过:

> 自然无核亦无壳,
> 混沌乍开成万物。

浪漫主义者一味关注那个核,关注那个神秘的内在,他们刚一把它塞进去,就设法把它掏了出来。充满预感的心灵映照在自然之中,并且只看见预感。大家知道,蒂克生造了一个词 Waldeinsamkeit(朋友们主张改为 Waldeseinsamkeit)①。浪漫主义文艺正是以颤抖的声音向 Waldeinsamkeit 的深处呼喊,而回声也把颤抖的反应传回来。亚历山大·封·洪堡曾经指出,古人只是当自然在微笑、表示友好并对他们有用

---

① 直译为"森林间的孤寂"。这个词儿三见于蒂克童话《金发的埃克贝特》的一支鸟曲中,表示对于大自然的宁静孤寂的渴望。

的时候，才真正发现自然的美。浪漫主义者则相反：当自然对人们有用的时候，他们并不认为它美；他们发现自然在蛮荒状态中，或者当它在他们身上引起模糊的恐怖感的时候，才是最美的。黑夜和峡谷的幽暗，使心灵为之毛骨悚然、惊慌失措的孤寂，正是浪漫主义者的爱好所在；而蒂克的圆月一成不变地照耀在这些景色之上，宛如舞台上一个用油纸剪成的、背后放着一盏灯笼的假月亮。我把它称之为"蒂克的"，是因为他在所有这些青年作家中，无疑是浪漫主义的月光风景的发明者；而且一定可以想见，蒂克作品所有的人物形象都被塞进了这种风景之中。为什么恰巧是他发明了"森林间的孤寂""月色皎洁的魔夜"等等，我认为这也是不难说明的。蒂克生于柏林，而柏林在所有大都市中，其四郊大概是最少自然美的印象的。在勃兰登堡的砂原上成排地耸立着又高又瘦的松树，就像普鲁士的兵士一样，我想再不会看见比这更其贫瘠的风景了。卢梭生活在天堂般美丽的风景中间——在日内瓦和勃朗峰附近——直接从感情上受到大自然的熏陶，而蒂克生活在一个无自然可言的地区，便染上了都市人对于森林和山岳的病态的憧憬，这种憧憬便产生了对于自然的幻想。寒冷的亮如白昼的柏林，及其现代的北德意志的理性主义，唤起了对于原始森林的憧憬和一种对于原始森林的诗意的偏爱。

　　如想证实一下这件事实的真实性，不妨看看蒂克本人的生活。不妨读读克普克的《蒂克传》（卷1，第139页）中关于他一七九二年逗留哈勒期间的生活的一段描写："在葱绿的萨尔山谷里，他所接触的自然同柏林周围平坦的荒地相比，是多么不同，多么丰满而又可亲啊！当他春天在林间漫游的时候，那种无限憧憬的感觉以双倍的力量掌握着他，充满了他的心胸，使他兴奋到近乎痛苦的程度。于是，他重又沉醉在自然之中，仿佛有一种神秘的力量在推动他前进。他什么地方也不想流连，只想坐在吉比亨斯太因附近的所谓'赫尔蒂的凳子'上。[①] 他

[①] 吉比亨斯太因，德国古代村庄名，有因禁国事犯的古堡。路德维希·赫尔蒂（1748—1776），德国诗人。

在这里可以眺望河流和山谷。他多次看到太阳沉落在暮云的背后,看到月亮以万道金光映照在粼粼的水波上,或者像梦境似的从丛林和树枝间透射过来!他曾经在许多夏夜里心醉神迷地坐在这儿,尽情欣赏着自然。"

在这段文字中难道不可感觉出一个被自然所排斥的人对于自然的憧憬吗?——难道这不就是以城市的铺路石块为背景的对于自然的看法吗?

蒂克和瓦肯罗德尔一同在菲希特尔山区作了一次令人疲劳的徒步漫游(见上书卷1,第163页)。从该书关于当天晚上的那段描写可以更清楚地看出,蒂克的自然观是同他对于自然的个人印象相联系的。"瓦肯罗德尔很少这样劳累过,立刻就躺倒在床上。蒂克则太兴奋了,他在今天经历了种种切切之后睡不着觉。自然的精灵觉醒了。他打开了窗。这是最温和、最美妙的仲夏夜。月光辉映在他身上。他面前就是那月色皎洁的魔夜,就是那富于原始而又永远年轻的童话与奇迹的自然!他的整个心房又膨胀起来。一股不可抗拒的力量将把他推向何等遥远、陌生的境界啊?一只摇曳不定的号角温柔而和缓地响彻夜空。他感到忧郁而又无限的幸福。"

请看:连号角也不缺少。缺少的乃是明确的、认识清楚的目标。《斯特恩巴尔德》也是同样的情况:那个到处漫游的、仅仅由憧憬和充满预感的热忱所引导的画家,如他自己所说,就经常忘却了自己的目标。书中一个人物说过,"人不可能忘却他的目标,因为明智的人一开始就把事情处理得没有任何目标。"这种特殊的自然感情同我一再提请读者注意的浪漫派的任性多么密切相关而又彼此促进,岂不是一目了然吗?

让我们再看看,弗朗茨·斯特恩巴尔德理解和描绘什么样的风景,以及他是怎样描绘和理解这种风景的。

书中有一处(卷1,第88页)这样写道:"弗朗茨开始想画整个的风景;但是,他觉得,真正的风景同它在水中的映像相比是枯燥的。"所有明晰的轮廓、清楚的图形都是枯燥的散文,水中的映像倒是二次幂的图像,是浪漫主义的精妙处,是它的反映和升华。——在另一处(卷2,第240页),一个年轻的骑士表白了想当一个画家的愿望:"那时我将摹绘荒凉可怕的景色,如两座悬崖之间的腐朽破烂的桥梁,下面是激流奔腾的深渊;在风雨中飘动着衣衫的迷途的旅人,狭路相逢的可怕的强盗,被狙击和被洗劫的车辆,同过客的斗争。"真是上演闹剧的好背景!——而自然又是以什么样的精神来领会的呢?主人公在同一处继续说道:"有时我的想象在战斗,它为了构思和表现某种闻所未闻的事物,是既不休息也不满足的。然后我将画出极其罕见的形体,将以混乱的几乎不可理解的组合方式构成各种人像,上身由各种动物肢体拼凑起来,下身则又变成了植物;我还想把昆虫和蠕虫画得非常近乎人性,使它们滑稽而又可怕地露出情绪和热情来,等等。"天哪,这是什么风景,是什么古怪的杂碎汤啊!这里岂不可以听见霍夫曼率领着他的鬼脸大军踏步而来吗?岂不可以相信诺亚方舟就在眼前,只是大象倒立着,鼻子像一条颔针鱼的嘴;狗的腿像四条芦笋;猫在写它的回忆录;门环实际上是一个市场上的老太婆,等等?这里难道不是同在《神枪手》中一样,使我们想起泰尼埃①所画的、或者不如说是"地狱画家"布吕格尔②所画的群魔乱舞的《圣安东尼的诱惑》吗?在真正的浪漫主义者看来,生动活泼、气象万千的大自然仿佛是一个玩具摊,那些玩具仿佛在安徒生童话里一样唧唧喳喳地讲话。试读一下诺瓦利斯的《海因利希·封·奥夫特丁根》中一段浪漫主义风景的描写:"他们从山丘上俯览着一片浪漫主义的国土,那里遍布着市镇和城堡、庙宇和坟墓,把人烟稠密的平原的全部优美同荒漠和悬崖绝壁的可怖的魅力结合在一起。最美妙的色彩就在于最适当的混合中。山巅在冰

---

① 大卫·泰尼埃,父(1582—1649),子(1610—1690),著名法兰德斯画家。
② 彼得·布吕格尔,父(1530—1569),子(1564—1637),及次子杨·布吕格尔(1568—1625),一家均为著名法兰德斯画家。小彼得因喜画女巫、鬼怪,被称为"地狱画家"。

雪的覆盖下闪闪发光有如烟火。平原披着绿色的新装在微笑。远方装饰着千变万化的蓝色,从海洋的暗处飘扬着许多舰队的无数面五颜六色的小船旗。这里可以看到,背景是一只沉舟,前面则是农民们在举行乡村风味的欢乐的宴会;那里可以看到,一座火山喷发着可怕而美丽的火焰,地震酿成了满目荒凉,而前景则是一对爱侣在树荫下面最甜蜜地相互亲吻。旁边在进行一场可怕的战争,不远处又是一个充满滑稽面具的剧场。另一边的前景是一个年轻的尸体躺在尸架上,哀痛欲绝的情人紧搂着它,父母在旁边痛哭流涕;背景是怀里抱着婴孩的可爱的母亲,天使坐在她的脚旁,从她头上的树枝中间向下凝望。"

什么样的大杂烩啊!这一切上面还笼罩着所有情侣们的朋友和恩人、保护人和变节者,浪漫主义者的最高庇护所和神明:那个月中人——他们的真正解救者身上的那种不可或缺的淡黄色的光辉。他的圆脸和侧面的明晰程度跟一个浪漫主义相貌很相称。浪漫主义文艺的所有骑士们都穿着他的那种黄色的号衣。而且简直找不到一个比弗朗茨·斯特恩巴尔德更其伟大的月光骑士了。

他说(卷2,第89页):"我想用情歌响彻全世界,想感动月光和朝霞,使它们对我的痛苦和幸福发出回响,使这美妙的曲调激发树木、枝叶和青草,以便这一切能够用千百只舌头反复吟唱我的歌曲。"接着,就是一篇:

月光曲

树林后面像震颤的火焰,
山岭上面照耀着一片金黄,
绿色灌木将闪闪发光的头颅
诚挚地垂在一起沙沙作响。

波浪啊,你可为团圞明月的亲切脸庞
给我们涌现出一个映象?

125

>　　树枝看到它，欢欣地摇动着，
>　　将枝桠伸向了魔光。
>
>　　精灵开始跳跃在波浪上，
>　　夜花叮叮当当地开放，
>　　夜莺在浓密的树木中醒来，
>　　诗意地谈述着她的梦想，
>　　声调像耀眼的光线向下流着，
>　　在山坡上发出了回响。

　　这里应有尽有：月亮的震颤的火焰，头部闪闪发光的灌木，涌现出圆月脸庞的波浪，在波浪上跳跃的精灵，诺瓦利斯笔下的夜、夜花和夜莺——歌声像耀眼的月光一般荡漾的夜莺。

　　而且，这一切还刻板似的一再重复着。有一次，弗朗茨做了一个梦："他不知不觉地画出了隐士，画出了他的祷告，画出了月光闪烁的树林；他自己也莫名其妙，甚至把夜莺的歌声也画进了他的画。"啊，音乐式的绘画法！歌德说这本书里音乐多于绘画，难道说得不对吗？

　　这个人原来那样陶醉于一片贫瘠自然的奇形怪状，一旦面临像英格兰南部那样富有健康的液汁与力量的丰饶茂盛的风景，便感到十分局促不安，这是多么说明问题啊。莎士比亚当然没有比路德维希·蒂克更为热烈、更为钟情的崇拜者。因此，可以理解，他多么希望有朝一日能置身于他的伟大导师在那里度过一生、并对它获得最初印象的那个自然环境。不言而喻，他的期望太大了。可是，他又多么失望啊！这个自以为同莎士比亚心心相印的人，到了莎士比亚的自然环境，想不到是那样灰心丧气。构成英格兰南部风景的特征的，是一种几乎令人难以置信的繁盛和力量。但是，这种丰饶性在浪漫主义者看来是非诗意的，因为它是实用的，因为它可以实现一个目的；只有不结果实的花朵才是浪漫主义的。由此可见他之所以失望了。在任何地方都看不见这样巨大的浓荫蔽日的橡树,在任何地方都看不见这样高大的多液的草芥。极目四望,只见无垠的碧绿草毯铺展在起伏的丘陵和肥沃的牧场上,肥壮的牛羊在那里吃着草反刍着。遍地是白色、黄色、蓝色的野花和矢车菊,打破了色彩的单调,并吐出一股蕴含在湿润空气中的香气,永远是那么清新,从不使人感到郁闷。所有这些草木都是清新的,但不像南方的草木那样婀娜多姿。这种富有水分的、湿润到内心的植物却活得很短暂,生命仿佛从它身上匆匆流过。潮湿的空气像一层发光的雾霭包围着树木和花草,它的轻纱遮断了并缓和了阳光,而在蔚蓝的上空往往像在丹麦一样布满了一层云彩。如果天空偶尔十分明净,太阳片刻间不为雾霭所障而能照到大地上,那么雨滴和露滴在多汁的嫩草上,在无数种鲜艳花卉的丝绒般的萼片上,便灿烂得胜过珍珠和黄金。这些嫩草天生就会被牲口吃掉,这又何妨呢?它看来如此富于滋养料,这不正是它的美吗?丰饶的田亩用最优良的农业机器来耕耘,或者牲口被精心地饲养和照料,这又何妨呢?难道动物和植物不正是因此而显得强壮、肥沃、营养良好吗?这当然不是沙漠、海洋或者瑞士风景的那种壮美。但是,这种自然不也有它的诗意吗?谁要是在宁静的黄昏,到吉屋①的公园里,同里面巨大的老橡树一起呆一会儿,怎能不兴高采烈地试图把这个环境安排为《温莎的风流娘儿们》或者《仲夏夜之梦》的妖精舞蹈的场景呢?莎士比亚就是在这个环境中创作这些名剧的。可以设想,他用什么样的眼光来凝视这些风景。可是,蒂克又是用什么眼光来看它的呢?

克普克(卷1,第386页)这样写道:"他终于希望见识一下伦敦以外的英国。除了到莎士比亚的诞生地去,这次远足还能到哪儿去呢?首先,路过牛津。但这里的自然风景也引不起蒂克的兴味。他驱车而过的是一片片绿油油的、精耕细作过的土地,但它也是一种人工气十足的自然(没有一点原始的诗意!),已经丧失了独创的性格;它缺乏直

---

① 吉屋,伦敦西郊一村镇,有世界闻名的植物园。

接性,缺乏那种如他所说能够触动感情、甚至在他故国的贫瘠地区还经常使他心向往之的神圣性;它已经被工业给剥夺了诗的香味。"

由此可见,在他故国的风景中,一定有什么东西打动了他的心弦。如果这个国家的自然本身没有什么怪诞的成分,怪诞的自然观就不会在这里达到如此的高度。显然,德国的自然风景是相当投合这个富于幻想的静观者了。我在本书第一卷关于意大利自然的一段描写中指出过,它的最美的风景是怎样缺少浪漫的气氛。同样,我还想直截了当地承认,德国尽管有黑森林和布洛肯山,它的风景却不怎么怪诞;因为,正如泰纳所说,艺术的美才仅仅是怪诞的,自然的美却不仅仅是怪诞的;所谓怪诞性不过是我们人类头脑里的一种病症。但是,大自然却为某种想象力提供了起点。特别应当记住,德国的独特的风景同海洋无缘,缺乏从海洋吹来的广阔的自由的和风。在这种山川风景里永远找不到我们丹麦人所习惯的辽阔空旷的视野。但是,为了不致陷于一般化,我想谈谈蒂克生活得最长久的那个地区的风景,即以"撒克逊的瑞士"知名的德累斯顿附近的大自然。请允许我三言两语地描绘一下它给我留下的印象,然后再来说明它对于一个浪漫主义诗人的印象。我在这里也用不着含糊其辞;因为我结识过几位浪漫主义诗人,几年前还陪同一位浪漫派老诗人、丹麦的麦·戈尔德施米特漫游过这个地区。

我们在明净的山峦空气中逗留了几天,向波希米亚的岩峰和高原放眼望去,简直就像一片大海,轮廓鲜明的山峦宛如岛屿一般从中浮现出来,原野和枞树成林的丘陵连绵不断地伸延开去。我们穿过乌屯瓦尔德低地向着碉堡攀援而上。山谷周围尽是高大的、层见叠出的、奇形怪状的砂石岩,每个裂隙里浓密地生长着枞树。山岩的上部分常常危险地突出在外,完全罩住了下部分,仿佛就要冲下来。我们走着走着,就被石门、甚至三重石门拦住:大自然的许多怪癖令我们惊讶不置。攀登碉堡的时候,左边就是一片奇特的景色,陡峭的石柱像犹太墓地里的石碑一样耸立着,这片凄惨可怖的风景真可以充作《魔鬼罗伯特》①中亡故修女们的幽灵舞蹈的布景。站在碉堡上面,终于可以远眺广袤的平原,连同那些险峻的石岛了(柯尼希施泰因的石砦就位于一座石岛之上),那些石岛线条笔直粗硬,引不起一点诗情画意来。——库斯塔尔就是一个用岩石围起来的巨大的圆拱。这里的大自然仿佛是用人手做出来的,看起来都是艺术品,都是幻想的产物。我上次来到这里,朝上望去,只见巍峨群山在灿烂的阳光下气象万千,蔚为奇观。大片的枞树林覆盖着下面的高地,树梢看去宛如绒毛或者羊毛,枞树林上面则是一层浓稠的青绿色的雾霭,呈漏斗形沿着四周的山峦铺展开去。波希米亚的村落星罗棋布,像阳光下的窗玻璃一样闪闪发光;远处是玄武岩的圆锥体,近处则是金字塔形、四方形和尖碑形的大石块。枞树丛中偶尔长出一株橡树,它的秋后的黄叶便像金色斑点似的闪耀在一片阴影之中。除了一些悬崖断壁上面的苔藓,再也找不到另外什么黄色了。这些岩石看来仿佛被太古的巨人们当球玩过,像儿童们投石子或者垒积木那样玩过。从冬山望去,那些高地就像一座古代天然石头城的遗址。例如,可以看见一堵庞大的岩壁,像一面墙似的陡峭而又光滑,上面长满了枞树,耸立在一望无垠的风景中央。其中以普雷比施门最为壮观。这里的山岩又呈现出各种奇形怪状,像一座敞开的门;一根巨大的笔直的石梁横跨在两座石塔上面。坐在这座石门下面,可以俯览面前的两片风景,一片是从左方向拱门望开去的,一片则是通向右方的旷野。傍晚时分,我坐在那儿,感到前一片风景严峻而凛冽;后一片只见夕阳西下,发出炽烈的红光。前一片好像是长调,后一片好像是短调;前一片没有眼睛,后一片则炯炯发光。

　　上文是对于那片大自然的忠实的描绘,就是我所见到的、也是一个清醒的现实主义者所见到的模样。跟我一道旅游的那位浪漫主义者,似乎不像我那样为这片景色所感动。至少他在白天很少谈什么,

---

①　《魔鬼罗伯特》是德国作曲家梅耶比尔(1791—1864)的五幕歌剧。

甚至什么也没有谈。但是,夜色初见,我们动身下山之际,他的想象力突然活跃起来。天全黑了,黑暗强烈地刺激着他的神经。他觉得,天越黑,就会出现越多的自然精灵。当我们远远望见山坡上房屋的窗玻璃吐出了最初的光点时(由于黑暗,我们辨不清那些屋的轮廓),他却认为那些窗玻璃仿佛就在岩壁里面,仿佛岩石抬起了头,我们一走近就可以望进去似的。他觉得这些窗玻璃就是山精用来俯视我们的大眼睛;他觉得,仿佛那些树木丛生的大山坡正在凝望着我们。他陷于一种凄切而诡谲的、真正浪漫主义的情绪中,我简直无法追随他。可是,我却利用这个机会,亲自看到旧日的德国浪漫主义者是怎样观察自然的,他怎样到了夜晚才把自然当作自然,他又怎样不看自然的本身,却环顾它的旁边和背后;我发觉,我的旅伴观察风景,不是比我多感受到一些什么;就是少感受到一些什么,这样,我才理解到浪漫主义自然观的根据和偏颇、荒诞和诗意了。

十一 浪漫主义的反映和心理学。
蒂克的讽刺喜剧。
恩·特·阿·霍夫曼。沙米索

　　读者可曾站在一间用玻璃嵌成的房间里，看见自己和一切东西从上、从下、从四面八方无穷无尽地反映出来？只有这样，他才能体会到我们在浪漫主义的艺术形式面前眼花缭乱的感觉。在霍尔伯格的《依大卡的尤里西斯》中，人物经常拿他们的本色和他们装扮的角色开玩笑：例如尤里西斯把他十年远征期间长出来的长胡子掀起来让人瞧；在舞台的侧壁上写着"这就是特洛伊城"；最后，犹太人冲进来，从演员身上剥掉他为了扮演尤里西斯这个角色而向他们借用的衣服——试想，这会造成多么滑稽可笑的效果啊。众所周知，戏剧艺术的效果在于幻觉，而幻觉正是诸种艺术所共有的一种使命。一座雕像和一幅画正如一出戏剧一样需要幻觉，这种幻觉就在于刹那间把石头当作人像，把被描绘的平面当作深厚可测的实物，正如在戏剧中只记得角色，刹那间忘掉演员本人一样。但是，这种幻觉只是暂时完整的。毫无教养的人可能刹那间完全受骗，例如一个印度士兵在加尔各答开枪打死了扮演奥赛罗的演员，大声疾呼道："决不能让人说，一个黑人在我面前杀死了一个白种妇人！"然而，在有教养的人身上，幻觉只能存在片刻，一会儿又消失了，等等。它忽隐忽现，来去无踪，当悲剧引人掉泪时，它来了；一旦掏出手绢瞅瞅邻人，它又去了。艺术作品的效果最微妙地集中在这种幻觉上。幻觉就是艺术作品在观众心里的映象。幻觉就是把实际上不真实的东西变成真实的东西给观众看的假象。

在朴直而简陋的艺术品中,无须乎特别注重幻觉。它并不以幻觉为目的,并没有设法加强它或赋予它一种特殊的魅力,当然更没有设法取消它。

但是,不难看出,各种艺术的幻觉都能保持这样迷人的、引人入胜的性质。例如,一幅古老的浮雕上表现出一个赫耳墨斯①或其他神像,一幅画表现出一个墙上挂着画儿的画室,这就仿佛强烈地暗示出,不能把浮雕看成石头,不能把画看成画;又如,在一个喜剧中,某个人物忽然叫喊道:"你把我当作一个混饭吃的戏子吗?"也会产生同样的效果。

如果剧中人物又演一出戏中戏,例如在莎士比亚的《哈姆莱特》或《仲夏夜之梦》中那样,那么舞台幻觉便显得更其突出了,或者毋宁说,更其被人遗忘了。在上述第二出戏中,不参与演出的人们也来演戏②,看来是很古怪的,或者简直是不可能的。这里的幻觉人为地加强了,但同时因为注意力转向了这个幻觉,它也就被削弱了。显而易见,这种玩弄幻觉的手法对蒂克产生了而且必然会产生极深的印象。正因为幻觉才能使观众把艺术当真,使艺术变成现实,所以蒂克把幻觉扰乱了,便认为艺术是自由的任性的游戏。

因此,凡是常人为了不扰乱幻觉而避免说破的一切,蒂克都玩世不恭地加以调侃。在《穿靴子的雄猫》中,国王向纳旦奈尔王子问道:"请您告诉我,您住得离我们那么远,怎能把我们的语言讲得那么流利?"纳旦奈尔:"噤声!"——国王:"怎么回事?"——纳旦奈尔:"噤声!噤声!务必请放安静点,否则台下观众听了会发觉这多么别扭。"——果然,就有一位观客插话说道:"为什么王子不能讲一点外国话,再让他的译员给译成德语呢?——这整个都是瞎胡闹!"不难看出,观众这句插话正是针对伊夫兰和科策比所代表的那种对于艺术中

---

① 赫耳墨斯,希腊神话中司掌交通的神使,相当于罗马神话中的麦库利。
② 指《仲夏夜之梦》中的仙王、仙后等角色。

自然性的庸俗要求而发的。这种要求在法国特别由于误解了亚里士多德的时空一致说而喧嚣一时。关于这一点,施莱格尔曾经模仿莱辛的先例指出过,如果把舞台看作世界是一个大跃进,那么大概也可以来个较小的跃进,有时让舞台意味着各种不同的场所。所以,浪漫主义者向来推崇莎士比亚式的古老剧场,布景上贴张纸条就说明地点,认为它比我们目前的艺术水平要更高一些。那些提倡艺术中的自然性的人们,当时希望看见用坚固的墙壁来取代布景;施莱格尔说,如果要求舞台上设置三道墙,那么必然会进一步要求它有第四道墙来挡住观众。

出于对这种庸俗艺术观的反感,蒂克喜欢在舞台上安置一个观众席,让他们一面观看眼前表演的戏中戏,一面发表批评意见。他们批评,他们称赞,时而指责某一场是多余的,时而夸奖作者有勇气,敢把马牵到台上来。——在另一个地方,御用学者和丑角在王宫里当着王位争辩起来。学者说,"我所坚持的论点是,最近上演的《穿靴子的雄猫》是一出好戏。"——丑角就说,"这一点正是我要否认的,"于是一位观客惊呼起来:"怎么又来这一套?难道还要提到正在演的戏吗?"——在《颠倒的世界》中,情况就更岂有此理了。斯加拉穆茨骑着驴穿过树林时,突然降下一场暴雷雨。他是不是要设法避雨呢?一点不。"该死!怎么来了这场暴雷雨?我的角色里压根儿就没有提到这回事。何等的荒唐!我和我的驴子浑身都湿透了。——管布景的!管布景的!见你的鬼,快停下吧!"管布景的上了场,为自己辩解说,观众要求在舞台上见到一场暴雷雨,他于是迎合了他们的愿望。斯加拉穆茨恳求观众改变他们的要求。没有用,他们还是要求一场暴雷雨。"怎么?在一场肃静的历史剧里?"又打起雷来了。"这很简单,"管布景的说,"我把松香粉朝火焰一吹,就变成了闪电;同时在头顶上滚过一个铁球,就听得见雷声。"——在参与演出的观众所目击的戏剧中,又为另一些观众演戏,玩弄幻觉到这一步,实在是无以复加了。

"各位,想想吧,多离奇!"傻瓜斯凯沃拉说,"我们在这里是观众,坐在那里的人们也是观众。"戏就像连环匣子一样一个套着一个。——突然间在最内层的新戏里,又上演了一出戏中戏,这就乱弹琴到家了。能够想象这样的混乱吗？请看《着魔的王子》是这样写的：他在戏中观看《埃格蒙特》的演出,而埃格蒙特和克莱卿却在看《守夜人》,蔡西希和勒馨作为观众又在看《哈姆莱特》的演出。马上有人会问道,如果在最内层的戏中看到上述戏剧的某一场在演,叫人在头脑中怎么抓住全部联系呢？"这太岂有此理了,"斯凯沃拉叫喊起来,"请大家瞧瞧吧,我们作为观众坐在这儿看戏；在那出戏中又有观众坐着在看戏,而在那第三出戏中又要另外演戏给第三批演员看了,"他接着真有点浪漫主义味道地解说道："人们经常按照同样方式做梦,这是非常可怕的；许多思想也是按照这个方式不断地向内部深入。梦也罢,思想也罢,两者都是为了变得岂有此理。"

　　但是,各幕之间的音乐包含着理解作品的钥匙。活泼的快速调说："你们在一切事物中探求有联系的人们,你们可知道你们在要求什么吗？当金色的葡萄酒在酒杯里闪光,酒精从杯中进入你们体内时；当你们的生命和灵魂两倍地进行感觉,你们身上所有的水闸都打开时,——你们当时所想到的,你们当时能够整理出头绪来的,就是：你们在受用自己,在受用这种和谐的混乱。"——轮旋曲说："每当哲学不理解某一事物而不得不感到惊讶时,他便叫道：'这里面没有知性。'不仅如此,当知性要求深入底层,深入到它本身的最内部,仔细观察着自身时,它也会说：'这里面没有知性。'……然而,有知性的人轻视知性,正因此而显得有知性了。许多诗是发了疯的散文,许多散文是跛脚的诗；而介乎诗与散文之间的,也不是最好的,——啊音乐！你要上哪儿去？你不也承认了：在你身上也没有知性。"

　　蒂克本人在他的批评文章中提出了他的方法,即给观众唱催眠曲,把他们哄入梦境中去,以此作为浪漫主义喜剧的目的。他说："在梦里灵魂并不时常相信它的幻象；但是,做梦的人继续睡下去,那么新出现的无尽无休的魔形便会重新产生幻觉,把我们禁锢在着魔的世界里,使我们失去现实的尺度,最后把我们完全送入了神秘莫测的境地。"

浪漫主义者想象的在六面嵌镜的房间里无穷无尽地观察自己之后,感到疲惫,于是回到了音乐,而音乐则深沉到无形式可言。——这时的艺术作品就好像我们有时在珍玩馆看到的那些球状的象牙雕刻之一,里面一个球套着另一个球,另一个球又套着另一个球,等等。

在戏剧作品中,这种创作方法曾经由约·路·海贝格在他的机智的喜剧《圣诞节游艺和新年闹剧》中开玩笑地模仿过。霍夫曼的仿作《勃兰丁娜公主》在某一幕中让导演和舞台监督在幕后讨论脚本,就不怎么自由自在、富有独创性了。导演说:"布景管理员,指挥安排夜景吧。"舞台监督说:"怎么,现在就要夜景吗?这会打扰幻觉的。罗德里克在沙漠里吃早餐,还不到三分钟呢。"导演说:"脚本上明明是这样写的。"舞台监督说:"那么,脚本发疯了,作者一点也不懂戏剧艺术,就写出了这个剧。"

除了在纯文学方面,我们还看到那种重复反映的镜面房间式的创作方法在丹麦文学中由克尔恺郭尔①从心理学方面加以运用过。正如德国浪漫主义者讽嘲地翱翔在他的戏剧及其中国式套盒似的场景和人物之上,这位丹麦心理学者也越来越离开他的题材,把一个作者仿佛套进了另一个作者身中。试听一下他在《哲学片段的非科学性的跋文》一文中的说明:"有一种作家,他既虚构了人物,而从序文来看,他本人又出面成为作者;同这种作家相比,我对我的作品的态度就浅近多了。就是说,我没有个性,或者说只有第三人称的个性,只是一个提示者,这个提示者虚构了作者,作者的序文连同他们的名字都是他们自己的创作。所以,在这些假名文章中没有一个字是我自己写的;我作为一个不相干的第三者,对它们没有任何意见,对它们的价值没有任何认识,除了作为读者,对它们甚至没有最疏远的私人关系,正如对

---

① 关于这位卓越的作家,参见阿道尔夫·斯特罗德曼:《丹麦的精神生活》(柏林,1873),第95—124页。——原注

于一种双重反映的传达不可能有这种关系一样。如果我以自己的名义亲自发表一句话,那将是一种忘乎所以的狂妄行为,因为那句话从辩证的观点来看,便将从其本质上毁坏了那个假名人物。所以,我在《或此或彼》中既不是引诱者也不是陪审官,更说不上是出版家维克多·艾莱米达;艾莱米达是个写得活灵活现的主观思想家,读者在随想曲《酒后吐真言》中还会碰见他。我在《恐惧与战栗》中既不是'沉默的约翰奈斯',也不是他所描绘的那个宗教信仰的骑士,更谈不上是那本书的序文的作者,它乃是一个写得活灵活现的思想家的个性复制品。我在《有罪乎?无辜乎?》这本痛史中既不是实验者,也不是实验的对象,因为实验者是一个写得活灵活现的主观思想家,而实验的对象按照心理学上的一贯性则是他的产物。因此,我是无足轻重的,也就是说,我是何许人也,是无所谓的……我一开始就意识到,我这个人是个惹厌物,那些假名人不由自主地想把它抛掉,或者尽可能把它变得无关紧要,同时他们又不得不从讽嘲的审慎的观点出发,想把它作为讨厌的对立物保留下来;因为我对于他们是一身而二任:既是秘书,同时饶有讽刺意味的是,又是作者或作者们的辩证的重叠的作者。"我们到时候会理解这段话的意思。不管原因多么不同,现象是同上述例子非常相似的。为了同广大读者保持距离,为了不致暴露自己的心,克尔恺郭尔在读者和自身之间尽可能安置了许多作者。老实说,我认为他的这种创作方法矫揉造作,令人想起浪漫派的玩世不恭。因为,尽管克尔恺郭尔在内容方面远远超过浪漫主义,他在艺术形式方面仍然同他们联系在一起。我对克尔恺郭尔并不感到陌生,不会弄错他,他是自己不愿意对他所虚构的人物——例如诱拐者和陪审官——的行为负责,这是不言自明的;但是,如果认为克尔恺郭尔果真能够通过第二手创造出他的作者,例如,不仅虚构出《订婚的故事》中的主人公,而且还能像修道士塔西屠尔奴斯虚构他一样地虚构他,那就纯粹是空想了。或者说,那简直是骗局。克尔恺郭尔的许多假作者,例如康士坦丁·康士坦蒂乌斯和修道士塔西屠尔奴斯,彼此间几乎没有区别,我们看不到里面的假作者，原来他也正是由外面那个假作者虚构出来的。克尔恺郭尔的一篇笔记谈到，《生命的历程》的第三部本来是为《或此或彼》而写的。但是，他在前面提到的那篇《跋文》（第216页）中却说，最细心的读者在《生命的历程》中找不到一句话、找不到一个思想上或语言上的变化，使人联想到《或此或彼》，这就证明他的自我欺骗的本领实在太大了。这两部作品的每一行都暴露出，它们是同一个作者写的，同样的思想经常几乎用同样的语言表达出来。例如《生命的历程》中的陪审官对于"阿拉丁"的看法，几乎同《或此或彼》中的美学家对他的看法完全一样："阿拉丁由于他的愿望、由于他的心灵具有渴求的力量而变得伟大。"（见《历程》第2版第87页）

在浪漫主义者的作品中，这种反映形式是同他们在表现规则方面最放荡的好恶无常相适应的。《颠倒的世界》以尾声开头，以序曲结尾；想象力就以这种笔法证明它无拘无束，自由自在。修道士塔西屠尔奴斯把他去年的遭遇和今年的遭遇同时加以记述：每天上午他记录去年今日他所经历的事情（多好的记忆力！）到了半夜，他就记录他白天的遭遇；这样，要把这两股事件线索区分开来，当然几乎是不可能的。在霍夫曼的《雄猫慕尔》中，雄猫在练习簿上写它的回忆，纸页的反面便是他的主人、乐队队长克莱斯勒的备忘录。这些纸页的两面照例都印出来了，反面接着正面印，于是我们交错地读到了两篇完全不相干的故事，字句错漏得一塌糊涂。好恶无常，为所欲为，任意玩弄自己的作品，已经到了无以复加的程度。但是，在瓦解固定形式方面，他们还有人走得比这更远。浪漫派不只瓦解艺术形式，他们还瓦解人的品格，而且采取各种各样的方式。

始作俑者就是诺瓦利斯。在《海因里希·封·奥夫特丁根》中，主人公似乎常常预先知道他所经历的一切。他所看见和听见的一切，似乎不过是拉开了他灵魂中的新门闩，"打开了他身上的暗门"。但是，他感到最离奇的是，他在一位隐修士霍亨卓仑伯爵的洞府里发现了一本秘籍，他虽然还读不懂里面的文字，但却看到了他的生命的谜，原来这个生命早在他诞生以前就已经开始,而在他死后还将延伸到未来。因为诺瓦利斯的小说就是寓言和神话,因为他想用个人来表现心灵(Gemüt)的整个永恒的故事,他便按照人类最古老的假说之一,将个人描写成一代接一代地轮回转世,因此过去和未来便永远作为回忆和预感进入他当前的生存之中。他并没有想到真正的灵魂的轮回,但对于他这个只同永恒发生关系的浪漫主义者来说,时间仅具有从属的意义;正如他在自然事件和超自然事件之间看不出差别来一样,他认为过去、现在和未来之间也不存在着差别。所以,个人的生存可以延展到整个世界史的长度。在丹麦文学史中,我们从海贝格的传奇组诗《新婚夫妇》里可以看到,浪漫主义者是怎样利用这种前世观念的。试看母亲向继子诉说她的嫡子被处决的一段:

  天还没有亮
  他就受到可怕的刑罚,——
  狱卒进来说:"来吧!
  时候已经到了。"

  他最后一次倒在我的怀里
  喊道:"给我讲句话吧,
  讲句鼓舞的话,
  使我能走好人生的最后一步!"
  我于是讲了……
    可是,弗里德里希,你怎么啦?
  你站了起来……你想到了什么?
  你面如死灰地瞪视着我……

  弗里德里希
  哦母亲!母亲!别讲了!
  你当时这样说:"当你来到救世主面前,

你要祈求：主啊，赐福给我吧！
饶恕我吧，我的兄弟，为了你的受难，
为了我的悔恨，为了我的母亲！"

盖尔特鲁德

啊，告诉我，你是怎样知道的？

弗里德里希

因为就是你对我讲的呀！
我到现在才明白过来：
我就是你的亲儿子，重新来到人世。

  我们在海贝格的这篇作品中，看到他最优美、最富有诗意地运用了前世观念。但是，浪漫主义文学并不止于此。它既不满足于把个人投向过去，也不满足于给他安上来世的宽大而华丽的孔雀尾巴。它时而把自我从中剖成两半，时而把它分解成各种元素。正如它通过伸延自我把它分布在时间中一样，它还剖裂自我并把它在空间中分布开来。它既不尊重空间，也不尊重时间。自我意识的本质就是自我二重化。但是，不能克服和主宰这种二重化的自我却是病态的。我们在罗凯洛尔和洛维尔身上看到了这种现象。再也没有比病态的自我欣赏更其悲惨、更其不幸的了。这样人就脱离了自己，像旁观者一样观察自己，不久就会像单身囚徒凝望着门上的监视孔，看见狱卒的眼睛正盯着自己一样，产生了可怕的感觉。在这种状况下，一个人会感到自己的眼睛跟别人的眼睛一样可怕。这种状况之所以经久不变，一方面由于宗教的和道德的感情，即人一刻也不应忽视自身，而应致力于自身，设法改善自身；另一方面则由于对未知事物的天然的好奇心。自身仿佛是一片国土，它的海岸线已经清楚，但它的内陆还需要勘查。这种勘查在健康人的生活中是缓慢地、不知不觉地完成的。有朝一日，可怜的囚徒放下工作，抬头一看，发现监视孔里的眼睛不见了。他现在才开始呼吸自如，有了生命。不管他是干什么的，不管他的工作是伟大还是渺小,不管他是一个神圣的英雄还是一个实用的人,是一个"米开朗琪罗"还是一个削木塞的,他从这一刻起才在心灵中产生平衡和统一的感觉,他才感到自己是一个完整的人。在病态的、无所作为的性格身上,那只眼睛却不离开监视孔,而这种状况持续下去,个人便将濒于疯狂的边缘。但是,浪漫主义者所坚持的正是这种状况。于是,产生了浪漫主义的幻想的离魂说①。它首先出现在让·保尔的《再生父母——陪审官》(见关于费希特的自我的一段考察)中,并几乎贯串着霍夫曼的全部故事,而在他的《魔鬼的万灵药》中则达到了顶点。这个观念在浪漫派的作品中随处可以找到,例如在克莱斯特的《安菲特瑞翁》中,在阿希姆·封·阿尼姆的《两个瓦尔德玛尔》中,在沙米索的诗篇《幻象》中,以及在勃仑塔诺的滑稽化的《不止一个韦米勒》中。在霍夫曼看来,自我不过是罩在另一个假面上的假面,他以剥去这些假面而自娱。我们在《罗凯洛尔》中所看到的那份草图,在霍夫曼的作品中被润饰成功了。

霍夫曼的一生说明了浪漫主义的自我二重化在他身上所采取的独特形式。他于一七七六年生于刻尼斯堡。他的父母的婚姻生活不和谐,两人不久就反目了。母亲出身于一个十分循规蹈矩、严格遵守一切礼法的家庭;父亲则放荡不羁,善于诙谐,养成许多懒散的习惯,使岳父母深感苦恼。霍夫曼早年丧母,由一位伯父教养成人,伯父的古板严厉的教育使这个聪明孩子很少得以爆发的脾气变得日益狂乱、反常起来。他以奇特的乐曲和优异的漫画发泄自己的情绪,接着攻读法律作为谋生之道,同时研究音乐;很早就爱上了一个已婚的少妇。他爱她爱得如此炽烈,要不是最后下决心割断关系,二十岁就离开家乡,他会很快为她发疯的。

不久,他在波森任职,当时盛行的波兰的骄奢淫逸、沉湎声色的风气冲昏了他的头脑,彻底改变了他的性格。他因为旧习未除,用一幅

---

① 原文:Doppelgängerei,指自己的灵魂出现在自己面前。

漫画取笑他的上司,于是被调到普洛茨克。他在这里变得比较规矩。几年之后(1804年),他调到当时属于普鲁士的华沙任参议员。华沙完全像个首都,它的五光十色的生活使一个德国人感到非常不习惯,而对霍夫曼的写作风格却产生了独特的影响。霍夫曼的作品中许多乖张、怪异之处都可以归因于华沙的这种无拘无束的放荡生活。他在这里遇见了扎哈里亚斯·维尔纳,这位作家也受到过十九世纪初叶波兰生活的影响。他在这里还同其他音乐爱好者一起,热心地从事音乐,并在他谨慎从事公职之余,找到足够时间为许多大厅画壁画,为一个图书室装饰青铜头部浮雕,还用埃及风格为一个内室画彩色画,在那些埃及众神的奇怪画像中间经常搀杂着他的一些熟人的漫画像,他给他们加上了尾巴和翅膀。他还在华沙第一次指挥过音乐演奏会。

大家知道,华沙的普鲁士政府于一八〇六年被推翻。霍夫曼先是看到俄罗斯部队的前驱——鞑靼人、哥萨克人和巴什基尔人充斥着这个城市的街道。不久,慕拉的骑兵就冲进了华沙。他目击了拿破仑远征所引起的整个民族大迁徙,接着看到了拿破仑本人,他这个地道的德国人把他当作暴君来憎恨。一八一三年,他在德累斯顿又经历了多次小规模战斗和一次大会战;他亲临过战场,身受过饥荒和一次随着战争而来的瘟疫——一句话,这个时期所有恐怖现象丰富了他的想象力,但是说来奇怪,他一开始只画了一些滑稽漫画讽刺法国人。

他年纪轻轻,就同一个漂亮的波兰女人结了婚,她成了他的忠诚而容忍的妻子,看来多亏了她,他才能够在神经高度紧张的情况下活那么长久。他的婚姻并不妨碍他对其他妇女发生热恋,不过这些热恋与其说发自一种真正的感情,不如说是以想象力为基础。例如,他十分狂热地爱过一个少女,但在她和另一个人订婚后第三天,他就完全像没事人一样,能够用自我嘲讽来摆脱相思之苦了。简单的讽刺画就帮助他渡过了极大的难关。

他在班堡当过剧场建筑师,后来在德累斯顿当过音乐指挥,接着便在柏林高等法院当一名法官度他的晚年。这个天赋过人的人会写作，会弹钢琴，会为歌剧作曲，会画画儿；只要他高兴，他还会谈笑风生，成为社交界的名流，酒馆里的常客。他在这里把大部分精力和创作才能用来观察自己的心境，为了观察入微，每天要写日记。

他原来不过把酒当作兴奋剂，实际上酒对于他远不止如此。他的许多灵感，许多幻象，那些开始只是出自想象、后来越来越认真的错觉，大都是得之于酒。在这种情况下，醉酒实际上可以使他产生一种新的幻想的诗歌。每逢在酒精的影响下，他会突然看见黑暗中闪现着磷火，或者看见一个小妖精从地板缝里钻出来，或者看见他自己周围是些鬼怪和狞恶的形体，以各种古怪装扮出没无常。

这个一心一意观察自己心境、观察别人荒诞行径的人，对于自然很少感觉，几乎是必然的。他不是广阔的大自然的朋友。如果他夏天出门散一次步，那也只是为了到公共场所去碰见一些人。要是路过一个小酒馆或者一爿点心店，他难得不走进去瞧瞧里面是些什么人。他的作品里显然缺乏对自然的感觉，可以由此得到解释。他的心灵在酒馆的气氛中比在森林的寂寞里更感到适意自在。但是，如果说他对自然美的欣赏力天生是虚弱的，那么他对艺术的热忱便日见炽烈；他是一个纯粹的浪漫主义者，他的创作有一半是诗和艺术。

一个具有这样气质和这样发展的诗人，他对人的品格所持的奇特的浪漫主义理论，正是不规则生活和过分敏感、过分紧张的神经的产物。我在他的日记中找到如下几段记载：

一八〇四——从四时到十时在新俱乐部饮比肖夫酒。傍晚极度兴奋。这种加香料的烈酒刺激所有的神经。突然想到死亡和离魂。

一八〇九——在六日的舞会上突发奇想。我通过一个万花筒设想着我的自我——在我周围活动的一切形体都是一些自我，他们的所为和所不为都使我烦恼。

一八一〇——为什么我睡着、醒着都常常想到疯狂呢？

他坚定地相信,每逢人们遇见一件什么善事,恶也同时会躲在背后,以便削弱善的效果;或者用他自己的话说:魔鬼一定会把他的尾巴插进每件事物中。他的传记作者希茨希说,他经常为一种神秘的恐怖感所折磨,害怕自己生活中出现离魂及各种狞恶形象。当他写到这些东西的时候,他总是惶恐不安地环顾左右;甚至他夜间工作,也要经常喊醒他的妻子,央求她陪伴他把作品写完。他把自己对于鬼怪的恐怖也传达给他所创造的人物了;他描绘他的这些人物,"就像他本人在伟大的造物之书中被描绘的一样"。所以,他在自己的作品中,也欢喜那些包含最阴森的疯狂描写和最怪异的漫画之类的作品,例如《勃兰比拉》。

他时而描写恐怖场面,时而描写滑稽场面,形成强烈的对比以获致艺术效果,这种创作方法不久也就变成了癖好。我们从最平凡的日常生活突然转入了一个奇形怪状、五颜六色、像魔术一样千变万化的世界,以致一切事物在我们眼前开始旋转起来,所有关系、所有生活方式、所有人物都不再是那样稳定而完整了。我们时刻都在怀疑,我们与之打交道的到底是真正的人呢,还是他的幽灵、他的镜像、他的以另一个形体或另一种乘幂出现的本质,或者不过是他的幻想的离魂呢?

在霍夫曼晚年的一篇比较轻松的故事《离魂》中,两个主要人物彼此是那么相似,一个经常被误认为是另一个;一个代替另一个受了伤;一个的未婚妻也分不清楚他们两个谁是谁,等等。各种各样的荒谬错误都闹出来了,"离魂"恐怖被描写得淋漓尽致。接着又强调要对这件事情加以常识性说明(就像在勃仑塔诺的《不止一个韦米勒》中一样),仅仅因为霍夫曼为了更换花样,一度认为可以试图说明一下罢了。实际上,这种说明没有说明任何什么。霍夫曼真正关心的不过是幻想的恐怖效果,正如勃仑塔诺所关心的是幻想的滑稽效果一样。《离魂》这篇作品没有一点艺术价值。

在《柏尔甘扎新近的奇遇》这篇故事中却有更机智、更大胆的构思。首先,我们弄不清楚,这只狗是不是变了形的人;他自己说:"可能我真是孟蒂埃尔,受到惩罚而不得不变成一只狗;如果是这样,那么这种惩罚便是一种愉快和娱乐的源泉了。"其次,即使这只狗作为狗也看见自己二重化,意识到自己统一的生命在分解。"有时我当真看见自己躺在自己面前,像另一个柏尔甘扎,这另一个柏尔甘扎也还是我;我——柏尔甘扎看见另一个柏尔甘扎被巫婆所虐待,于是我向他猖猖狂吠起来。"

在《金瓶》这篇故事里,他就更大胆了,古怪念头就更其荒唐了。里面有个德累斯顿又老又丑的卖苹果的女人,她同时又是户籍官林多尔斯特家里漂亮的铜门环。这个门环的金属面孔有时皱拢起来,变成了老太婆的莫名其妙的微笑。此外,她还是个讨厌的算命者劳埃林夫人,又是故事的女主人公的亲爱的保姆老丽莎。她能够(像《离魂》中的算命者一样)突然变换服装、形体和面貌。她的身世问题弄清楚了,原来她的爸爸是一根用龙翅的羽毛做成的"破羽毛帚",而她的妈妈则是个"烂甜菜根"。

迟钝的户籍官林多尔斯特,除非穿着印花长袍,周围摆着旧手稿,坐在自己的图书室里,似乎从来都不觉得舒服,原来他也是个大魔术师,会在一次普通谈话中间,突然谈起最疯狂的事情,就像谈世界上最自然的事情一样。例如,他谈到有一次他隐身出席宴会,这是司空见惯的,他钻到搅拌彭琪酒的碗里去了;又一次,他脱掉长袍,不慌不忙地钻进了一碗燃着了的烧酒里,消失在火焰之中,让人把他喝掉了。

霍夫曼创造这些二重性和三重性的生活方式(例如那个档案保管人,白天是户籍官,夜晚是一条火蛇),他心里显然想着他自己的官场生活和自由的夜生活之间奇怪的对照:白天作为奉公守法的刑事法官,他严格地摒弃一切有关情绪和审美的考虑;而夜间则成为广阔无垠的想象之国的国王,过着无拘无束的生活——与现实风马牛不相及的生活。

在霍夫曼的作品中,《魔鬼的万灵药》给人的印象最深刻。我们来看看这篇小说的主人公教友梅达杜斯吧,因为这个人物很典型。本书神秘的恐怖气氛,要用三言两语描绘一番是不可能的;你必须自己去读它。长期精于此道的浪漫派,还没有写出一部比这更富于恐怖和淫荡气氛的作品。在一个修道院里藏着一瓶密封的"魔鬼的万灵药",它是圣安东尼的遗物。据说这种灵药具有不可思议的效用。一个修道士喝了它,因此变得口若悬河,不久便成为修道院最著名的宣教士了。但是,这种口才既不是虔敬的,也不是有益的,而是带有凡俗的、非常蛊惑人心的、邪恶的性质。教友梅达杜斯从这瓶中喝了药:一个向他忏悔的美妇人爱上了他,对尘世的欢乐和迷醉的渴望使他逃离了修道院。他发现一个青年男子、维克多林伯爵睡在悬崖旁边一个树林里,多少有点偶然,他把这个男子推下了悬崖。于是大家便都把他当作这个伯爵,"我的自我,由于成为一种残酷而任性的偶然的玩物,被分解成奇形怪状的形体,便无止无休地漂浮在意外事端的大海上,那些事端像汹涌的波涛一样冲击着我。我再也找不着我自己了!显然,维克多林是被那个指挥得了我的手、指挥不了我的意志的偶然给推下悬崖的!——我这才代替了他。"他仿佛还不满足这些怪事,接着又写道:"但是,赖因霍尔德是认识卡普青①修道院的宣教士梅达杜斯的;我只有在他面前才是真正的我!——但是,维克多林同男爵夫人所发生的暧昧关系落到了我头上,因为我又是维克多林。我是我表面上的那个人,我表面上却不是我真正的自己;我认为我自己是一个解不开的谜,我竟同我的自我发生了龃龉!"

梅达杜斯这时以他自己的原形同维克多林的情妇——男爵夫人发生了关系,而她却一点也没有觉察到这个变化。他自从喝了那个魔药之后,产生了一切凡俗的欲望,女人都爱上了他;他纵情享受感官的快乐,并为了达到自己的目的,渐渐犯下了一系列严重的罪行,包括谋杀在内。可怖的幻象时刻威胁着他,把他从一个地方赶到另一个地方。

---

① 卡普青,弗朗西斯教团三大支派之一,其教徒着深褐色僧衣,头戴尖帽。

最后他被告发了，给关进了监狱。这时迷惘和反省达到顶点。"我睡不着觉。朦胧、闪烁的灯光投在墙上和天花板上，反射出奇怪的形象，里面有各种各样的歪曲面孔向我狞笑；我吹灭了灯，把头埋在稻草枕头里，但接着囚徒们沉闷的呻吟声和镣铐声又令人毛骨悚然地响彻了黑夜的寂静。"他仿佛听见了他所杀死的那些人死前的咕咕喉鸣。这时他清楚地听见他身子下面有一阵细微的、有节奏的叩击声。"我注意倾听，叩击声持续下去，这时从地下冒出一阵奇怪的笑声！我跳了起来，又躺倒在草垫上，但叩击声、笑声和呻吟声还在持续着。——最后一阵沙哑的喃喃声轻轻地、一声接一声地叫喊起来：'梅——达——杜——斯！梅——达——杜——斯！'一股冰冷的战栗贯穿了我的四肢！我鼓起勇气，大声喊道：'是谁？是谁呀？'最后叩击声和喃喃声就在他的脚底响了起来：'嘻嘻嘻！——嘻嘻嘻！——是小教友……小教友……梅——达——杜——斯——是我——是我呀——开……开门吧……咱们到……到树……林里去！'"他似乎听见了自己的声音，不禁惊恐万状。最后地板上几块石板被掀开了，他自己的面孔戴着修士帽凝视着他。这第二个梅达杜斯也像他一样被监禁过，并且从实招认了，被判处了死刑。一切仿佛发生在梦中一样，他不知道自己是不是那些事端的主人公，像他一向信以为真的那样，或者这一切不过是一场栩栩如生的梦境呢。"我仿佛在梦中听见了一个不幸者的故事，他像一个皮球一样被黑暗势力抛来抛去，被迫犯下了一个罪行又一个罪行。"

他被释放了，他一生最幸福的时刻即将来临，他就要同他的情人结婚。婚期到了，新娘已为婚礼装扮停当。"就在这刹那间，街上传来一阵隆隆的杂声，人们哄然叫喊起来，可以听见一辆沉重的缓缓滚过的车辆的可怕的辚辚声。我忙奔向窗口！正在宫殿前面，停着一辆由绞刑吏助手驾驶的有栅栏的囚车，上面向后坐着一个修道士，他前面是一个卡普青教团神父，高声而热忱地为他祈祷。他为死亡的恐怖和蓬乱的胡须弄得不成样子——但我的可怕的化身的面貌却一下子可以看得出来。那辆囚车刚才为拥挤的人群阻挡着,又往前开走了,他这时抬起那闪闪发光的眼睛,可怕地向我盯视着,一面还大笑喊道:'新郎!新郎!——到屋顶上来吧——让咱们在那里较量较量,看谁把对手推下去,谁就是王,就可以喝血!'我也叫喊起来:'你这恶鬼——你要干吗——你要我干吗?'奥蕾丽用双臂搂住我,用力把我从窗口拉开,喊道:'看在上帝和圣母的面上——他们正送梅达杜斯、我兄弟的凶手上刑场去——雷翁纳德——雷翁纳德!'这时地狱的鬼魂们在我身上苏醒了,正以全力控制着这个行凶作恶的疯狂的罪人。——我狂暴地抓住了奥蕾丽,把她吓得直打哆嗦:'哈,哈,哈你这发疯的傻女人——我,我,你的情人,你的新郎,就是梅达杜斯——就是你兄弟的凶手。——你,修道士的新娘,要对你的新郎复仇吗?嘀,嘀,嘀!我是王——我要喝你的血!'——他把她打倒在地——一股鲜血溅满他的手。他冲到街上,把修道士从囚车上拖下来,然后拳打刀劈,左冲右突,逃到树林里去了。我脑子里只有一个念头,就是像一头被追逐的野兽似的逃掉。我站了起来,还没有走几步,便有一个人从丛林里冲出来,扑在我背上,用双臂抱住了我。我想摆脱他,但是摆不脱——我扑倒在地,我用背靠着树,一切都没用。那人轻蔑地冷笑着;这时皎洁的月光透过黑魆魆的枞树林照过来,那个修道士——那个所谓的梅达杜斯、那个化身,脸色惨白,像死一样可怕,用他从囚车上向我盯视过的可怕的目光盯视着我。——'嘻嘻嘻——小教友、小教友,我永远、永远跟你在一起——永远不会——放开你——我不能像你——那样跑——你得背……着我——他们要……车裂我——我跑掉了——嘻嘻!'"——这种场面可以没完没了地写下去,我可要打住。直到全书完结,还是不明白这些事件的真正意义,不明白这些情节的伦理性质,奇思怪想在这里把人格分解得一干二净。

我们知道,英格曼曾经在这条道路上紧紧追随过霍夫曼。例如,他充分利用过那种阴森森的恐怖气氛,竟设想深更半夜在墓地里三次叫喊自己的名字。可参看他的童话《狮身人面兽》和用所谓卡洛① -霍夫曼风格写成的其他作品。但是,如前所述,浪漫主义文学决不满足于这样扩张和分裂自我。把自我在时间和空间中分布开来,它还把自我溶化成各种元素,这里取一点,那里补一点,使它成为自由幻想的玩物。如果说浪漫主义有什么深刻处,这就是它最深刻的一点。我们且来谈谈浪漫主义的心理学,这种心理学是正确的、深刻的,但是有片面性。浪漫主义在这方面总是强调事物的黑暗面,强调必然性;它没有一点解放人或鼓舞人的特征。

从前人们把自我、心灵、人格看作一种本质,其特性就是所谓能力和力量。但是,"能力"或"力量"仅意味着,在我身上存在着对于某些事件的可能性,存在着我看见、我阅读的可能性。我的真正的本质却并非由可能性所构成,而是由这些事件本身、由我的实际状况所构成。我身上的实际就是一系列内心事件。对我而言,我的自我就是由一长串心灵的图画和观念构成的。我每天不断地从这个自我丧失一点什么,遗忘吞没了它的大部分。我昨天和前天在街上见到的所有面孔,我有过的所有这些感性知觉,今天只有两三件留存在我的记忆中。如果我回想得更远一点,便只有一两件特别强烈的知觉或印象像孤零零的岩石小岛从遗忘的大海里浮现出来。从我们流逝的生命中留下来的观念和形象,我们只有借助于这些观念的联想,借助于它们所具有的特性、即由于某种规律而互相促发的特性,才能把它们结合在一起。如果没有那些可以把我们各种不同的记忆连在一起的数字、纪年和日历,我们对于自我便只有一个十分薄弱而又模糊的印象。然而,不论这个长远的内在链条是多么坚固(我们越是经常地把它在记忆中过滤一遍,它便越是坚固,越是具有内聚力),我们却往往一方面嵌进了一些实际上不属于这个链条的环节,另一方面又把属于它的环节取了下来,放到另一个链条上去。②

---

① 雅克·卡洛(1592—1635),法国画家、雕刻家,风格怪异,对后世画派很有影响。
② 参见伊·泰纳:《才智论》卷二,第169页。——原注

头一种情况,即把新的不相干的环节嵌进了记忆的链条,发生在梦中。我们在梦中总以为我们做了许多我们从没做过的事情。此外,在出现错误记忆的场合,也会发生这类情况。谁要是看见黑暗中有一块白头巾在飘动,并相信自己看见了鬼魂,他便有了这样一种错误的记忆。大部分神话和传说,尤其是宗教传说,都是这样形成的。

如果我们不是给自我的链条补充环节,而是从中抽掉环节,那么便发生相反的情况。所以,病人产生幻觉,会认为他所听见的话语是一个陌生的声音,或者给他的内心的幻象赋予外部现实的色彩;例如路德在瓦特堡他自己的房间里看见了魔鬼,便是这个情况。大家知道,疯子常常不仅是部分地、而且完全把自己同另外一个人混为一谈。

因此,在合理的状态下,自我是联想的艺术品。我之所以深信我是我自己,首先因为我把我的名字、这个名字的声音同我的内在经验的链条联系起来;其次因为我们把这个链条的所有环节通过使它们相互促发的联想结合在一起。但是,既然自我是这样一个并非天生、而是后天获得的概念,既然自我是建立在一种联想的基础上,而联想又必须不断地同睡眠、梦幻、想象、错觉和疯狂这些敌人做斗争,那么这个自我从其本质而言是面临一切可能的危险的。正如疾病经常潜伏着,要侵袭我们的肉体一样,疯狂也经常站在自我的门前,我们甚至时刻听见它在敲门。

浪漫主义者还不能按照科学形式来理解、但却已经预感到的,正是这种正确的、发源于休谟的心理学原理。梦幻、错觉、疯狂,所有分裂并拆散自我的力量,都是他们最亲密的知己。例如,读一读霍夫曼的《金瓶》,听一听苹果篮里是怎样发出声音来的,接骨木的叶子和花朵是怎样歌唱的,钟绳看起来又是怎样变成了一条蛇,等等。这篇小说之所以产生显著的奇异效果,特别因为在最平凡的生活背景上,从法律案卷堆里,从茶碗和咖啡罐里,突然钻出了鬼怪向我们扑来。霍夫曼的所有人物,就像安徒生模仿霍夫曼所写的习作《幸运的套鞋》里那个法律顾问一样,被周围的人时而当作醉汉,时而当作疯子,因为他们总是把自己的错觉当作现实。

　　霍夫曼只是按照他自己的模型创造了他的主要人物。他自己的整个生活融化成为情绪。从他的日记中可以看出，他是多么彻底而严谨地记录着这些情绪，例如，"浪漫的宗教情绪；紧张到使我经常产生疯狂思想的、兴奋的幽默情绪；幽默的愤慨情绪；音乐般的激昂情绪；荒诞的情绪；发展到极端浪漫、极端反复无常的最愤慨的情绪；坦白地说吧，还有完全莫名其妙的恶劣情绪，非常兴奋、但像诗一样纯洁、十分舒适、粗鄙、嘲讽、紧张而又乖张的情绪，以及十分颓丧、异样而又糟糕的 senza entusiasmo, senza esaltazione①"，等等。

　　我们仿佛看见精神生活像扇面一样扩展开来，分裂成音乐上的和音和非和音。从这本情绪记录来推断，霍夫曼这个夜游神经常是通宵待在酒店里，到天亮才回家去休息。他死于脊髓痨。

　　浪漫主义文学既然这样分解了自我，——于是它时而加一点什么，时而减一点什么，构成了怎样异想天开的自我啊！

　　且举霍夫曼的《小察赫斯》为例，有位仙女赋予那个小怪物一种本领，凡是别人在他面前所想、所讲、所做的一切优异言行都将算在他的账上，因此他在优美、高尚、聪明人物的社会里，总被当作他所接触到的每一种完善境界的模范。某个大学生朗读了他的优美的诗歌，人们却因此把他恭维一通；某音乐家演奏了、某教授做了物理实验，他却因此得到了荣誉和赞叹。他越来越伟大，他变成一个举足轻重的人，当上了国务总理，直到最后淹死在一个银质的汤盆里，结束了他的一生。——我并不想责难这个象征的讽刺意图，不过应当指出作者在这里引以为乐的是，他把原本属于别人的特质赋予了某一个人，从而抹杀了这个人的形式和限制。丹麦作家霍斯特鲁普抱着同样的讽刺意图，在他的喜剧《鹤群一雀》里也运用了这个命意，不过运用得更巧妙、更粗率一些，在那篇作品中每个人都把自己十分珍视的品质赋予了那

---

① 意大利语：不热情、不高昂的（灰溜溜情绪）。

个滑稽的裁缝学徒。

正如浪漫主义在这里以增加个性成分的手法取乐，减少个性成分的手法也必然对他们具有很大的魅力。它从人物身上抽掉平常似乎非属于他不可的品质；它拆散了这些品质，肢解了个性，就像把低等有机体（例如蠕虫）分成大小两段，这两段都能继续活下去一样。例如，它把一个人的影子从他身上剥夺掉。在沙米索的《彼得·施莱米尔》中，那个穿灰衣服的人跪在彼得面前，以令人惊叹的敏捷手法从他身上和草地上把他的影子从头到脚抢走，把它卷在一起，藏进了口袋——这个故事接着告诉我们，一个失掉影子的人必定遭受到种种不幸。

同时，《彼得·施莱米尔》还表明，浪漫主义作为一种精神形式会在各种不同的人物身上打上相同的印记。因为，难以设想有比霍夫曼和沙米索两人更不相同的气质了；所以，沙米索童话的命意显得简单而易懂，霍夫曼的命意则显得病态而古怪。

阿达伯特·封·沙米索论出身是法国人，他却特别迅速而充分地吸收了德国人的本性，甚至养成了不止一种一般认为属于原日耳曼人的品质。他是一个法国贵族的儿子，一七八一年生于香巴尼地方的蓬古城堡。他被恐怖统治赶出法国之后，当了普鲁士王后路易莎的侍童，二十岁在普鲁士军队里当少尉。他是一个非常诚恳、诚恳得几乎有点笨、但是精神上绝对健康的人，勇敢而又正直，身上兼有几分德国人的笨拙和大量法国人的灵活。

同霍夫曼完全相反，他不是一个社交爱好者，倒是一个自然崇拜者。他渴望，在炎热的夏天赤裸着身体，嘴里衔着烟斗，在花园里到处走。他把现代的服装、现代的家庭生活以及社会礼节看成恼人的枷锁。他由于对自然的热爱，曾经乘坐帆船周游世界，并爱上了南太平洋的几个岛屿，这在他的诗作中多次有所表现。

虽然如此，他的时代却有一种看不见的精神力量，迫使他作为一个作家接受浪漫主义的理论，并按照浪漫主义的手法写作。不过，与众不同的是，他在一首题名"幻象"的诗作中，运用浪漫主义的离魂观念，是有某种强烈的寓意的，从而使读者得到真正绝望的印象。讲故事的人夜间回家，看见自己正站在自己的书桌旁。他问道："你是谁？"另一个自我答道："谁打搅了我？"

他说："你是谁？请说给我听！"
　　我说："我是这样一个人，
　　一心追求美、善、真；
从不向偶像供奉牺牲，
　　也从不迎合世俗的虚荣，
　　误解和嘲笑，于我如浮云；
在迷惘和梦幻中我也曾常常
　　把烟当作火，但醒来便勇敢地
　　主持正义——你可也是这样？"
他于是放声狞笑起来：
　　"我不是你所自吹的那种人，
　　我的状况何足道哉。
我是个卑怯、虚伪的孬汉，
　　对人对己都是伪君子，内心深处
　　只有自私，而外表则道貌岸然。
你这被误解的贵人，满腹牢骚可以休矣：
　　谁有自知之明？谁有真实的表征？
　　谁又误了自己一生，是我还是你？
如果你敢，你就来吧，我情愿撒手！"
　　我听了吓得浑身发抖，对他说：
　　"是你，是你，你留下吧，让我溜走！"
我于是溜向了黑夜，嘤嘤哭泣起来。

这篇尖刻的劝善性的自我认识,给这整个鬼怪故事赋予一种令人瞠目结舌的深意。

沙米索由于双重国籍,特别由于他所诞生的国家和他所选择的祖国之间有着深刻的裂痕,他年轻时受过不少的精神痛苦。他一八〇五年十二月一日给瓦恩哈根的信中这样写道:"没有人民,没有国家,我们不得不独自经营!——你的这段肺腑之言,直灌我的耳鼓,使我大吃一惊,不得不揩掉我两颊滚滚而下的泪水。——啊,这种情感一定在我所有、所有信札中都流露过。"

拿破仑于一八〇六年向普鲁士宣战时,发布一道命令说,凡属在敌军中服务的法国人一经俘虏,将受军事法庭审判,并在二十四小时以后予以枪决。沙米索辞职未成,因此常有遭受可耻的死亡的危险。

次年他访问法国,但是巴黎对他毫无吸引力。他抱怨道:"我到哪里都感到人地生疏,没有祖国,我不得不永远为此渴求。"他是一个最能干、最勇敢的德国军官——他当哈梅仑要塞军官向法国人投降时的行为证明了这一点——但是,他生为法国人,并作为拿破仑的崇拜者,却不愿参加反对法国和皇帝的战争。

沙米索辞职成功后,他在斯塔尔夫人的宅第住了一段时间,结识了她那个有趣的小圈子。一八一三年普鲁士对法国宣战,他经历了极其严酷的考验。他的心碎裂了;他憎恨专制,所以希望拿破仑垮台,但当法国军队从俄国撤退时,他同样感到屈辱,人们谈到皇帝时所用的每个侮辱性言词都仿佛落到了他的头上。他的德国同僚对于他的这种天然感情显得不能容忍。他经常绝望地叫喊起来:"不,这时代不容许我拿起剑来。"他在一八一三年九月的一封信中写道:"不论有无作为,我都是一样痛苦。"

他的主要作品《彼得·施莱米尔》就是从这种心境产生的。那些折磨他的世界大事同时使他在创作上多产起来,一八一三年夏天因此成为他一生中的转折点。他确实是个没有祖国的人——他自己说过,"我再也没有祖国了,或者还没有过祖国"——于是他创作了一篇没影人的童话。影子虽然虚无缥缈,却像祖国、故乡一样,是一个人的天然财富之一,是他与生俱来的所有物,仿佛是同他本人一道成长的。在一般情况下,祖国被看作天然的所有物,几乎不当一回事;它像影子一样,被看作一个人当然具备的东西。沙米索在这篇大胆构想的寓言中表现了他的全部悲哀、他一生最大的痛苦。值得注意的是,他这里不仅把他以往经历中的精华纳入一个诗的象征,而且还预感到他的未来,暗示了他周游世界的旅行和自然科学活动。当施莱米尔逃脱了魔鬼的诱惑之后,他偶然穿上一双七里靴,得以游历世界各国,全力从事他所心爱的研究工作。施莱米尔说:"我的未来突然清楚地展现在我的灵魂面前。我年轻时的过失把我赶出了人类社会,我被抛进了我永远爱好的自然的怀抱。地球成了我的一个茂盛的花园,研究成了我生活中带指导性的影响和力量,知识成了我生活的目标。"

由于构思上的独创性,由于形式上独特的明净风格(后一点贯穿着沙米索的全部创作,似乎成为他作为法国人的精神遗产),这篇童话获得了非凡的成功,几乎被翻译成所有的语言。它出版后十年,流行一种照不见影子的灯,就被命名为"施莱米尔灯"。

不难想象,沙米索的成就使霍夫曼不能高枕无忧。在那个美丽的短篇《失掉的镜像的故事》中,主人公把他的镜像留在意大利那个使他着迷的吉乌丽妲家里,回到他妻子身旁来就没有镜像了。他的小儿子有一天突然发觉父亲没有镜像,便把手里拿着的镜子扔在地上,哭着跑出了房间。一会儿,母亲走进来,满面惶恐不安。她说:"拉斯慕斯给我讲了你的什么啊!"斯皮克海尔勉强笑着答道:"是不是说我没有镜像,亲爱的?"于是进一步试图证明,相信一个人会失掉镜像是愚蠢的,不过就是失掉了也没有多大关系,因为每个镜像只是一种幻觉,自我观察会导向虚荣,再者这样一个图像还会把自我分裂成真实和梦幻两部分。

可以看出,前面提到的那个譬喻性的镜室在这里发展到这个地步,镜像竟然自主地活动起来,不再跟着主人走。这是非常滑稽的,非常新颖而又怪诞的;既然每个人可以随便赋予影子或镜像以任何价值,这一点甚至可以说是意味深长的。不过,我也不想加以评论,只是提请读者注意而已。

我们已经了解,浪漫主义以内在的必然性取消了艺术形式;我们已经了解,霍克曼在一页纸的正面写一个故事,反面写另一个故事,把作品的各个部分搞得乱七八糟;我们已经了解,蒂克按照"大球套小球"一说创作戏剧,以免读者认真对待它们;我们还了解到,克尔恺郭尔在作品中也按照中国连环套的模式,把一个作者藏在另一个作者身中,其理论根据是真理只可以间接地加以传授,虽然他最后也把这个理论弃如敝屣——一言以蔽之,浪漫主义的艺术观点是同古人的艺术观点针锋相对的。而且,因为浪漫主义出于超自然的情绪,把个人的存在扩展到接连几个世代,让他从他的生前活到他的死后;因为浪漫主义为了引起一种恐怖效果,把一个人加以分裂,让他在门口遇见他自己,把他描绘成一个疯狂的、充满幻觉的白日梦者;因为浪漫主义幽默地把另一个人的品质加在这个人身上,又把他自己的品质剥夺掉,荒诞到时而从他偷走一个影子,时而偷走一个镜像——于是浪漫主义的幻想的反映,它的被反映的幻想,从心理学观点来看,也是采取了同古代针锋相对的立场;因为在古代,艺术品和人物性格是一气呵成的,一个模子铸出来的。把浪漫主义作为古典主义的对立面来说,它的这一切努力显然十分彻底。

但是,即使承认一个人从天性来说是一个分裂的、复杂的存在,他作为健全的生气勃勃的人格却是浑然一体的。努力、意志、决断使人成为一个整体。如果说人作为自然产物不过是一个通过联想作用比较紧凑地团聚在一起的复合物,他作为精神则是一种个性,而精神的一切元素则凝结为意志,仿佛形成一柄剑的剑刃一样。浪漫主义只是从自然的方面、从阴暗面巧妙地理解和描写了人。它对于人,像对于其他任何事物一样,都没有注意到集中、统一和自由。

十二　浪漫主义的心灵。
诺瓦利斯和雪莱

　　参观矿山的旅客随着一个提灯笼的人，蜿蜒地走进了地下的坑道，借助摇曳不定的灯影在深坑里左顾右盼。我想邀请读者也来做一次同样的旅行，如果他信任我的向导和我的火把的话。我们想走下去的坑道，就是德国人的心灵，这个坑道几乎像任何坑道一样深邃而黑暗，一样独特，一样富于贵重金属和垃圾。我们将会看到，这种心灵在浪漫主义时期具备什么性质，它在浪漫主义者中间那个首先称得上心灵诗人的人身上，即在诺瓦利斯身上，具备什么形式和气质。

　　德国人所谓的"心灵"（Gemüt）[①]，简直无法用别的语言来传达。心灵是德国人的领域。它是内在的炉火，内在的熔锅。在《流浪者的暴风雨之歌》的名句中，

　　　　内在的热，
　　　　灵魂的热，
　　　　中心点啊！
　　　　向着日轮
　　　　发出烈焰吧，
　　　　否则冷却下来，

[①] 德语 das Gemüt，相当于汉语的"心""情""性灵""癖性""气质""感情""情操"等，或指与思维、意志无关的感觉能力。

它的威严的目光

将从你身上匆匆消失——

歌德用这几句描写了心灵及其对于诗人生活的意义。在赋有"心灵"的人身上,一切都是内向的,心灵就是精神生活的向心力。把心灵奉为人生上品的人,恳挚就是他的叙爵文书。浪漫主义者对于一切都爱走向极端,他们在理解心灵上也是这样。他们把心灵中一切沉思的、神秘的、幽暗的、不可解说的东西拽出来,却把它的纯朴的热情抛弃掉。他们认为歌德在诗人中间之所以出类拔萃,不是由于他的塑造能力,而是由于在竖琴师和迷娘等人物周围所迷漫的那种浓厚的神秘气氛,由于他的短诗中那种丰富的情怀。反之,莱辛和席勒在他们看来根本算不上是诗人,而且受到他们的讥笑和酷评,因为这些敏锐、有力的清明头脑有一种向外发展的倾向。因为热忱、刚毅以及诸如此类的品质,并不是心灵。当热忱挥剑远征时,心灵却深居简出。只有心灵最丰富的人,才是最伟大的诗人。

而今在浪漫主义者身上,心灵发生了这样的变化:歌德所谓的"灵魂的热"变成了达到沸点的炽热,用烈焰烧光了一切坚固的形式、形象和思想。浪漫主义诗人的光荣就在于他内心燃烧着的最炽烈、最激昂的感情。诺瓦利斯做任何事情,总是倾其全力以赴。最深沉、最放纵的感情就是他的原则。

弗里德里希·封·哈顿伯格是一个贵族世家子弟,于一七七二年五月生在曼斯费尔德州的威德斯泰特市。他的父亲是个性子刚强热烈的人,过了一段"非常世俗的生活"之后,到三十一岁时,由于第一个妻子逝世所引起的悲痛,改宗了英国的美以美会,后来又受到兄弟会的影响,特别是受到金辰多夫伯爵[①]的影响。他有一个哥哥,是一个信仰虔诚、拥护皇权而才具平庸的贵族;他第二次结婚以后,这位哥哥的

---

① 尼古拉·路德维希·金辰多夫(1700—1760),德国宗教家及诗人。

意志便绝对地统治着他的家庭。他的严格的教条禁止这一家人同社会发生任何交往；孩子们必须把少年时期的娱乐小心翼翼地隐藏起来。一七八七年，诺瓦利斯的父亲被任命为威森费尔斯小城的盐场的场长。蒂克在一七九九年到这个家去，给他留下了深刻的印象。克普克说："这里是一种严肃的、安静的生活，一种质朴无华的、真正虔信的生活。一家人都信奉兄弟会的教义，都生活在这种气氛之中。老哈顿伯格为人诚实可敬，从前是个英武的士兵，而今在多才的儿子和美丽的女儿中间俨然是一位族长。任何形式的革新和开化，都遭到他的憎恶；他爱好和赞美古老的被误解的时代，一有机会就直率地毫无保留地发表他的意见，或者突然暴怒起来。"

这里有一段家庭生活的场面，由此可见一斑：有一次，蒂克听见老先生在隔壁颇不文雅地大声呵斥起来。他不安地询问一个走进来的仆人："发生了什么事？""什么事也没有，"仆人枯燥地回答说，"主人在讲宗教课。"老哈顿伯格平日亲自带领家人做礼拜，同时过问小孩子们的信仰事务，因此往往难免发生暴风雨。

诺瓦利斯就是出身于这样的家庭。他是一个好梦幻的、十分荏弱的孩子，一个活泼的、有进取心的儿童。一七九一年，他开始在耶拿学习法律，那时正是那个大学的鼎盛时期；像莱因霍尔德、费希特和席勒这些人都是那里的教师。特别使诺瓦利斯感到振奋的，是席勒的讲演。他认为席勒是"纯粹人性的完满的楷模"。他对费希特更为熟识，他热情地称颂他为"新世界体系的规律发现者"。当时谁也不能在青年哈顿伯格身上预感到，他将来会成为蒙昧主义的鼓吹者。

我们看见诺瓦利斯在少年时期热烈地揣摩他的自我。他的计划摇摆不定，时而想勤奋地学习，时而想放弃学习去当兵。听起来很奇怪，这时他视之为模范的竟是那些爱国人士，那些功利主义福音的坚决的使徒。他给他的哥哥写信说："买一本《富兰克林自传》读读吧，让这本书和它的天才成为你的向导。"这个时期他常有一些少不更事的放浪行为引人注目；他一再由于借债而陷于狼狈境地；但如果他的父亲对于他的过失过分认真,他同时便会趾高气扬地同他进行答辩。

他的父亲和伯父对于法国革命当然是深恶痛绝的,但是我们看到弗里德里希和大他一两岁的哥哥却热烈地拥护这场革命和它的思想。

鉴于撒克逊州琐细的人事关系使弗里德里希十分不耐,他的一位亲戚——当时的内阁大臣(后来当了首相)便答应为他在普鲁士谋一个职位。但因他的父亲不愿意他的儿子成为自由主义思想的柏林堂弟家庭的一员,这个计划告吹了。于是,弗里德里希便被送到埃尔福特市附近的田施泰特城,在卓越的州行政长官尤斯特手下接受实际教育,学习撒克逊选举州的司法行政事务。

诺瓦利斯在浪漫主义者中间的第一个朋友,就是他在大学里已经结识的弗里德里希·施莱格尔。这两个朋友有许多共同点,而诺瓦利斯一开始就受到施莱格尔的影响。他二十五岁时给施莱格尔的一封信中写道:"在我的心目中,你是埃琉西斯①的高僧。我从你这里认识到天堂和地狱,从你这里尝到知识之树的滋味。"年轻的哈顿伯格在政治上表现得毫无偏见,施莱格尔的房东由于"公正的共和主义"使他倾慕不止;而施莱格尔"作为严格主义者"对于他和那位房东忠于君侯宫室一点也不以为然,却又引起了他的嘲笑。他十分佩服批评家施莱格尔,惊叹他的批评之网的细密,再小的鱼也不能从他的网眼中漏脱,他甚至把他称为"失去了燃素的莱辛"。

一七九七年,施莱格尔到他家里去拜访他,发现他身心交瘁。原来诺瓦利斯全心全意地热爱着一个十分年轻的姑娘苏菲·封·库恩,而她刚刚去世。他感到心灰意冷,痛不欲生,于是怀着自杀的念头,写下了他的《夜颂》。诺瓦利斯所流露的那种过度的绝望,加之那种怪癖的境况(他爱上苏菲时,她只有十二岁,他对她的爱发生在她十二岁到十五岁之间),似乎说明了他身上的反常的病态。一年之后,他又同矿山主管人封·夏本蒂埃的女儿订了婚,这就更增强了我们的这个印

---

① 埃琉西斯,希腊古城名,举行神秘宗教仪式之地。

159

象。当然,正如拉·罗歇弗高①所说,我们的热情的强度同它的持久性没有任何关系,但是,一个人整年沉溺在死亡的观念中,把它当作唯一的乐趣,仿佛坟墓里包藏着我们的一切,突然间他却又在另一个人身上获得了安慰,这就不免有些奇怪了。甚至还少不了这样一个可怜的遁词,说什么尤丽在他看来正是苏菲的化身,虽然这也不过源于浪漫主义者的"前世"说。但是,在这方面也如同在哈顿伯格一生的其他方面一样,这种显然反常的现象作为环境的产物来看,也是不难明白的:苏菲·封·库恩像奥古斯特·伯默尔一样,是一个发育上早熟的孩子;她同那个二十三岁的青年相遇时,已经同时具有孩子和少女的魅力;她的容貌高雅,卷发蓬松地披散在优美的身躯上,幽深的双眸一顾之下,仿佛擒住了整个世界,连冷静的旁观者都称她为"天人"。

库恩的家同哈顿伯格的家形成鲜明的对比,这个可爱的开朗的家庭当然迷住了他,像后来迷住了他的哥哥一样。苏菲成了他的女神,他的比雅特丽丝②,他的理想,尽管如果天长日久地一起生活下去,他也许又会觉得她太世俗或者太渺小了。几乎和她同时,他所笃爱的哥哥埃拉斯姆斯也为痨瘵所夺走,无怪乎生活对他丧失了一切光彩。死亡在他看来仅是一种解脱,而且他还凭借他的神秘的天资,把它说成一种"心甘情愿的供奉"。他当时在日记中写道:"我的死将是我对于最高存在一往情深的明证,而不是一种遁世的权宜之计。"

在这个危机中,他开始接近独断的基督教。他并不抱任何固定的信念,更勿论地道的宗教信仰,但是他对于死亡的异教徒式的憧憬却带有基督教的色彩。一年以后,施莱格尔给他写信说:"我的朋友,你也许还可以选择,是做最后的基督徒、那个古老宗教的布鲁图斯呢,还是新福音教的基督。"这段话似乎可以反映他当时的心境。

一七九八年十二月,他认为他自己,同他那精通圣经的朋友尤斯特相比较,乃是纯精神性的使徒。他给尤斯特这样写道:"你不会看不

---

① 拉·罗歇弗高(1613—1680),法国作家,著有《回忆与格言》。
② 但丁在《神曲》中以他的情人为原型的象征性人物。

出,在这种宗教观的构成中,有我的生命最精致的因素,即幻想。"换句话说,他十分明确地把幻想说成是他的宗教发展的源泉。

同一年(1798年),他给威廉·施莱格尔寄去几则片段供《雅典娜神殿》发表,要求署名"诺瓦利斯",他说:"这是我的一个古老的族名,没有什么不体面的。"

一七九九年夏天,蒂克来访耶拿,第一次同诺瓦利斯会晤。威廉·施莱格尔介绍他们相识,不久他们便成了密友。三人在畅谈中度过了第一个夜晚;他们相互披肝沥胆,举酒结义。他们夜半出户,欣赏夏夜的美景。克普克写道,那时满月正以奇妙的光辉照耀着耶拿周围的高山。将近早晨,他们陪伴诺瓦利斯回家去。蒂克在《幻想集》中为这一夜晚留下了一座纪念碑。从此蒂克开始对诺瓦利斯产生影响,促使他动笔创作他的主要作品《海因里希·封·奥夫特丁根》。就在他从事撰写这部著作的过程中,肺痨夺去了他的生命。他是在这次会晤之后两年逝世的。他只有二十九岁,这样夭折,加上他的独创性和罕见的美姿,使他的形象赋有一种诗意的光华。他是新潮流的圣约翰,外表上也同那个圣徒相像。他的前额几乎是透明的,棕色眼睛放射着一种异样的光彩。在他生前最后三年间,就可以看出他是注定要短命的。

法国革命爆发时,诺瓦利斯十七岁。把这个伟大运动的观念简明地加以叙述,那就是,它要推翻一切传统,并通过同一切历史事物相决裂,把人的全部生存建立在纯粹理性的基础之上。革命的思想家们和英雄们仿佛要使整个外在世界沉沦在理性之中,以便让它重新从理性中站立起来。虽然诺瓦利斯对于当时政治上和社会上的呼声充耳不闻,虽然他对于时代的一切进步运动视而不见,虽然他终于陷入了最阴沉、最可憎的反动势力,他却不得不为他的时代所左右,全然不自觉地为时代的精神所渗透。他是一个宁静的、内向的、忠于选帝侯的顾问官,在他和那些高唱《马赛曲》、挥舞三色旗、从巴黎冲向边界的赤脚汉之间,却存在着基本的相似处——他和他们一样,都想凭借内在的

161

世界推翻整个外在世界。不同处仅在于,他们的内在世界是理性,而他的内在世界是心灵(Gemüt),——他们的理性有它的要求和公式:"自由,平等和博爱",而他的心灵则有其暮色苍茫的不可思议的世界,他把一切都融化在这个世界里,以便在熔锅锅底找到沉淀下来的心灵的黄金:黑夜、疾病、神秘和逸乐。①

足见,他仍然属于他的时代,尽管他激烈地反抗他的时代及其观念。足见,他虽然同时代的一切光明、美好的观念针锋相对,他却不得不违反自己的意愿,受制于这个时代的精神。

在费希特和革命家们身上是明朗的、主宰一切和包容一切的自我意识,而在诺瓦利斯身上,逐渐强化为逸乐的则是吞没一切的自我感觉;因为新时代使他如此萦怀,仿佛同他的整个神经连在一起,使他对它产生一种近乎逸乐的兴奋感。在费希特他们身上是抽象的、重新开创一切的自由,而在诺瓦利斯身上则是随心所欲的、挥发一切的幻想;这种幻想把自然和历史溶解为象征和神话,以便能够自由地摆布一切外在事物,自由地沉溺于自我感受之中。阿诺德·卢格说:"神秘主义是理论上的逸乐,逸乐是实际上的神秘主义,二者同样强烈地呈现在诺瓦利斯身上。"

诺瓦利斯本人完全意识到,他的极度兴奋的想象力尽管自以为富于精神性,实际上倾向于肉欲。他给卡洛琳娜·施莱格尔写信谈到《卢琴德》的主题时说:"我知道想象力最容易为最不道德的、最富于善性的事物所吸引;但我还知道,一切想象多么像一场梦幻,它多么爱好黑夜、荒诞和孤独啊。"他这里把特别适合于他本人的一切加在一般想象身上了。

蒂克热情地谈到音乐,说它可以教导我们感觉情感本身。诺瓦利斯则为这番话做出了注解。他以不顾后果的情感为原则,希望感觉自己,毫不掩饰地追求这种自我享受。所以,他觉得,疾病比健康

---

① 见阿·卢格:《全集》卷一,第247页以下。——原注

更好。因为病人经常感觉着自己的身体,而健康人并不关心它。巴斯卡尔[①]及其后来的克尔恺郭尔曾经满足于把疾病说成是基督徒的天然状态,诺瓦利斯则走得更远。在他看来,疾病乃是最高的、唯一真实的生活:"生活是精神的一种疾病。"为什么呢?因为世界精神只有在生活着的个体中才感觉到自身。正如他颂扬疾病一样,诺瓦利斯还颂扬逸乐。为什么呢?因为逸乐无非是一种兴奋的病态的自我感觉,一种在苦乐之间动摇不定的斗争。他说:"人只要开始爱好疾病或痛苦,他在那一刹那也许可以体验到最诱人的逸乐,可以浑身充满最高度的积极的喜悦。……所有精华不都是从疾病开始的吗?不完全的疾病是灾祸,完全的疾病才是享乐,而且是更高级的享乐。"他还谈到这样一种神秘力量,"它似乎是喜悦和嫌恶的力量,我们相信在逸乐的感觉中可以非常明显地看出它的鼓舞人心的效果。"

诺瓦利斯身上这种倾向逸乐的疾病感觉,是同虔敬主义中的罪恶意识相一致的;后者是精神上的疾病,同时也是一种逸乐。诺瓦利斯完全意识到这种一致性,他说:"基督教是真正讲求逸乐的宗教,罪恶是使人热爱神性的最大的刺激;人愈是感觉自己有罪,便愈是一个基督徒。无条件地同神相结合,乃是罪恶和爱情的目的。"在另一个地方,他又说:"人们长久没有注意到,逸乐、宗教和残酷之间具有亲密的关系和共同的倾向,这真是令人惊讶。"

正如他宁取疾病而不要健康一样,诺瓦利斯进一步宁取黑夜,而不要发出"冒昧的光亮"的白昼。

憎恶白昼和日光,在浪漫主义者身上是司空见惯的。我在论《威廉·洛维尔》时已经指出过这一点。诺瓦利斯在他的名著《夜颂》中,不过在这条道路上走得更远罢了。他所以爱夜,是容易理解的。因为夜向"我"隐藏了周围的世界,它便仿佛把"我"驱进了自身。自我感觉和夜的感觉是二而一,一而二的。而夜的感觉所产生的逸乐原来是

[①] 布勒兹·巴斯卡尔(1623—1662),法国科学家、宗教哲学家,著有《沉思录》。认为理性不足以满足人类的希望,最终需要神秘信仰来理解宇宙及其对人类的意义。

恐怖情绪：首先是人在黑暗中，由于周围一切都已隐没，便仿佛丧失了自身，从而产生一种恐惧感；接着是一阵病态的舒适的战栗，因为自我感觉从那种恐惧中更强烈地浮现出来①。

诺瓦利斯在一篇片段中把死亡称为新婚之夜，称为甜蜜的神秘之秘密，并且添上了这样两句诗：

不是说聪明人寻找一个好客的床榻过夜吗？
那么，爱上了长眠者的人才是聪明的。

这种思想方式在浪漫主义的人生观中是如此根深蒂固，以致在维尔纳的戏剧《十字军战士》中，主人公在走向火刑堆之前这样说道：

我宽恕嫉妒，
但不宽恕悲哀。——啊，我说不出我怎样
沉湎于变形的狂喜，沉湎于美丽的
献身死亡的感觉！——啊，我的兄弟！
可不是吗？人人认识死亡——
欣然把它拥抱的时日已经来临，
那时人人会觉得，生不过是
爱的预兆，死则是新婚之吻，
而肉体的腐烂是爱喷出的炽浆
它以一个丈夫的深情
在婚房里脱掉我们的衣裳。

生与死在诺瓦利斯看来不过是"相对的概念"。死人有一半活着，活人有一半死掉。正是出于这个看法，他才认为生活未尝没有滋味。

---

① 见阿·卢格：《全集》卷一，第264页以下。——原注

在他的《夜颂》第一章里，他这样写着："我转而沉入神圣的、不可言传的、神秘的夜。世界在远方，仿佛陷进了深邃的墓穴：它的处所荒凉而孤寂。胸口吹拂着深沉的忧伤……黑魆魆的夜呀，你可曾也在我们身上找到一种欢乐呢？……从你的手里，从罂粟花束上滴下了珍贵的香油。你展开了心灵的沉重的翅翼……我感到光亮是多么可怜而幼稚啊！白昼的告别是多么可喜可庆啊……夜在我们身上打开的千百万只眼睛，我们觉得比那些灿烂的群星更其神圣。它们比那无数星体中最苍白的一颗看得更远；它们不需要光，就能看透一个热恋的心灵的底层，心灵上面充满了说不出来的逸乐。赞美世界的女王，赞美神圣世界的崇高的宣告者，赞美极乐之爱的守护神吧！她把你送给了我，温柔的情人，夜的可爱的太阳。现在我醒了，因为我是你的，也是我的：你向我宣告夜活了，你使我变成了人。用精神的炽焰焚化我的肉体吧，我好更轻快、更亲切地和你结合在一起，永远过着新婚之夜。"我们在这段狂烈的发泄中，可以感到这个肺病患者所希望的一切。《卢琴德》中也有同样的话："啊，永恒的憧憬！当白昼的无效的渴望、无益的辉耀终于沉没和熄灭时，伟大的爱情之夜便觉得自己永远安宁了。"浪漫派的这两个夜的迷恋者，就在这个永恒拥抱的观念中相遇了。

这种对于夜的热忱中有着通向宗教神秘主义的萌芽。正如从前在荣格-斯蒂林[1]身上一样，后来在尤斯蒂鲁斯·克尔纳[2]身上，神秘主义变成了迷信和鬼祟。在后期浪漫主义者的某些作品中，例如在阿希姆·封·阿尼姆的《埃及的美女依莎贝拉》中，出场人物有一半就是鬼怪。即使当克莱门斯·勃伦塔诺登峰造极的时候，他的作品也是以神秘主义为基本因素，这个因素贯穿他整个的艺术形式，并给他的描写增添了魅力和色彩。

诺瓦利斯把神秘主义甚至称作"一种逸乐"。为了正确理解这个用语，我们必须研究他的颂歌：十字架经火不坏地矗立着，它是我们种

---

[1] 荣格-斯蒂林(1740—1817)，原名海因里希·荣格，德国神秘主义作家。
[2] 尤斯蒂鲁斯·克尔纳(1786—1862)，德国诗人，医生。

族的一面胜利的旗帜。

> 我向它朝拜过去，
> 每一阵痛楚
> 有朝一日会变成
> 一种逸乐的刺激。
> 不要很久，
> 我将解脱，
> 并将醉于胸中爱情
> 而倒下。"

在那篇圣餐颂歌(《心灵之歌》第七首)中，感性自我的狂喜激情表现得更其清楚：

> 很少人知道
> 爱情的秘密，
> 很少人感到不满足
> 和永远的饥渴。
> 圣餐的
> 神圣意义
> 对于尘世的感官是个谜；
> 但是曾经
> 从炽热的可爱的嘴唇
> 吸取过生命气息的人，
> 圣火便
> 将他的心熔化为震颤的波，
> 并将打开他的眼睛，
> 使他探测到天国的

深不可测的底层,
于是他将永远
吃主的肉
喝主的血。
谁猜到了凡体的
崇高意义?
谁又能说
他懂得血?
有朝一日,所有肉体将
变成一个肉体,
享受天福的配偶将
沐泳于神圣的血泊里。
啊,海洋
泛红了,
岩石软化为
芳香的肉!
甜蜜的盛筵永不散,
爱情永不足;
相爱者总感到
亲近得不够,专有得不够。
无比温柔的嘴唇
更诚挚、更亲密地
化为肴馔。
更热烈的逸乐
震撼着灵魂,
心变得越来越饥渴:
于是爱情的享受
便从永恒持续到永恒。

枵腹者一旦
尝过味,就会
弃绝一切,
跟我们一起
坐到憧憬的餐桌旁,
那里永远座无虚席。
他们将认识爱情的
无限充盈,将赞美
圣体和圣血
对人的滋养。

关于神秘主义的本质和性格,由此可以看到一个光辉的例证。神秘主义保存了宗教的一切形式,但是它完全感觉到这些形式的内容;它跟正教讲同一种语言,并为自己把这种死语言翻译成一种活语言。此所以它在中世纪大大胜过僵硬的肤浅的经院哲学,并用烈焰将后者焚毁。它因此变成了宗教改革的前驱。神秘主义者不需要任何肤浅的教条;他在虔诚的狂喜中,成为自己的教士。但是,因为他的精神生活都是内向的,他也很少取消任何外在的教条,结果便成为僧侣制度的崇拜者了。

诺瓦利斯用神秘的预言宣告了神圣罪孽的新天国:

新的世界出现了,
使最明亮的日光为之黯然。
从生苔的废墟上可以看见
一个神奇的未来在闪光,
过去认为平庸的一切,
现在显得陌生而奇妙。
爱的天国打开了,

寓言开始编织下去。
每个天性开始现出本相，
每个人都企图采用强有力的语言，
于是伟大的世界心灵
在各处骚动，永远旺盛。
....
世界变成梦，梦变成世界，
人们相信会发生的事，
这时才看见它远远来临；
幻想应当自由地发挥，
兴之所至地编织它的网线，
这儿遮掩一些，那儿展开一些，
最后把一切化解为奇幻的烟雾。
忧伤与逸乐，生与死
在这里保持着最亲切的交感，——
凡身受过最高爱情的人们
将永不能恢复他们的创伤。

在诺瓦利斯的小说《海因里希·封·奥夫特丁根》里，有一首写在修道院墓园大门上的诗，其中更紧密地交织着夜——死——逸乐——天福这些观念。死者说：

夜半时分的甜美魅力，
神秘力量的静默朋辈，
奇妙游戏的逸乐啊，
只有我们认识你。
....
只有我们听得见

甜蜜愿望的低语，
永远注视着幸福的眼睛，
仅仅品尝着嘴和吻；
我们所接触的一切
变成了灼热的香果，
变成了柔软的胸脯，
大胆欲望的供品。

不断生长和加强这些欲望：
紧紧抱住被爱者，
把他收容到内心，
和他合成一体；
满足他的一切渴望，
相互消耗，
彼此营养，
再也不管他人。

于是我们永远沉溺于
爱情和高尚的逸乐中，
自从狂热而幽暗的火花
从那个世界熄灭了；
自从坟丘迫近了，
火葬积薪燃烧起来，
而大地的景色逐渐
在战栗的心灵面前隐没。

　　这种神秘主义认为死者可以享受所有感官的欢乐，因此在生活中必然就是寂静主义，那就是崇尚植物般的无为生活，恰如《卢琴德》中所颂扬的。

诺瓦利斯说:"草木是土地上最直率的语言;每片新叶,每朵奇葩,都是一个力图表现的秘密,而这秘密正因为它由于爱情和欢乐,既不能移动也不能讲话,于是也变成一株哑默的、宁静的植物。如果一个人在孤寂中遇到这样的花朵,不是会感到周围一切焕然改观吗,初生羽毛的小歌鸟不是最爱在它附近流连吗?他会由于快乐而哭泣起来,会脱离世界,把自己的手脚埋在地里生根,永远不离开那些幸福的邻居。"

多放纵的情感啊!多癫狂的情境啊!多恼人的自我嘲弄啊!令人不禁想起霍尔伯格的《伊大卡的尤里西斯》。

在《海因里希·封·奥夫特丁根》的另一个地方,我们还读到:"花朵是儿童的肖像……所以,童年最接近土地的深处,而云彩则是较高级的第二个童年的幻象,是重新找到的乐园的幻象,所以它如此慈善地给第一个童年降下了甘露。"浪漫主义的行话甚至谈到了云彩的稚气。天真跳到空中,不跟云彩合并,它决不甘休。啊,波洛涅斯![①]——天真的云彩是浪漫主义文学真正的象征。

但是,就在植物及其对立面——云彩身上,浪漫主义的心灵也感到有太多的奋争、意图和不安。甚至一株草木也不是纯粹的沉思,不是纯粹的宁静,而是包含着植物向上争取阳光的一种倾向。所以,植物生活也不是最高级的生活。诺瓦利斯走得比弗里德里希·施莱格尔更远:

"最高级的生活是数学。没有热忱,便没有数学。纯粹的数学便是宗教。只有通过神的显圣,才能达成数学。数学家无所不知。有了知,一切行都将停止。知的状态是幸福,是沉思的极乐的宁静,是崇高的清静无为。"

我们在这里达到了顶点。一切生活凝结成数学的僵死的形式。

---

① 《哈姆莱特》中的人物,哈姆莱特向他说过类似的疯话。参见本卷第97页正文。

在这一点上,纯粹的心灵生活聚精会神到木然呆立的地步。仿佛灵魂的时钟停止了摆动。每种高贵的热望,每种宽宏的入世倾向都被推挡回去,被扼死在心灵的沉闷的地窖里。

所以,在这一点上,心灵的内质变成了最粗陋的皮相。因为一切创造新形式的力量都遭到蔑视和扼杀,我们便达到了一个转折点,这时所有固定的外部形式于是都只作为形式而得到赏识,而且那些形式越是固定,越是接近那种结晶式的石化,越是坚决地给每种倾向穿上拘束衣,越是肯定它们只会为纯粹的草木生活留有余地,它们便越是得到赏识。诺瓦利斯在他一七九九年所写的那篇惊人的《欧罗巴的基督教世界》一文中就走到了这一步。蒂克曾经把这篇文章从诺瓦利斯的文集中抽掉,但仍没能使人们忘却它;后来,弗里德里希·施莱格尔又从中删去主要的一段,把它改扮成纯粹拥护天主教的文章。其中这样写道:"当欧罗巴还是一片基督教大陆、还是一个未分裂的基督教世界的时候,那些日子是美好的、光明的……教会的贤明的首脑理所当然地反对牺牲宗教意识而冒昧地培养人类的禀赋,反对科学领域里不合时宜的危险的发现。所以,他禁止大胆的科学家们公开宣称地球是一个微不足道的行星;因为他非常清楚,人们如果不重视自己的家宅和地上的祖国,那么就会对天上的故里和他们的同族也丧失敬意。他们如果宁愿以有限的知识代替无限的信仰,那么就会习惯于蔑视所有伟大神奇的事物,视之为僵死的立法而已。"

我们不必追究,这些话究竟是一个十八世纪的乡村小教士说的,还是诺瓦利斯说的。但是,应当看到这位诗人的前后一贯性,曾经把席勒引向希腊的诗,又把诺瓦利斯引向了宗教裁判所,使他像后来的约瑟夫·德·梅斯特尔一样,站到反对伽利略的一边去了。

关于新教,他这样写道:"随着毁灭性战争而出现的、精神上的大分裂,显著地标志了文化的危害性,——至少是某一阶段文化的暂时危害性……叛乱分子分裂了不可分裂的事物,划分了不可划分的教会,骇人听闻地脱离了基督教的总体,然而只有通过这个总体,并在这个总体里,才可能有真正的复活。……宗教的和平是按照完全错误的反宗教的原则缔结的,而且通过所谓新教的继续存在,永远宣布了一个彻底矛盾的东西,一个革命政府。……路德擅自处理基督教教义,曲解它的精神,引进了另一种文字和另一种宗教,就是说,倡言《圣经》无往而不有效的神圣作用,因此不幸在宗教事务中掺杂了另一种十分陌生的世间科学——语言学——其破坏影响自此变得一目了然了。……现在人们强调《圣经》要有绝对的通俗性,把这个宗教的贫乏的内容、粗糙的抽象的草案日益明显地印成书本,使圣灵难以永远自由地进行鼓舞、感动和显示。……宗教改革对基督教世界是一个致命打击……幸而又出现了一个新生的教派,教会制度的垂死精神似乎给它垂赐了自己最后的礼物。这个教派于是以新的力量装备了古老的教会,并以惊人的见识和恒心从事恢复罗马教廷的权威。这样一个社团在世界史上还是绝无仅有的。……耶稣会会员们很懂得,路德取得成功,全靠他的煽动人心的技巧和他对普通人民的了解。……宗教改革使优秀的头脑对自己的天职感到迷惘。学者出于本能,乃是教士的敌人;他们分裂之后,便会为争夺唯一的地位而相互进行歼灭战。……人们把现代思维的产物称之为哲学,并用它包括一切反对旧秩序的事物,首先包括每一种对于宗教的攻击。最初对于天主教信仰的个人仇恨,逐渐变成对《圣经》的仇恨;对基督教信仰的仇恨,以致最后变成对于一切宗教的仇恨。"

由此可见,诺瓦利斯是多么清楚地把自由思想看作新教的必然结果。

"不仅如此,——对宗教的仇恨还自自然然地、合乎逻辑地发展为对一切热忱的仇恨,把幻想和感情、道德和艺术爱好、过去和未来一律视为异端,认为人必然是万物之灵,并使宇宙的无穷的创造性的音乐变成一座巨大磨坊的单调的轧轧声,这是一座没有建筑师、没有磨工、为偶然之流所推动并漂浮于其上的自在的磨坊,是一个真正的 perpetuum mobile(拉丁文:永动机),一座自己磨自己的磨坊。——只有一种热忱被慷慨地留给可怜的人类,那就是对于这种宏伟壮丽的哲学的热忱。法国有幸成为这种由纯知拼凑而成的新信仰的发源地。……由于它对数学法则的服从,由于它的厚颜无耻,光明便成为这些人的宠儿。……现代无信仰的历史是令人触目惊心的,是了解近代一切怪现象的钥匙。它发端于本世纪,特别是本世纪下半叶,短时期内就发展到五花八门、目不暇接的地步;第二次宗教改革,一次更广泛、更奇特的改革,是不可避免的,而且必然首先发生在最现代化、由于缺乏自由而陷于衰颓状态最长久的国家。……真正的无政府状态是产生宗教的因素。这个状态毁灭一切积极因素,抬起了光荣的头,成为新的创世主……在明眼人看来,革命岂不像西西弗斯一样吗?他刚一把重担推到山顶放稳,它就滚到山那边去了。除非有一股朝向天空的引力把它悬在那里,那个重担是永远不会留在山顶上的。如果你的国家倾向地面,那么你们对它的支持便嫌太软弱了。"

接着,他兴高采烈地预言了心灵的新时代,据说:

"在德国可以十分确切地指出一个新世界的征兆。……到处可以发现无与伦比的多样性,不可思议的深刻性,耀眼的修养,渊博的学识以及丰富有力的想象,有时大胆地结合在一起。似乎到处活跃着一种强烈的预感,预感到创作上的随心所欲,无边无际,无穷的多样性,神圣的独创性以及人的精神无所不能。……尽管这一切不过是不相连贯的生硬的预兆,但是具有历史眼光的人却能看出一个普遍的个性,一个新的历史,一个新的人类,一个年轻的惊愕的教会和一个爱神在甜蜜地拥抱,一个新的救世主将同时孕育在千百万教徒心中。谁不是带着甜蜜的羞耻心怀孕的呢?新生的婴儿将是他父亲的复本,是一个长着黑暗深邃眼睛的新黄金时代,一个预言的、发生奇迹的、医治创伤的、抚慰人心的、燃起永恒生命的时代——是一个伟大的和解时代,是一个救世主。他像一个真正的守护神居留在人间,只为人所信仰,不为人所看见,并以无数形体显现在信徒们面前,可以把他当面包和酒那样吃,当爱人那样拥抱,当空气那样呼吸,当语言和歌曲那样听,而且还可以带着崇高的逸乐感,在爱情最尖锐的痛苦中,把它当作死亡纳入日见平静的肉体深处。"

我们唠唠叨叨地讲着逸乐呀、狂欢呀、夜呀、死呀,讲着那种突如其来、遮住光天化日的昏暗,讲了这么久,我们内心却一直在喊着要"空气!",要"光!",否则我们岂不要闷死吗?这种心灵难道不像一个地下的矿坑吗?我们知道,诺瓦利斯就喜欢那种用一盏红色的冒烟的灯代替日光的矿工生活。这一切的后果是什么呢?一个爱神和一个年轻的惊愕的教会的拥抱又会产生出什么来呢?无非是一次死灰复燃的反动。它在法国复兴了天主教,在拿破仑垮台之后,又复辟了波旁王朝;它在德国促成了可憎的专制,把法国赋予天主教的权势赋予了虔敬主义,把最优秀的作家放逐国外,又心血来潮地从事续建科仑大教堂,就像那个宝座上的浪漫主义者、罗马皇帝朱利安重建耶路撒冷的庙宇一样。诗人把一切归之于内心世界。内心世界吞没了一切,包括革命的力量和反革命的力量。这里把所有的精神雄狮都捆缚起来,把所有历史上的巨人禁锢起来,并用罂粟花的气氛加以麻醉。黑夜包围着他们,他们感到昏暗和死亡的逸乐,他们像长眠者一样,只过着一种植物式的生活,最后完全化为石头。内心世界藏着精神的一切财富,但是像按照数学法则巧妙地结成晶体的死宝藏和静止物质一样,也许像土地、矿山里的金银一样,诗人则变成一名矿工,被拐骗到了底层,对那里所见的一切无不感到欢欣。

然而,当他逗留在下面的时候,地面外部世界的一切仍然我行我素。诗人和哲学家把外部世界消解为内心世界,丝毫不使外部世界为之所动。因为他并不像卢梭或米拉波①那样粗暴地从外部来消解它,他只是从内部出发而在一个内心世界里消解它。所以,当他再从矿坑里爬出来、结束了被拐骗的入迷状态的时候,他却发现被他消解的外部世界依然故我。他在内心所熔化的一切依然冷酷无情地存留在外

---

① 米拉波(1749—1791),法国大革命的领导人之一,雅可宾俱乐部主席。

部——而且，既然外部世界从没有使他感到有兴趣，既然他觉得外部世界几乎跟他的内心世界一样黑暗、朦胧、昏沉，那么他就只好向它祝福，听之任之了。

诺瓦利斯全部风貌的预言性质，他的纯正的抒情才能，他的独特的美，特别是他的早夭，使得批评家们经常把他同晚生二十年的英国著名青年诗人雪莱相比。作家布拉兹·德·比里[①]最近还在《Revue des deux mondes》（法语：《两个世界评论》）上做过这样的比较。他说："雪莱的诗和诺瓦利斯的诗非常相近，而且这两位杰出诗人不仅由于容貌而相仿。密切观察自然，预测它最细微的秘密，把柔情和形而上学有选择地结合起来，没有造形，没有镜像，也没有体形，追求至高境界而以空无告终，这些都是他们两人所共同的。"

他提出了所有这些形式上的相似，却一语未及这两位气质似乎相同的诗人之间巨大的实际差异，直接的对立。他们一个是本世纪文学运动中伟大转变的前驱，另一个是这一转变的后继人。我不知道还有什么办法比这种对立更尖锐地显示出这一转变。

我们只需想一想雪莱生平的主要特征。他出身于贵族家庭，被送到一个名牌学校去读书，从童年时代起就对那里学生的粗野和教师的残暴感到愤慨并进行反抗。特别是，那里人们一面沉湎于最卑劣的情欲，一面口里还叨念着上帝和基督教，这种伪善激起了他满腔的憎恶。在牛津大学的第二年，雪莱写了一篇小文章《论无神论的必然性》，他怀着热爱真理的天真心情，把这篇文章送给了教会和大学的首脑。他被传呼到教授会面前，因为他拒绝撤销他的观点，于是被当作无神论者给开除了。他回到家里，父亲以轻蔑的态度冷遇他，他便永远离开了父母的家。他的全部生活交织着类似的斗争和灾难。二十岁患过一次肺结核，虽然逐渐康复起来，却留下了一个孱弱的身体和一个与年俱增的神经过敏的性格。他的第一个妻子故世后，高等法院拒绝他

[①] 布拉兹·德·比里（1813—1888），法国诗人，音乐批评家，翻译家。

充当他的孩子的监护人的请求,因为他在《麦伯女王》一诗中宣传了不道德和反宗教的观念。他在国外漂泊期间,遇见了他的同胞,总是被他们最粗野地当作"无神论者"加以嘲笑和虐待。有一次,他的船在斯佩齐亚海湾为一场风暴所掀翻,他刚满二十九岁,便结束了他十磨九难、无家可归的一生。拜伦帮助焚化了他的遗体。

同雪莱的这段生涯相比,哈顿伯格的一生是一支真正德国小城市的牧歌。他二十五岁就当了官,任国立盐场的审计员。后来他由于父亲在威森费尔斯的援引,又升任图林根行政区的估税员和地方长官,他的浪漫主义并没有妨碍他的市民生活。他作为官吏,十分勤奋,忠于职守,品行端正。他一辈子是个没出过远门的官吏和市民,安分守己,奉公守法,从不越雷池一步,其结果反倒得以营私自肥。如前所述,他早年就弃绝了共和主义,只因他天性淳朴,我们才不说他是奴颜婢膝。他把普鲁士的弗里德里希·威廉和路易莎称为"夫妇典范",他在这一对"天才"的启示中看见一个美好世界的前兆。他说,弗里德里希·威廉是第一个普鲁士国王,他天天为自己加冕。一次真正的化体①发生了,因为宫廷变成了一个家庭,宝座变成了一个圣殿,皇室婚姻变成了心的永恒的结合。——他说,共和主义本来不过是青年人的偏见;已婚的人要求秩序、安全、宁静,希望在家庭里过一种秩序井然的、"真正君主制"的生活。"我们可以从字面上对一个宪法感兴趣。如果法律是一个被敬爱人物的意志的表现,情况就完全不同了。我们决不应当把君主理解为第一名官吏。他决不是公民,因此也决不是官吏。国王是一个被尊崇为人间天帝的人。"

试把这些话同雪莱反抗祖国暴政的诗以及歌颂意大利革命和希腊解放战争的诗比较一下,就能看出可以想象得到的最尖锐的对比。这种针锋相对的对比几乎无往而不可见。诺瓦利斯赞美疾病,雪莱却说:"毫无疑问,智慧是同疾病不相容的,而且在世界气候的目前状况

---

① 基督教用语,指面包和酒变为耶稣的血肉。

下,健康就其真正的广阔的意义而言,并不属于文明人的范围。"

诺瓦利斯说:"我们把上帝想象为人,恰如把我们自己想象为人一样。上帝正像我们一样是有人性,有个性的。"——雪莱说:"没有上帝!这个否定只是针对一个创世的神祇。至于冥冥中有一个贯穿宇宙、与之永存的精神,这个假说并没有被触犯过。……世上所有的宗教都禁止人们对它们进行检验,都不容许理智的批判;是权威在要求人们相信上帝;这个上帝只是依仗几个人的权威建立起来的,他们声称他们认识他,是他派他们到人间来宣传他的。……不可能相信,那个贯穿宇宙的无穷机构的精神会通过一个犹太妇人的身体生一个儿子来,或者会为一个与他本身同义的必然性的后果所激怒。关于魔鬼、夏娃和中间人(耶稣基督)的整个荒唐寓言,以及关于犹太上帝的幼稚的哑剧,都是同天文学不相容的。他亲手做的作品就提出了反对他的证据。"

诺瓦利斯赞美教会制度,歌颂耶稣会教派。——雪莱说:"许多黑暗而悲惨的世纪以来,《圣经》的教义获得了无条件的信仰,到最后才有人怀疑它不过是虚构和欺骗,怀疑耶稣基督远不是一个神,不过是一个和他们一模一样的人。但是,无数阶层的人们却利用那个以人民的普遍信仰出之的信念,谋取了并在继续谋取巨大的利益。他们对广大俗众说,如果他们不相信《圣经》,他们将陷于万劫不复的境地,而偶然站出来的一些孤零零的无偏见的探讨者不是被火焚,就是被监禁,或者被毒死。他们还在迫害这些人,只要人民允许他们这样做,尽管人民今天已经开化了。……凡是曾经支持过其他每一种信仰的手段,都用来支持过基督教。战争,禁锢,暗杀和谎言,史无前例而又无与伦比的暴行,都促成了目前的状况。自从慈悲、和平的上帝的信徒们创导他的宗教以来,他们杀人流的血大概足以淹毙地球上其他一切教派的信徒。"

从以上的引证(类似的引证举不胜举)可以看出,在诺瓦利斯及其内向的心灵生活和雪莱及其外向的自由渴望之间,存在着最彻底的对立。

这两位诗人,人们想作为两个精神上的孪生兄弟加以介绍,实际上不可同日而语。就诗品而论,两人也许不相上下,虽然雪莱在诗才方面比诺瓦利斯高得多。即使诺瓦利斯作为一个诗人似乎跟雪莱差不多,他的作品里所包含的真理比起雪莱作品里的真理来,却显得何其寒伧啊!①

对于诺瓦利斯,真理就是诗和梦;对于雪莱,真理就是自由。对于诺瓦利斯,真理就是坚如磐石的强有力的教会;对于雪莱,真理就是深受压迫、不断斗争的异端。诺瓦利斯的真理坐在国王和教皇的宝座上,雪莱的真理却受尽人间的白眼,毫无权威可言。

为了给人一个正确的印象,真理不论怎样崇高,必须变成人,变成血和肉。在《鲁滨逊漂流记》的作者笛福的早期传记里,据说他在一七〇三年七月间为了一本小册子而被判刑,先给割掉两个耳朵,然后站在耻辱枷旁示众。那时,罪人按例要被带到耻辱枷前,把头一动不动地从枷孔伸出去,让观众用烂苹果、烂土豆来扔他。但是,行刑的那一天,当笛福的苍白而残缺的面孔滴着鲜血,从耻辱枷上望着聚拢的人群时,说也奇怪,出现了一片死一样的寂静。没有人扔烂苹果,没有人发一声笑骂。笛福在人们心中是太可贵了。人群中间有个人从邻人的肩头站了起来,给被残害者头上戴上了一顶花冠。——我还在儿时就读到这个故事,这幅图画深深烙进了我的心灵,我当时就想过,人间真理也一定是这个样子。现在才知道,笛福并没有被割掉耳朵,蒲伯弄错了才写出了这样的诗句:

笛福没有耳朵,满不在乎地站在上面;

---

① 这一段系按英译本转译。德译本为:"他们在诗品上一样高。论诗才两人不相上下。两位诗人都没有掌握全部真理,但哪一方面占得最多呢?这要看真理究竟是什么了。"

我还知道,笛福为人也并不是像我当初所认为的那样纯正;然而,那幅图画仍然显得伟大,并包含着一种永恒的真实性。我想,如果一个人偶然看见一个可怜的、被侮弄的、被虐待的真理站在耻辱枷前,他要是能走上前去,在它的额头上戴上一顶花冠,那一定是他一生中一个伟大的时刻。——雪莱就这样做到了,而诺瓦利斯却没有做到。

十三 浪漫主义的憧憬；"蓝花"。诺瓦利斯的《海因里希·封·奥夫特丁根》。艾亨多夫的《废物传》。丹麦的浪漫主义者

我把浪漫主义的心灵说成了没有渴望、没有意图的沉闷性格，说成了窒息自由、扼杀每种对外倾向的熊熊炉火。然而，这并不是全部真实。还剩下唯一一种对外倾向，人们称之为憧憬。憧憬是浪漫主义渴望的形式，是它的全部诗歌之母。那么，什么叫作憧憬呢？它是缺乏和希求的结合物，但没有获取这种缺乏对象的意志或决心，也没有支配这个对象的办法。这种憧憬又是针对什么东西的呢？不论它用多么好听或者多么伪善的词句装扮自己，它除了针对世人所渴望、所希求的东西，还能针对什么呢？不就是享乐和幸福吗？当然，浪漫主义者不采用幸福这个词儿，但这正是他的本意所在。他管它叫作"理想"。不过，也不要让这个词儿把我们搞糊涂了。浪漫主义者的特征不在于他追求这种幸福，而在于他相信这种幸福存在着。他知道，它一定是预定给他的，它一定会在什么地方找得到，它会出乎意外地落在他头上。而且，既然它是上天的一件恩赐，他本人并非它的创造者，他便可以随心所欲地混日子，只让他的模糊的憧憬牵着自己鼻子走。唯一要紧的是保持这个信念：这种憧憬是会达到目的的。而保持这个信念，又是多么容易啊。因为他周围的一切都包含着这个目的的朕兆和预感。诺瓦利斯给它起了一个著名的神秘的名字"蓝花"。但是，这

个名字当然不能按照字面来理解。"蓝花"是个神秘的象征,有点像"ICHTHYS"①——早期基督徒的"鱼"字。它是个缩写字,是个凝炼的说法,包括了一个憔悴的心所能渴望的一切无限事物。"蓝花"象征着完全的满足,象征着充满整个灵魂的幸福。所以,我们还没有找到它,它早就冲着我们闪闪发光了;所以,我们还没有看见它,早就梦见它了;所以,我们时而在这里预感到它,时而在那里预感到它,原来它是一个幻觉。它刹那间混在别的花卉中向我们致意,接着又消失了;但是,人闻得到它的香气,时淡时浓,以致为它所陶醉。尽管人像蝴蝶一样翩翩飞舞于花丛之中,时而停在紫罗兰上,时而停在热带植物上,他却永远渴望并追求一个东西——完全的理想的幸福。

  诺瓦利斯的主要作品就是以这种憧憬及其目的为中心。我们必须研究这部作品,而且为了理解它,必须看透它是怎样写出来的。这部小说的娘家就是歌德的《威廉·迈斯特》,我们可以清楚地追溯出《威廉·迈斯特》逐渐改铸为《海因里希·封·奥夫特丁根》的精神过程。威廉·迈斯特并不行动,他在受教育;他并不努力,他在渴望;他追逐理想,先是在舞台上,后是在现实生活中;威廉·迈斯特也是心灵的一个果实。这本书所有的人物都为心灵所渗透。不仅仅这些人物本身情意绵绵,如在许多现代英国小说(例如狄更斯的小说)中那样;而且他们周围特别沉闷而朦胧的气氛也令人有虚无缥缈之感,没有一个特征按照现实手法表现得粗犷而鲜明,心灵的产儿只能有柔和的轮廓。海贝格曾经把他所私淑的歌德的世界观概述如下:"歌德不像世人所说的那样,他既非不道德,亦非反宗教。他不过指出,无所谓绝对的义务规范,我们必须把我们的宗教同我们的诗与哲学合而为一。"《威廉·迈斯特》与众不同之处在于:它把僵硬的学校教科书式的伦理、把庸俗褊狭的道德-公正观念彻底加以改造,直到道德不再能充当人生的绝对力量,而只能被看作人生的一个重要的原则,被看作许

---

① 希腊文的"鱼"字。早期基督徒的神秘符号。

多合理的普遍的力量之一,就像博物学家心目中的脑子,尽管它多么重要,却不是唯一的器官,只是同心脏、肝脏及其他器官一起尽它的本分而已。例如,在《威廉·迈斯特》中,肉欲并没有被谴责为兽性,而是毫不拘谨地在菲林妮①身上表现为优美的迷人的东西,她在书本中就经常被称为"可爱的罪人""文雅的罪人"。威廉身上的和谐发展是通过许多模棱两可的境遇达到的;在女性人物身上,则赞美了高贵而沉着的风度,赞美了一个优美性格的与生俱来的贵族气息;由得天独厚的幸福境遇所赋予的灵肉两方面的优越和自由,在贵胄的描写中是以热烈的同情心加以强调的。"高尚""尊贵"在这种描写中有时似乎变成了同义词,这一点在今天可能引起我们的反感,但是当时在歌德的德国,却可以在可怜的不自由的社会环境中找到原因。这本书既然不是现实生活的产儿,而是心灵的产儿,它的整个性格里便不免有一些抽象的成分。许多东西被掩盖住,许多东西被磨光了,一切都是那么理想化,以致外部世界仿佛站在内心世界的阴影里。首先不过是写到一些私人和私人环境。我们在书中听说过战争,大概也可以判断,是指接着法国大革命发生的战争;但具体内容一点也没有谈。地点同样表现得很一般,可以猜到是德国中部,但究竟在哪儿很不好说;风景没有任何特色,只不过是配合情调的微弱的伴奏。在小说所描写的世界里,按照德国当时反常的状况,原来艺术是人生的预科,而不是把人生看作艺术的预科,国家政治生活也因此不过是"etwas Theatergeräusch hinter den Koulissen"(德语:后台的杂音)②。没有一个人有任何实际的外在目标,他们为憧憬和雅兴的潮流所驱赶,自由自在地四处漫游,毫不顾忌地位或国境的限制,过着"完全没有护照的生活"。歌德避免任何心理的外露,这一点充分证实了心灵的向心倾向。这样一种外露按照犯罪学的说法就是罪过:即使歌德涉及可厌的事件,例如兄妹间乱伦的爱情(竖琴师的故事),他也只想让读者为它所感动,而不想对

---

① 《威廉·迈斯特的学习年代》中一个轻浮可爱的女子。
② 见 B. 奥尔巴赫:《德国的夜晚》新版第 30 页。——原注

它有所评断；他没有将它付诸道德裁判，更没有提交法庭审处。的确，这种表达方式甚至使最痛心的事情都丧失了刺激性。竖琴师守口如瓶，从没有提到过他的身世；到他死后，才由一个安闲的陌生人讲出了他的命运。

在这个高度理想化的世界里（诗人的手给它按上了美的印记），威廉四处漫游，没有计划，但并非没有目标。他在追求理想：理想的职位，理想的女人，理想的教育。他最初是个商人，后来当演员，后来又当医生。他爱过玛丽安妮，又爱过伯爵夫人，后来又爱特雷泽，又爱纳塔莉。他先以为理想的教育在于阅历，后来以为在于精神上的优雅，后来又以为在于断念的态度。而在本书第二部分，他终于找到了社会改革的方案和试验，正是这些试验使得《漫游年代》当时成为社会主义革命家最热心加以利用的作品之一。但是，本书的特点却在于：威廉在不断地改造他的理想。他并没有找到它，可以说他丧失了它；不是说他变成了伧夫俗子，而是"理想"这个词儿对他丧失了意义。他在生活中探索它，正如青年人常常在哲学中探索它一样。他埋头于哲学，想从中找到关于上帝、永恒、人生目的以及灵魂不朽的真谛，但在研究过程中，这些词儿就对他丧失了他原来认为它们所含有的意义；他得出了一个关于那些问题的答案，但是这个答案教导他，那些问题必须用另外的方式提出才行。威廉在现实生活中向往着一个预先拟定的理想，也发生了同样的情况。许多人抱住了云彩，没有抱住朱诺，他却让云彩逝去，而把朱诺紧紧搂在怀里。①

歌德的《威廉·迈斯特》同《修道士的心曲倾诉》一起，启发蒂克写出了《斯特恩巴尔德》。这本书完全是那部巨著的回声。《威廉·迈斯特》一问世，蒂克就计划创作他那篇非常有趣的中篇小说《年轻的细木工师傅》，它到四十一年之后才得以出版。其中主人公是个在美育方面过于雅致的细木工，他的发展过程同威廉·迈斯特的相仿，例

---

① 朱诺，罗马神话中的天后，婚姻女神，据说她是云彩的化身。

如出入贵族圈子,爱好戏剧艺术,流连剧场等。他作为真正的浪漫主义者,在一家按照莎士比亚模式建立起来的沙龙剧院里,上演过莎士比亚的喜剧,而且在后台跟在前台一样,都扮情人的角色。但是,这个创作计划为了《斯特恩巴尔德》的缘故,暂时被搁置下来了。现代的手艺人不得不回避度勒时期的浪漫主义的艺术家。在这本书中,心灵高踞宝座,但是作为纯粹的心灵,则毫无理性和明朗可言。所以,全书无非是眷恋和颓丧。例如,其中谈到宗教改革,据说这一事件并没有使人充满神圣的宗教感情,只是产生了一种理性上的空虚感,所有的心都因此而憔悴下去。所以,歌德小说中温和的肉感在这里变成了威廉·洛维尔式的兽欲。主人公反躬自省一下,他就会像威廉·洛维尔一样,看见"一个深不可测的旋涡,一个汹涌澎湃的哑谜";到本书再版时,蒂克觉得在描写主人公怀着烦躁的渴望四处漫游的段落中,有必要删掉一些过多的洗澡、酗酒等淫秽场面。

然而,主要的是,本书按照与歌德作品完全不同的手法提炼了和蒸馏了现实生活。它变得越来越淡薄,直到化为情绪的烟雾,直到性格淹没在山水间,情节淹没在号角声里。在《斯特恩巴尔德》中,每天都是星期日,到处弥漫着一种虔敬的情绪,不断地响着闲散的钟声。本书的人生观可以用斯特恩巴尔德的一句话来表达:"我们在这个世界上只能够希望(即盼望、渴望),只能够生活在意向中,真正的行动在于来世。"所以,这部小说从头到尾没有行动,人物像彗星一样到处漂泊,他们的生活是由一系列偶然的、不期而然的奇遇构成的;他们永远在寻求理想的旅途中,既然一般认为理想往往在罗马附近安家落户,这本书写到那里就戛然而止,没有结局,也没有下文。正因为《斯特恩巴尔德》比《威廉·迈斯特》更加模糊,更加不连贯,诺瓦利斯便认为前者比后者更高超。他说,因为我的哲学的核心是,诗是绝对的真实,万物越富于诗意便越真实。因此,诗人无须理想化,只要施行魔法就是了。真正的诗是童话的诗。一篇童话有如一个不连贯的梦境,童话的长处在于同真实的世界完全相反,又同它十分相似。他说,未来的世界是合理的混沌,渗透自身的混沌。所以,真正的童话必须同时是预言的表现,理想的表现和绝对必然的表现。真正的童话作家是个先知。所以,小说仿佛是自由的历史,仿佛是历史的神话。既然爱情是那种包含魔术可能性的道德形式,它便是小说的灵魂,便是一切小说的本源。因为哪里有真正的爱情,哪里便开始有童话,开始有奇迹般的事件。

根据诺瓦利斯的这番关于诗与小说之本质的见解,就不难理解他对于《威廉·迈斯特》的酷评,那部作品是他少年时期曾经激赏过的。在《威廉·迈斯特》中,正如在《塔索》中一样,恰巧是诗屈服于现实。诺瓦利斯认为这是最大的耻辱,是对于诗的圣灵的犯罪。诗在小说中是不能取消或限制的,只能加以推崇和颂扬。

所以,他决心写一部同《威廉·迈斯特》针锋相对的小说。他甚至周密地考虑到细枝末节,例如采用相同的字体和开本,以便把《海因里希·封·奥夫特丁根》印得能够同歌德的那部书铢两悉称。他想用这部作品排挤歌德的那部书,用奥夫特丁根的神秘主义的人生观驳倒迈斯特的世俗的人生观。他给蒂克写道:"我的小说正在全力以赴。……整个说来,是诗的神化。海因里希·封·奥夫特丁根在第一部中成熟为诗人,在第二部中被人尊为诗人。这部作品有许多地方近似《斯特恩巴尔德》,只是不那么轻松;不过,这个缺点也许并非不利于内容。"他这样评论歌德和《威廉·迈斯特》:"歌德是个完全务实的诗人。他的作品就像英国人的商品一样:简单,干净,便利,耐用……他像英国人一样,有一种天生的节俭性格,一种通过理智获得的高雅趣味。……《威廉·迈斯特的学习年代》似乎全然是近代的散文。浪漫气息,还有天然的诗意,还有神奇现象,都从这里消失了。这本书只写普通常见的人事,自然和神秘主义被忘却得一干二净。它是一个以诗的形式出现的市民家庭故事,里面把神奇现象当作诗和空想来处理。艺术家的无神论就是这本书的精神。……《威廉·迈斯特》真是一本以诗为敌的《康蒂德》[①]。"

[①] 《康蒂德》(又译作《老实人》)是法国作家伏尔泰的一部作品。

所以，诺瓦利斯要写一部针锋相对的小说，一切在里面最终化为诗，或者用他的说法，世界在里面最终变成了心灵。因为万物无非心灵。书中这样写道："自然对于我们的心灵，恰如物体对于光一样。它挡住了它，把它分割成五颜六色，等等。人对于我们的心灵则是透明的晶体。"

穿插在小说中的寓言是理解全部内容的关键。这篇童话意在表明真正的永恒的世界是怎样形成的，意在描绘伟大的世界心灵"四处活跃并永远繁盛"于其中的、那个爱与诗之王国失而复得的过程。既然如诺瓦利斯在一则片段中所说，当前的天空和当前的大地具有散文的性质，我们的时代是一个功利主义的时代，那么在新的生活光临之前，必须先有一个诗的裁判日，必须解除一个符咒：国王大角星和他的女儿被冻成冰，沉睡在他们的冰宫里，正如精神被束缚着，沉睡在公理的严酷形式中。解救他们的是寓言（即诗）和它的兄弟性爱。性爱是"智能"、理智这个忙忙碌碌的父亲的孩子。他的母亲则是忠实、温存、痛苦的心。但是，跟性爱一同吃奶的姊妹是父亲的非婚生子，是月亮的女儿——幻想、那淫荡的金尼斯坦生的她。站在这些形象旁边的，则是崇高的智慧、家庭祭坛的守护神索菲娅。寓言自称是索菲娅的教子。但是，敌对势力在家里占了上风。当爱和幻想联袂出游时，"作家"便同家仆一起酝酿了一个阴谋。作家是散文的精灵，是狭隘的、以理智自炫的启蒙力量；他在小说中被描写成"笔不停挥"。索菲娅把写成的文稿浸到摆在祭坛上的盘子里，有时留下来一张半页，有时全部变得漫漶难辨。如果从盘子里溅出几滴水珠落到他的身上，那水珠就变成许多数字和几何图形，他于是忙用一根线绳把它们串起来，当作装饰品挂在自己瘦细的脖子上。作家就是诺瓦利斯的努莱丁[①]。他鼓动闹事的结果，使父母身陷缧绁之中，同时砸坏了祭坛。幸亏小寓言得以逃脱。她首先到达祸害之国，那里住着置人于死地的命运女神，

[①] 努莱丁，丹麦诗人欧伦施莱厄的同名作品的主人公，他永远想做自己力所不及的事情。

但她并不能加害于她。她牺牲毒蜘蛛即情欲，从而消灭了祸害。于是再也没有时间和尘寰。"亚麻纺完了。无生物复归于死寂，有生物将统治一切。"在一次弥天大火中，母亲"心"被烧死了；前世的巨星——太阳也毁于火海中，火势转向北方，融化了大角星王宫周围的冰。性爱和寓言通过一个光辉灿烂的新天地，走进了这个王宫。寓言完成了她的使命，因为她把性爱引向了他的情人、国王的女儿。严酷的公理于是向诗与爱情让出了它的王国。

> 建立起永恒的王国；
> 弭兵于爱与平和；
> 痛苦的长梦业已消逝；
> 索菲娅永远是心的女祭司。

索菲娅在这部作品中扮演了比雅特丽丝在但丁的诗篇中所扮演的角色。

既然世界历史在这里被写成一篇童话，那么小说中人的命运便应写成一个荒诞的、最后变为童话的事件。这部小说虽然如此幽暗，如此富于讽喻性，它的价值却在于它像其他任何一部生动的作品一样，完全是亲身经历过的。对古代的诗乐会会员的赞颂，势必形成对诗的神化；但是，这种神化的主人公就是哈顿伯格本人。天生要当诗人的海因里希，在埃森纳赫他父亲家里过着一种宁静的生活，就像哈顿伯格在他父亲的家里一样。有一次，他在梦中预感到他的诗人生涯的隐秘的幸福，并看到他所爱的对象以一朵罕见的蓝花的形象出现；这个梦显得尤为不可思议，是因为他父亲年轻时候也做过同样的梦。他现在要出门见世面了。他和他的母亲随着一群结伴的商人，到奥格斯堡他外祖父那里去。他在旅途中经历了丰富多彩的生活场面；这些经历连同旅伴们所讲的一些故事，肯定扩大了他的眼界，促发了沉睡在他心中的诗。因为他们的谈话，三句不离诗和诗人,他们给他讲阿里昂①的传说和民间故事(在这些故事里,诗人和国王平起平坐),一般地探讨诗和艺术,所以他们不像中世纪未开化时期的商人,倒像一八〇一年的浪漫主义者。例如,有一位商人这样阐述过人对于造型艺术的本能冲动:"自然想亲自欣赏一下它伟大的艺术技巧,便把自己变成了人,它在人身上为自己的富丽堂皇而欣悦,从事物中挑选出令人愉快的、可爱的部分,仅仅按照这样一种方式将它制造出来,以便它能多种多样地在一切时间和一切地点占有它和享受它。"

海因里希在一个骑士的城堡遇见了一个东方的少女,她使他记起了轰动中世纪的东方和西方的交战。把这个少女的动人的歌曲同雨果的《东方集》诗中那篇才气焕发的诗作《女俘》比较一下,是有趣的。两首诗的主题很相近。雨果的

> Bien loin de ces sodomes
> Au pays dont nous sommes,
> Avec les jeunes hommes
> On peut parler le soir. ②

在德语歌曲中变成缠绵悱恻的词句:

> 愿有情人皆成眷属。
> 海枯石烂,贞专不渝,
> 窈窕淑女,君子好逑。

海因里希在一个矿工和一个隐士身上找到了自然和历史的诗。在隐士的书中他发现写着他自己一生的命运。最后旅客们来到了奥

---

① 见本卷第115页注①。
② 法语,大意为:远离我国罪恶深渊,今夕且与青年把心谈。

格斯堡，海因里希的使命似乎很快就要实现了。他在克林索尔身上看到一位充分发展的诗人，其谈吐一再令人想起了歌德。这位诗人所说的一切，几乎句句显得明智而健全，而且到了令人惊讶的程度，我们简直不能理解，诺瓦利斯本人为什么连一个字也没有记在心头。他这样说过："我要竭力劝告你顺从你的天然本能，去了解万物是怎样发生的，是怎样按照因果法则互相结合的。对于诗人来说，最不可缺少的是洞察每件事情的性质，掌握达到每个目的的方法。……热情而没有理智，是无益而又有害的，诗人如果为奇迹而惊异，便不能创造出什么奇迹。……年轻的诗人要竭力做到冷静、沉着。要达到真正美妙的诗才，必须有一种广阔的、殷勤的、宁静的气质。"然而，在一点上，克林索尔和诺瓦利斯是完全一致的，那就是一切都是诗，而且必然是诗："诗有一个特殊的名称，诗人构成一种特殊的行业，都是不幸的。其实，它一点也不特殊。它不过是人的心灵所具有的行动方式。每个人每分钟不都是在写诗，在努力吗？"

在克林索尔的女儿马蒂尔德身上，海因里希遇见了他的热烈憧憬的对象。他觉得仿佛看见了蓝花。他达到了他的目的，就像诺瓦利斯找到了苏菲·库恩一样。可是，情人淹死了。海因里希悲不自胜地离开了奥格斯堡。就像诺瓦利斯在苏菲的坟头看见一个幻象一样，也有一个幻象在安慰他，他看到了死者，听到了她的声音。

在一个遥远的修道院里，他"和死人一起"生活着，那里的修道士以保存"年轻心灵的圣火"为使命，那个修道院可以说是一种精神的侨居地。他体验着诺瓦利斯在《夜颂》里表现过的情调。但是，他又从死者中间走了出来。他又爱上了一个妙人儿，齐安妮代替了马蒂尔德。——第二部只是一个急就章：海因里希漫游了整个世界。他经历了一切人情世态之后，"又回到了他的心灵，仿佛回到了故乡。"世界在心灵中变成了一个纯诗的精神领域。世界变成了梦，梦变成了世界。他又找到了马蒂尔德，但是，马蒂尔德同他的第二个情人齐安妮再也没有什么区别了。这种双重爱情像诺瓦利斯自己的爱情一样只是一种。所有时间上和生活上的差异而今都统一在他的心灵之中。于是举行着心灵的欢宴,爱情与永恒贞操的欢宴。在这场欢宴中,寓言庆祝它最壮丽的凯旋。善的原则和恶的原则出场竞赛,高歌着二重唱,连科学、甚至数学都参加进来。其中唱到了印度的花草。大概莲花多多少少有点像蓝花,所以也在这里占有一席之地。——结尾只是轻微地暗示了一下:海因里希找到了蓝花,它就是马蒂尔德。"海因里希摘取了蓝花,把马蒂尔德从拘禁着她的咒语中解救了出来,但是她又从他手里消失了。他痛苦得麻木起来,变成了一块石头。埃达(又是蓝花,又是东方少女,又是马蒂尔德〔四重化身!〕)为这块石头牺牲了自己,于是他变成一株叮叮当当响的树。齐安妮砍倒了这株树,再把它同自己一起烧毁,于是他又变成一头金色的公羊。埃达-马蒂尔德只好牺牲它,他于是重新变成了人。在这些变化过程中,他作了各种各样奇妙的谈话。"但愿有人相信!在丹麦文学中,同《海因里希·封·奥夫特丁根》最相当的作品,就是为格隆特维格所激赏的、英格曼的诗作《黑色骑士》。从英格曼的自传可以看出,在这部作品的写作期间,他的心境是多么接近德国的浪漫主义者啊。"整个期间,我很少注意外面伟大的动荡的世界。甚至莫斯科的大火,法国大军的溃败,拿破仑的灭亡,在我都如过眼云烟,……甚至在德国的解放战争中,我也只看到分裂的国民在互相残杀,看到最高贵的力量在内心深处没有统一和团结可言。在理念生活和人的生活之间,我看到了一道鸿沟,只有爱情与诗的彩虹才能在上面架起桥来……我写着写着,不觉走进了一个童话世界的迷宫,爱情是我的阿里阿德涅①的引路线,我要用人生之诗的世界竖琴(天才把它的琴弦绷在深渊上面的绝壁之间)为生存这个怪物催眠,并解答被扰乱的世界和谐的一切分歧和哑谜。"我们知道,其结果是何等的可怕。

  显然,诺瓦利斯想写一本尽可能和《威廉·迈斯特》不同的书,他

---

① 据希腊神话,阿里阿德涅用引路线救她的情人忒修斯逃离迷宫。

在《奥夫特丁根》中达到了这个目的。蓝花是理想的象征。在这本书中,现实完全化为理想,理想完全化为象征。诗完全脱离了生活。不错,诺瓦利斯正认为理当如此。所以,他在小说中这样谈到诗人:"许多重大事件只会打扰他们。他们注定要过一种简单的生活,他们不得不仅仅从故事和文章中来认识世界的丰富内容和无数现象。在他们的一生中,只能偶尔让某个事件把他们短暂地卷入湍急的旋涡,以便他们通过若干经验详细地了解当事人的环境和性格。平时他们敏感的心灵已经为一些身边琐事忙得不可开交了。……他们已经赋有上天的恬静,不为任何愚蠢欲念所驱使,所以只需吸取人间的果实的香气,而不必去吞食它们;他们是自由的客人,轻踏着黄金般的脚步,有时不由自主地展开翅膀而无远弗届。……如果把诗人同英雄相比,就可以看出,诗人的歌曲经常在青年人的心中唤起了豪气,而英雄的业绩却从没有在任何心灵中唤起诗情。"我认为,根本的错误就在这里。按照这个说法,诗并不是人生和事业的表现,人生和事业倒要以诗为出发点。诗在创造人生。当然,有些诗可以这样说;但是,如果有一种诗决不能这样说的话,它就是我们刚才说到的那种诗。试问它到底能鼓舞人创造什么事业呢?是变成一株歌唱的树呢,还是变成一头金色的公羊?这里根本谈不上行动,要有只有憧憬。诺瓦利斯所有最好的诗作都不过是这种憧憬的一种表现,它从纯粹的自然欲望扩张成为最狂妄的梦想。为了证明这两种情况,下面不妨援引两首可以称作他的杰作的歌曲。

少女自叹薄命的那首歌在小说中显得多么优美啊!

我们都是苦命人,
命苦苦得像黄连:
生来只得受压迫,
另外还得赔笑脸。
深闺幽怨一缕缕,

不敢泄露在人前。
爷娘教训千万句,
哪能打动女儿心?
一心想把禁果摘,
憧憬使我痛难忍!
渴望翩翩一少年,
卿卿我我销人魂。

这个念头有何罪?
思想毕竟打不断。
可怜少女有什么,
除了甜蜜的梦幻?
即使把它来驱赶,
驱来赶去也不散。

每晚暗中来祷祝,
孤寂依然吓坏人。
只要躺在枕席上,
就有憧憬和殷勤。
只要见到心上人,
一切哪能不捧敬?

严母朝夕来规劝,
要把娇媚多收敛;
这番好意有何益?
娇媚如泉涌不完。
要把憧憬锁心间,
最好来把铁锁链。

封闭每个心中愿，
坚硬冰凉如石头，
俏眼逼人不敢看，
勤劳刻苦又孤独，
谈情说爱都禁止：
难道这就叫闺秀？

可以看出，蓝花在这首歌中不过是禁果。然而，憧憬却写得多么调皮轻佻啊！下面一首致友人的诗表现憧憬，却又用了完全不同的庄严而又热烈的风格：

相称必相成，
相知必相识，
善者必合，
爱者必聚，
障碍要排除，
歪斜要平衡，
遥远的要到达，
发芽的要开花。

向我伸出手来吧，
做我忠实的兄弟，
眼光紧盯着目标，
不要再把我离弃。
我们跪在一个庙宇，
我们走向一个地方，
我们追求一种幸福，
我们共进一个天堂。

在这首诗中,憧憬几乎有点十字军的味道,要到远方去追求一个崇高的目标。蓝花同蓝天融化在一起,蓝色正暗示着遥远。我们把蓝花再多谈几句吧。在施皮尔哈根的《问题人物》中,一个人物这样说:"您还记得诺瓦利斯小说中的蓝花吗?蓝花!您知道它是什么吗?它是任何肉眼都看不见的花,它的香气却弥漫着全世界。并不是每个生物都有足够纤细的感官来感受这种香气;但是,夜莺在月光下或者在黎明中歌唱、怨诉、悲泣时,却为这种香气所陶醉;古往今来用散文和韵文向上苍号啕痛哭的狂人们,也曾经并且正在陶醉于这种香气;同样还有千百万人,上帝使他们有口难言自己的苦难,他们只能哑然仰望对他们毫无慈悲的上天。唉,这种疾患是无法救治的——除了死亡。谁一旦呼吸过蓝花的香气,他一生就再没有片刻的宁静了。他仿佛是个邪恶的凶手,他仿佛从门口赶走了主,不得不向前奔走下去,不管他受伤的脚是多么痛,不管他多么渴望最终能休息一下疲乏的头脑。他渴得要命,走进随便哪间小屋去讨口水喝,但是他谢也不谢一声,便把空杯子还了回去,因为水里浮着一个苍蝇,或者杯子仿佛是用石棉做的,很不干净,——不管怎样,他喝不到一口解渴提神的饮料。解渴提神的饮料呀!我们曾经望过一双眼睛,就不想再望另一双更亮更热烈的眼睛,那双眼睛在哪里啊?我们曾经偎依过一个胸脯,就不想再听另一个更温柔更钟情的心儿的跳动,那个胸脯在哪里啊?在哪里啊?我问您,在哪里啊?"

回答说:"爱情就是蓝花的香气,它正如您刚才所说,弥漫着整个世界;在每一个你全心全意去爱的人儿身上,您都找得到蓝花。"

主人公低声悲叹道:"您还是没有解开这个谜,因为正是我们必须全心全意去爱……这个条件我们做不到。我们中间有谁能够全心全意去爱呢?我们全都是那么疲乏、萎靡,没有真正严肃的爱情所需要的力量和勇气,那种爱情如果不占有我们精神的每个思想、我们心灵的每个感觉、我们血管的每滴血,它是永远不会安静下来的。"

最后一句解释相当精致而优美,说得并不错,但是并没有说透。

蓝花不仅在爱情中，而且在人生的一切方面，都代表着完整的、因此也算是理想的、但纯粹属于个人的幸福。这种幸福按其本质而言是达不到的，因此对于它的憧憬在所有浪漫主义者笔下，便被描写成永远到处躁动不安的追求。

在我看来，艾亨多夫的中篇小说《废物传》的描写是最典型的。这本书出版于一八二四年，脱稿时间晚于《奥夫特丁根》二十年，但是作者约瑟夫·封·艾亨多夫男爵比诺瓦利斯只小十岁，他是蒂克的弟子，一个超浪漫主义者，一个虔诚可爱的心灵。

艾亨多夫于一七八八年出生在上西里西亚，是一个贵胄。因为全家信奉天主教，他的早年教育便由一个天主教教士来负责指导。他从一八〇五年起在哈雷研习法学，同时还听过施莱尔马赫和斯特芬斯的讲课；后者对他尤有吸引力。他在这里最初接触到浪漫主义文学，诺瓦利斯为他打开了一个新的充满预感的梦幻世界。在第一年假期中，他到万茨贝克去拜访年老的克劳迪乌斯，他从童年起就对这位老人抱有热烈的崇敬，因为当他的家庭教师用启蒙时期的儿童读物来折磨他的时候，克劳迪乌斯办的报纸《万茨贝克信使》曾经是他最大的安慰。在艾亨多夫的诗作中还可找到一些克劳迪乌斯的冲淡的幽默。

一八〇七年他前往海德堡，结识了住在那里的浪漫主义者，其中有阿尼姆、勃仑塔诺、格雷斯等人，和他们一起编辑《儿童的魔号》，还协助格雷斯撰写关于民间文学的文章。一八〇九年，他在柏林又同阿尼姆和勃仑塔诺相聚。他在这里还认识了亚当·米勒，并从他受到不小的影响；此外，费希特的讲演也使他深为感动。

他在当时的普鲁士找不到职业，便于一八一〇年去维也纳，想进奥地利的政界工作；他同弗里德里希·施莱格尔往还，并同他的继子、画家菲利普·法伊特结成亲密的友谊，并写出了他的第一部过于浪漫主义的小说《预感与现实》，这本书除了幻想和抒情，什么也没有。但是，在这本书中，也像在他后期的创作中一样，他希望把"人类精神上的清新和健旺，把他们在森林、流水和高山之间，在明亮的早晨，在朦胧的星夜同自然界所发生的亲密无间的和谐,拿来同大千世界的空虚的娱乐、当代矫揉造作的修饰和道德上的堕落相对照"。这部作品同他的所有作品一样,以描写冒险经历为主。他一旦离开快乐而浪漫的流浪生活的领域,便有堕入鬼怪恐怖的危险。

他放弃了投身奥地利政界的计划,决心参加反拿破仑的战争。他进了吕佐夫领导的志愿军,被编入一个后备营。他同德国部队一起开进巴黎。

后来,他在普鲁士的教育部谋得一个席位,逐渐成为一名尽责的干练的官吏。到一八四〇年,政府和天主教的主教之间发生冲突,使他这个虔诚的天主教徒和教育部长的关系也随着紧张起来。但是,他并没有立刻如愿以偿地被辞退,反倒被任命草拟重建马丽安堡城堡的方案。

他还学会了西班牙文,翻译了一些卡尔德隆的 Autos sacramentales（宗教讽喻剧）,就日益接近拥护教皇派的头面人物。他晚年按照天主教的精神研讨了近代德国文学史,特别是浪漫派。他终于把早期的德国文学一律攻评为反宗教。

他轻视席勒的主人公及其"浮夸的理想性",轻视歌德的短歌及其象征性的自然诗意。他说,浪漫主义文学的理念同这些相反,乃是乡愁,乃是对于失去的故乡的憧憬,也就是对于无所不包的教会的憧憬。但是,可惜浪漫派背离了他们的这个基本思想。艾亨多夫把这个不健康的观念同一种真正的浓郁的抒情诗结合起来,没有人比他更善于以一种凝练的形式表现浪漫派的憧憬和理想。在《废物传》这本小书中,整个原始的浪漫主义本质仿佛被关在一个笼子里嗡嗡作响。这里面可以说无所不备:树林的气息和雀鸟的啼啭,旅途的憧憬和愉快(特别是到意大利去),星期天的情调和月光,真正的浪漫主义的流浪生活,这样的一种闲散,"四肢由于长期无所事事,真的快要脱节了",而且"他懒惰到仿佛完全瘫软了"。

这个废物是个磨坊主的儿子,年轻而贫穷,他唯一的生活乐趣就是躺在树下仰望天空,或者背着提琴到处游荡,或者拉起这支琴来,唱些醉心的曲调。他不关心人间的富贵荣华,但是唱得那么优美,所有的心都被他的憧憬所感动。他说:"每个人都在大地上分配到一小块,有他温暖的火炉,他的一杯咖啡,他的妻子,他傍晚的一盏葡萄酒,于是心满意足了。但是,我到哪儿也得不到满足。"他崇拜一个高贵的美妇人,他只见过她一两面,便用一支对他的卑微身份(他是个花儿匠)来说、未免过分雅致的温柔的歌曲来歌颂她:

> 不论我走到哪里,
> 是田野,是树林,还是溪沟,
> 或者从山顶走到了平原,
> 千娇百媚的贵妇人啊,
> 我向你千百次致候。
>
> 在我的花园里,我找到
> 许多花,纤美而娇艳,
> 我把它们编成许多花环,
> 编进了千种爱慕,
> 百般怀念。
>
> 我却不敢给她送去,
> 她太高贵,太美丽;
> 那些花都将凋零,
> 只有无与伦比的爱情
> 永远留在我的心里。
>
> 我装出一副笑脸
> 忙进又忙出,

哪怕心儿破碎了，
我不断掘着又唱着
不久为自己掘出了坟墓。

通过她的推荐，他被提拔为领地上的关税征收员，并从他的前任继承了一件华丽的带黄点子的红色睡衣，绿色拖鞋，一顶睡帽和几只长管烟袋。他穿着这一身漂亮新装，抽着他找到的最长的烟管，过了一时安静的闲散生活。他把马铃薯和其他蔬菜从他的小园子里抛出去，改种最名贵的花卉，出神地倾听着远方猎人和邮差的号角，每天早晨谦恭地放一束花在一张石桌上，让他的情人一定看得见，直到她最后从他的视野消失掉。有一天，风和日暖，他独自坐着翻阅账簿，旁边是布满灰尘的提琴，从对面窗子照进一柱阳光，正照在琴弦上面。"这正好拨动了我的心。我说，走吧，我忠实的乐器！我们的王国不在这个世界上！"于是，他舍弃了账簿、睡衣、拖鞋和烟管，到广阔的、广阔的世界漫游去了，首先到意大利去。

这废物是我们可能设想的一个笨拙、幼稚到笑死人的家伙；在精神方面，他大约只有十岁，而且永远也变不大了。在各种微妙的情况下，他的天真烂漫受到了诱惑，他却由于少不更事，始终保持着童贞，就像汉斯·安徒生的一个主人公、那个即兴诗人或者O. Z. 一样。他从不知道，他身边发生了什么事情。他所遭遇的一切，都不是出自他本人的干预。聚集在他周围的净是些像他一样从事自由职业的人，出门到意大利去的画家，和情人私奔的艺术家，从一个城市到另一个城市的音乐家，唱着学生歌曲徒步漫游的大学生。同这种梦幻式的不稳定的漫游生活相比较，日常生活当然就显得千篇一律了。当主人公回到自己的故乡时，他看见新任关税征收员坐在门口，穿着同样一件有黄点子的睡衣，穿着同样一双拖鞋，等等。他找蓝花找了一辈子，终于在自己的故乡找到了它；他的初恋的销魂场面写得有点滑稽可笑，几乎是用安徒生的笔法写出来的："她那么活泼、那么信任地在我身旁絮谈着,使我非常高兴,唯愿她一直谈到天明。我喜滋滋地从口袋里给她掏出一把从意大利带回的有壳的杏仁。她接了过去,我们一面剥着杏仁,一面心满意足地望着外面宁静的景色。"

书中的废物是浪漫主义的追求和眷恋的代表,有点像海贝格的少作《立即尝试即成功一半》和《陶器工人瓦尔特》里的年轻的情人。他代表着不生产的艺术、失去法律保护的无益的艺术,代表着无限的憧憬。

无限的憧憬!让我们记住这个词儿,因为它正是浪漫主义文学的基础。我们在丹麦有个时期也是把无拘无束的漫游欲及其憧憬当作人生的原则。先是对远方的向往,后是对故乡的眷恋。试想一下戈尔德施米特这样一个作家吧,他的全部诗作都来源于憧憬,或者用他自己爱用的说法,来源于"令人憔悴的渴念"。再远一点回顾,举保尔·默勒和克里斯蒂安·温特尔这一对才子为例,我们将发现同样的倾向和例证。

保尔·默勒的例证是《鬈发的弗里茨》。乡村少年的歌,显然包含着对远方的向往:

> 别了,我可爱的乡村,
> 我妈妈的水壶在灶上沸腾,
> 我爸爸的母牛在栏里嚼料,
> 我姐姐的鸡都睡了,
> 我呀,我要出远门!

这支歌在主人公的心中唤起了漫游欲,他上路了,要去寻找"未知的美"。他先找到马丽娅,后找到索菲娅,真有点浪漫主义味道,故事半路便戛然而止;因为这种漫游和追求可以持续到无限,只要青春的憧憬耐得那么久。

克里斯蒂安·温特尔的无比恰切的典型,就是《鹿的逃遁》中的歌者福尔默。这个人物是温特尔全部诗作的化身,是浪漫主义的放浪性格本身的具体化。这部作品的基本主题就是浪漫主义的躁动不安,就是任性和憧憬,就是希望在树下自由自在地伸懒腰,窃听小溪的絮语,不断地唱着歌曲来回游荡。福尔默最后的一支歌就是浪漫主义文学的真正的纲领。

这里有一种纤巧可爱的感性,构成新的变化多端的因素,正好同保尔·默勒从自己的个性中取出来、用以打发他的弗里茨上路的那种健壮粗豪的性格形成对比。但是,我们要懂得保尔·默勒身上也有这种浪漫主义特征,正因为他的健壮粗豪使我们很容易忽略它,而且事实上也使我们长久地忽略了它。他对于远古勾勒出这样一幅图画:

远古时期,我们古老的国土
到处是装饰着塔楼的红色宫殿,……

但是他对于同这幅图画全然异趣的远古的倾慕,他对于愚昧奴役时代的浪漫主义的偏爱,是同他对于当代所有自由主义企图的憎恨联系在一起的。在他的传记中有这样一句话:"他到晚年半正经半开玩笑地坚持认为,所有比较重要的自由主义鼓动家都是犹太人。"大家都知道,这句话几乎只是说的德国,说的海涅和伯尔内,卡尔·贝克和莫里茨·哈特曼,拉萨尔和卡尔·马克思。在另一处我们还读到:"他往往把自由主义者的努力看作卑劣的自然本能的表现,例如野心和贪欲的表现,它们局限于为物质服务,因此敌视真正的诗、艺术及其他高尚的生活趣味。例如,前面说过,他把自由主义同他完全没有好感的犹太作风联系起来,就使我们看出这一点。"显然,这些话大部分是些浅见陋识。再看看他关于灵魂不朽的论文、他的诗篇《反叛者中间的艺术家》以及他对于妇女解放的见解:他认为妇女写作,论精明跟在牌桌上出王牌一样,论粗豪无异于用唾沫来描摹空中的弓弦;他竟然说斯塔尔夫人和乔治·桑是精神上的畸形儿,女人写诗实在不雅,"甚至令人作呕"——这就是一个比德国浪漫主义者更加反动的浪漫主义者的真面目。他也把永恒的憧憬当作诗的出发点，是不足为怪的。

我忍不住还要向读者指出，在不太健康的浪漫主义者身上，这种主宰全部生活的憧憬采取了多么病态的形式。著名的德国美学家弗朗茨·霍恩写过一本自传，他在里面告诉我们，他"三四岁的时候，就能够体验诗的烦恼，能够在表面的死亡中预感到隐蔽的生命"，而"在世俗歌曲中，首先是一首幼稚而神秘的民歌，以不可抗拒的魔力吸引着"他。这是什么歌呢？原来是这首古老的忧郁的儿歌：

飞吧，金龟子，飞吧！
你爸爸打仗去了，
你妈妈上波美拉尼亚去了，
波美拉尼亚烧光了；
飞吧，金龟子，飞吧！

别的孩子都无动于衷，甚至嘲笑这首诗，他却深受感动："可怜的金龟子是个孤儿，或者是个迷途的孩子。他爸爸打仗去了，战争会把他引到哪儿去呢？妈妈呢？也音讯渺茫。说是在波美拉尼亚。天哪，波美拉尼亚烧光了！这给想象力留下多大的活动余地啊，可怜的金龟子展开憧憬的翅膀到处飞，飞到广阔的、广阔的世界去寻找父母！真的，我们又变成了儿童。"但是，我们要抓住事情的本质。

个人对于无限幸福的憧憬，我已说过，基于这样一个信念，即这种无限幸福必须是个人能够找到的。但是，这个对于幸福的信念，又基于个人对于自己的无限重要性的浪漫主义的确信。甚至灵魂不朽说也不过是这个个人自以为大如宇宙的一个结论。相信个人有无限重要性，正是中世纪的信仰。当时的整个科学，例如占星学，就建立在这个信仰之上。甚至天上的星星都同个人的命运密切相关，仿佛就代表着这个个人。天上地下及其间的一切都围绕着个人转。所以，浪漫主义者非常怀念占星学,希望能够复兴这门学术。蓝花在占星学中是个人的星宿,在炼金术中则是所谓点金石(参阅豪赫的小说《炼金士》)。奥·威·施莱格尔在一八〇二年作于柏林的讲演《论文学、艺术与时代精神》中说过:"我们既然可以把凯普勒称为最后一个伟大的占星学家,那么在这个意义上,天文学也必须重新变成占星学。……占星学由于狂妄自负的学术架子,受到了世人的轻视;但是,它以不朽真理为基础的观念,却不能仅仅因此而加以抹杀。认为星体具有能动的影响,认为它们由心智赋予活力,宛如低级神祇,对它们所支配的天体发挥着创造作用——这种观念比认为它们是死灭的、由机械原理支配的物质之类想法要高超得多。"海贝格在致邦岑的信中同样说过:"必须承认,中世纪及其炼金术和占星学方面的迷信,以相信自然的单一性和精神的单一性为基础,……按真正的科学精神而论,要胜过当代,后者枯燥无味地否认了那个毕竟大有关系的唯一物。"而且,他在论赫文的文章中,同样赞美占星学是"以中世纪的沉思的神秘主义为基础"的。连海贝格都称颂蒂肖·布乃埃①的占星学的偏见,这就无怪乎格隆特维格要支持他的地球中心说了。这里是浪漫主义,那里也是浪漫主义!

浪漫主义者愿意在匮乏的基础上,也就是在憧憬的基础上,建立一种人生观和一种文学,——这种文学的根据正是关于个人无限重要性的观念。愿意把人生观建立在匮乏的基础上的人,总比愿意建立在快乐(不管是今世的快乐还是来世的狂欢和天福)的基础上的人要更懂事。因为,我们所知道的一切快乐都被悲伤和亏损摧毁了,依赖匮乏就要更好一些、更安全一些。但是,浪漫主义者不仅依赖匮乏,他们还依赖满足,他们渴慕着,他们在对蓝花的憧憬中漫游着,蓝花在远方向他们眨眼示意。

但是,憧憬就是无所事事,而且是通过无所事事得到滋养和增长。

---

① 蒂肖·布乃埃(1546—1601),丹麦天文学家,凯普勒的先驱。

谁要是克服了这种浪漫主义的人生观，谁就不会把生活建立在这个基础上。憧憬产生衰颓的愿望，而浪漫主义文学就是这种愿望的诗。浪漫主义的愿望是那么精巧，它可以在浪漫主义世界里得以实现。生活包含着愿望所允诺的一切。真正浪漫主义的主人公，睡着就能达到幸福。所以，这种文学使天真的读者产生这样一个印象，似乎在这个世界上，只要能够真正地憧憬，能够全力以赴地希望，就会百事顺遂，一切障碍不费吹灰之力就可以一扫而光。我们要有所憧憬，这是永恒的真理；我们必须把憧憬建立在比较牢靠的基础上，这同样也是真理。

在我们周围的一切模棱两可、变幻莫测和疑虑重重之中，只有一件东西是确实的、驳不倒的，那就是痛苦。正如痛苦是确实的，减轻痛苦和解除痛苦的好处也是确实的。忍受着痛苦，被束缚或拘禁起来，确确实实是十分不愉快的；同样，痛苦治好了，眼见束缚松弛，牢门敞开，也确确实实是大快人心。Hic Rhodus, hic salta!① 这里必须完成一件自由的功绩。我们可以满脑子迟疑不决地四处漫游，根本不知道应该相信什么或者应该做什么；但是，当我们看到某个人的指头给夹住了，看到一扇沉重的门压在某个同伴的手上的时候，我们应当怎么办，这是没有一点怀疑的——必须设法把门打开，赶快把手抽出来。

然而，幸乎抑不幸乎，世上总有一些双手被紧紧夹住的人，总有一些受苦的人，总有一些蹲在各种各样的监狱——无知、愚昧和奴役的监狱里的人。我们必须解救他们，我们的生活必须以此为目标。浪漫主义者却自私地追求个人的幸福，自以为有无限的重要性。新时代的儿童既不会向天空察看他的星位，也不会向天边寻求蓝花。憧憬就是无所事事。但是，他要行动。他将理解歌德最后让威廉·迈斯特去当医生的用意。

在憧憬的基础上，既不能建立一种人生观，同样也不能建立一种同生活息息相关、长久令人满意的文学。文学创作的任务永远是用凝

---

① 拉丁文："这就是罗杜斯岛，跳过去呀！"意为立刻拿出实际行动来，不要徒托空言。出自伊索寓言《大言不惭的人》。

练的形式表现一个民族或一个时代的整体生活。浪漫主义文学却抛弃了这个任务。以诺瓦利斯为最典型的代表,他们从诗人的心灵中排除了整个外部现实,而用它的诗意的憧憬创造出一个诗与哲学的体系。他们并不表现人生的广度和深度,只表现少数才智之士的梦幻。阿里斯托芬的《鸟》里的云城及其空中楼阁,就是他们所憧憬的圣地。

十四　阿尼姆和勃仑塔诺

赫尔德一七六七年出版的《各族人民的声音》,只搜集了二十首德国民歌。赫尔德当时表示,他希望在有生之年能看到一部大型古代德国《民族歌谣》集(这个名称就是他起的)出版。一八〇六年,路·阿·封·阿尼姆和克莱门斯·勃仑塔诺出版了《儿童的魔号》第一卷,其中包括二百一十首德国民歌;一八〇八年又以同样的篇幅增出了两卷。这部民歌集不但在文化史上具有极大的意义,而且在德国抒情诗和文学创作的发展上,也普遍地引起了轰动。它扬起了那种天然的音调,多少年来为浪漫派和后期浪漫派的抒情诗添加了新鲜的气息和响亮的和声。即使是海涅的作品,尽管纯粹现代的内容取代了浪漫主义题材,它的韵律、形式和许多几乎不可觉察的文风特色,都从民歌的天真妩媚中不断汲取了养料。本世纪的德国抒情诗之所以胜过法国抒情诗,大概是因为它摆脱了一切绮语浮词,而这一点不能不归功于《儿童的魔号》的影响。

这部民歌集的两位编者一致地偏爱古代德国的民歌,一致地采用略加现代化而不斤斤计较的方式复现这些歌曲;而且他们两位本质上都是地道的浪漫主义者,但是他们却又是两个极不相同的性格。

路德维希·阿希姆·封·阿尼姆于一七八一年出生在柏林,在格廷根攻读自然科学,后来旅游德国各地,见识国家和人民,并搜集民歌。然后在海德堡住了一段时间,同克莱门斯·勃仑塔诺和格雷斯相遇。一八〇八年,和他们一起出版《隐士报》,蒂克、乌兰德、荷尔德林和雅可布·格林都给它投过稿。后来,他把这个刊物改名为"寂寞的安慰"继续出版。

一八一一年,他同勃仑塔诺的妹妹、后来出名的贝蒂娜结了婚,此后便时而住在柏林,时而作为勃兰登堡的乡绅,住在他的维佩斯多夫庄园上。从他的私生活来说,他没有一点浪漫主义气味。他是一个身心健康的人,一个明理懂事的农民,一个老成持重的新教徒和普鲁士人。艾亨多夫这样描写过他:"仪表堂堂,温文尔雅,在一切事情上坦白、热烈而谦和,殷勤、忠实而公正,甚至对那些为众人所抛弃的朋友也诚恳相待,这就是阿尼姆的本色;而这种本色在别人身上则带着中世纪的色彩,也就是一种最佳意义上的骑士风度,所以对于同时代人总显得古怪而陌生。"

他的气质一定包含一点什么古怪而陌生的东西!因为,尽管阿尼姆在生活中那么庄重老成,那么宁静和谐,他的诗作却给人一种同样不安定、不纯净的印象。他本人可以说是浑然一体,他的作品却决不能这样说。

除了几个现在已不堪卒读的剧本外,他留下了两部长篇小说和一些中篇小说,这些作品充分证明他是个幻人。"幻人"(Phantasiemensch)一词同样可以用在勃仑塔诺身上。他们之间第一个触目的区别就是,如果说勃仑塔诺的强处在于天真的幻想,那么阿尼姆的幻想便毫无天真可言,即使在最狂乱的飞跃中,也是一本正经的。尽管他爱民俗文学艺术,尽管他努力想为有教养者的眼睛打开那天真烂漫的宝藏,他在自己的创作中却始终是个贵族,一贯重视自己的尊严,从不像勃仑塔诺那样放浪。如果他的诗兴大发,那也只是一种冰冷的、几乎是僵硬的疯狂,而勃仑塔诺的缪斯则显得激昂而欢快。

他在造型表现方面有一种巨大的、然而很快枯竭的才能。这种才能在几个短篇小说以及一些更短的长篇小说片段里表现得恰到好处;但是,在一些颇见功力的描写和人物之间,却穿插了一大堆与本文无涉的、不可能发生的、连现实意识最不发达的读者都会产生反感的插曲。有时他像煞有介事地生搬硬套民间迷信,例如让泥人儿莫名其妙地有了生命,让一株曼陀罗花变成了科内利乌斯·内波斯大元帅[①]。有时他又求助于旧式传奇的行头,例如离奇的出身、失儿的复得、乔装打扮、久别重逢。他还欢喜采用一些谣曲,借口它们是他的某个人物的创作;这些谣曲流畅有余,悦耳不足,而且往往打断情节的进展,尽管暂时引起读者的兴趣,但立刻就被忘却了。

他的那部描写当代题材的最长的小说《多洛莱斯伯爵夫人的贫穷、富裕、罪过和忏悔。为了供贫寒小姐受教和消遣而写的一篇实事小说》(1810年出版),整个说来,就像这个题目一样冗长拖沓。这部小说也是《威廉·迈斯特》的后裔。它描写一群性格殊异、举止高贵而又有才气的人们在波折迭起的环境中的内心生活。只是在这部小说中,一切都带有纤细的、虔敬的笔调,这是完全不同于《威廉·迈斯特》的。

这个故事开头描写一个城堡,由于主人的贫穷,几乎破败不堪了。这段描写很动人,很充分;在法国文学中,只有戈蒂叶的《弗拉卡斯上尉》描写悲惨城堡的一段可以与之媲美。想到昔日的豪华,对照今日的衰败,我们不禁为之怃然。一文不名的年轻的伯爵夫人多洛莱斯,她那轻浮自私的性格,也是以巧妙的手笔勾勒出来的。这位贵妇人终于赢得一位显赫而富有的青年人——卡尔伯爵的欢心,他狂热地爱上了她,并克服了重重困难,同她结了婚。在卡尔伯爵的性格中,阿尼姆做到了德国文学以前从没做到过的事,那就是,描绘出英国人所谓的 a perfect gentleman("一个地道的绅士"),这是一个别的国家没有相当词句来表现的概念。一个 gentleman 是一个有信誉、有气概、庄重严肃、生来支配人的人;此外,他还是一个优秀的基督徒,讲良心,不自私,保护周围一切人,不仅天性善良,而且原则上品行方正。阿尼姆似乎在这个人物身上,体现了自己身上的许多优秀品质。不幸,他并没

---

① 原为罗马历史学家,西塞罗的朋友。

有赋予它足够的生命;一层梦幻似的薄雾笼罩着这个感情优美的人,他总是在写诗,总用一种由传奇精神所启发的语言讲话。

小说的高潮是年轻的伯爵夫人的误入歧途。她被一个西班牙公爵所引诱,这个人改名换姓,假冒头衔,混进了她的家,他不仅对她的虚荣心极尽谄媚之能事,而且还以催眠术的魔力玩弄她于股掌之上,以过分浪漫的神秘口吻使她相信,他同崇高的、甚至神圣的势力相通。阿尼姆在创造这个人物的时候,心目中似乎有扎哈里亚斯·维尔纳的形象。在他身上正可以看到同样一种无耻的淫荡和伪善的神秘的混合物;我们还知道,维尔纳的母亲有一个固定观念,竟认为她是圣母玛利亚,她的儿子就是救世主。这一点同《多洛莱斯伯爵夫人》中的如下一段诱奸场面可以说是异曲同工:

"侯爵睁大眼睛仰望着,扬起了双手,似乎在向一个神灵恭顺地致敬;他念念有词,她却一点没有听见,他指着她,仿佛她头上有什么东西悬着,伯爵夫人胆怯地问他,他看见了什么。他说,他看见了圣母,看见圣母正把她——伯爵夫人——推向他的怀里,还拿着一个玫瑰花环,放在她的头上,同时说道:'跟我来!'多洛莱斯大惊失色,紧紧贴着他,还以为真是被人推到了他的怀里;她感觉到他的呼吸,还以为是神的呼吸,便叫喊起来:'我感到了它,我感到了她的呼吸,它像东方的太阳一样热,像母爱一样热。'——他听到这些话,也叫喊起来:'我就是她的儿子啊!'于是一阵抽搐,顺势倒在伯爵夫人身上。他原来经常给她谈过神话里的奇异的复活;看来她是不自觉地喃喃说出这样一些话:'你,全能的神圣的主啊,你是由于人性的脆弱才给送到我手里来的!'——他于是呻吟道:'你就是我永远的新娘啊!'"

看来几乎可以说,阿尼姆在这里正想借用虚构的人物,来表现勃仑塔诺、维尔纳或另一个浪漫主义同志的神秘而又肉感的放荡行径。在这一群人中间,尽管他在创作上同样赞美天主教,只有他一人毕生是个虔诚的新教徒。阿尼姆用下列一段话描写那个玩弄催眠术的诱奸者的性格,看来正是想说明在他的浪漫主义者同志们身上已经变成放荡不羁的那种宗教感情。"公爵的这种虔诚心情,在他虔诚的夫人眼中显得那么纯洁,我们没有正当理由全部怀疑它;他身上也有那种虔诚的本能,而且正是克莱莉亚身上的虔诚本能先吸引了他,当然也并不长久……此后,他便屈服于一种迷信的恐怖;久而久之,他淡忘了罪恶;他现在不仅听凭虔诚气质的驱使,到西西里的各个圣地去拜访所有的教士,他还拿他妻子身上的虔诚来欺骗自己;这是他的一种新刺激,他不得不一再增强这种刺激;宗教就是他的一种新鸦片;天性使他越吸越要吸,直到再也不能吸为止。"(《多洛莱斯伯爵夫人》卷2)。

阿尼姆在这部小说中,不仅严厉地谴责了浪漫派内部的放荡行为,还以尖锐的机智鞭挞了浪漫派的一个敌人延斯·巴格森。此人一定在海德堡同阿尼姆碰过面,他正是在那里针对浪漫主义诗人写了一组十四行体的讽刺诗,把他们称作"德国诗坛上的无套裤党人"。就在《多洛莱斯伯爵夫人》问世的那一年,他把这些十四行诗出版了,题名为《红宝石或小铃铛年鉴,为基督降世一八一〇年成熟的浪漫主义者和新生的神秘主义者所编的手册》。

不过,毫无疑问,阿尼姆的讥刺对象未必是巴格森的诗文,倒是他的人品的反复无常。身为浪漫主义者的这个敌人在生活中表现得比任何一个浪漫主义者更随便、更任性,阿尼姆既然对一切未必可信的稀罕事物感兴趣,他便不会不注意到这样一个怪人。他以诗人兼"朝圣者"的形象,为巴格森画了一幅诙谐而又刻薄的漫画。他描绘了朝圣者的妻子那天夜里断气的情况,描绘了三个漂亮的村姑突然来安慰他,显然这些讽刺笔墨的着眼点就是巴格森在爱情事件中朝三暮四的品质。阿尼姆的用意无疑是想指摘整个人类在感情生活中的任性和轻佻,把这些典型特征及其荒诞可笑暴露出来。

他的七年以后才出版、始终没有完成的历史小说《王冠守护人》(1817年),像他从前的小说一样,写出了几个非常丰满、鲜明的人物,但是另外也有太多恶劣的虚构成分,太多未经消化的神秘而抒情的素材。在小说的背景上,矗立着那座阴森的被施过魔法的多角形城堡,七座钟楼完全是透明的;它们似乎是用玻璃做成的,因为每一座都在黑色的岩石上、甚至在更远的水面上投射出一片彩虹来。为霍亨斯陶芬王朝看守王冠的几个王冠守护人把这座城堡当作秘密的避难所,经常从这里出发去干报仇雪恨的勾当。但是,这个神秘的背景不是主要的内容。这部小说使我们难忘的,是几个作者着意描绘的主要人物,它们在德国文学中迄今为止也许只有高特弗利特·凯勒的历史小说中的人物才能相比。

例如,主人公的养母希尔德加德夫人,本书一开头就这样有趣地向我们做了介绍:"新来的守塔人马尔丁同他的前任的寡妇结了婚,因为她长得太胖,下不了那个狭窄的螺旋形楼梯。我们当然不能为了她的缘故把塔拆掉,所以她不得不下决心来结这门亲事,尽管她本来愿意嫁给我们的办事员贝特霍尔德。牧师不得不到那里去为他们证婚。"这个寡妇如此肥胖的故事当然是胡诌,但它仍然为这本书提供了一个独出心裁的开场。

故事发生在路德时代,路德的形象出现在背景上。还很少看到一个浪漫主义的作品,对他作过这样温暖的描写:"正如一座大山既向东方又向西方送出溪流一样,这个人把别人从来结合不了的相反事物结合了起来,例如谦恭和骄傲,清楚的认识和盲目的信仰,对自己的必由之路的信念和乐于接受别人忠告的态度。"

一个重要的角色是浮士德博士,就是通俗传奇中的那个浮士德,著名的博士和炼金术士。他满面红光,满头白发,秃脑门,穿着朱红色宽短裤,佩着十枚勋章。他一半是天才,一半是江湖医生,创造奇迹似的为人治病。

写得最美的是一个女人,主人公的未婚妻,他年轻时的情人阿波洛尼亚的女儿安娜·策林格尔。她是一个身材修长的德国少女,体态丰腴,风度高贵,但也有高特弗利特·凯勒专门用以描写他的少妇的那种肉感吸引力。故事的主人公、市长贝特霍尔德,是阿尼姆的个人理想的又一化身。他出身高贵,但在卑贱的环境中长大,各方面都很平凡，是个善良、正直、不闹事的公民。但是，他在内心却始终是个贵族，念念不忘铠甲、刀枪和比武，而且事先没有经过训练，就在他所参加的第一次比武中赢得了锦标。

当然，也少不了一些神秘的插曲。在早期的小说中，一个乡村牧师只要望一眼，就能使不生孩子的妇人受孕，这样神秘的插曲在《王冠守护人》中就出现得更多，更离奇了。例如，浮士德为贝特霍尔德治病，给他注射了一个名叫安东的壮小伙子的血液，事后贝特霍尔德就觉得安东不知怎么对他（贝特霍尔德）的情人安娜获得了所有权；而安东本人也立刻感到莫名其妙地爱上了安娜。

《王冠守护人》像阿尼姆的所有长篇创作一样，是个东拼西凑、支离破碎的产物，尽管这些碎片也不乏诗意。只有在短篇小说中，阿尼姆才能达到完整、统一的效果。《菲兰德》就是模仿三十年战争时期一位作家莫舍洛施的风格的一篇趣味无穷的作品。在《君王全神和歌者半神》中，我们又看到了浪漫主义者得意的"离魂"主题，这里写的是两个不相识的异父兄弟十分相似，由此讽刺了小邦朝廷的繁文缛礼。但是，阿尼姆最优秀的、最能表现他的个性的作品，乃是《拉东努碉堡里发疯的伤兵》；这篇作品把阿尼姆所特有的怪诞作风表现得淋漓尽致，却一点没有超越可能性的限制；它的中心思想是非常动人的，真正合乎人性的。

这篇小说像阿尼姆的大部分小说一样，也有一个稀奇古怪的引子。马赛的老指挥官杜朗德伯爵傍晚时分坐在噼噼啪啪的火炉旁，一面用木腿把橄榄枝推到火里去，一面梦想制造新式的烟火，这时突然醒来，发现他的木腿着火了。他大呼"救命！"一个正走进屋里来的陌生女人冲到他身边，想用她的围裙来灭火；燃烧着的木腿又把围裙点着了，直到街上的人们提着水桶冲进来救了他们。这个女人到这里来，是为她的丈夫递送申请书的，他自从头部受伤后，态度一直有些古怪。他是一个十分能干的、有功的士官，只是有时很不耐烦，谁也没法和他相处。一半出于同情，一半因为这件事使他发生兴趣，指挥官派他去看守碉堡,这里一共只需要三个人,所以他没有同周围的人起冲突的危险。

　　他刚一进碉堡,就发了疯;他把善良的妻子赶走,不让两个下属进去,向指挥官宣战,从高不可攀的悬岩上向马赛开炮。三天来,他使全城陷入了恐怖状态。虽然有伤亡的可能,而且还担心疯子会引爆火药库,大家仍然准备猛攻碉堡。他勇敢的妻子,尽管丈夫疯了,还是很爱他,便请求先让她进碉堡一趟,如果可能,就解除她丈夫的武装。他向她开火,而她为爱情所驱使,毫不慌张地爬上了山岩小径,顶上有两门实弹大炮对着她。于是,由于这场可怕的刺激,疯子头上的旧伤口又炸裂了;他清醒过来,摇摇晃晃地去迎接他的妻子——他和她以及全城人都得救了。

　　这篇小作品同样由于引进超自然的势力——继母的一个荒谬的诅咒促成了全部灾祸——未免削弱了艺术效果;不过,整个作品的简单命意,仍是歌颂那种坚强而美丽的爱情,这种爱情甚至有力量把魔鬼赶走。

　　在这篇作品中,像在他的其他小说中一样,阿尼姆也表现出对于普通人的宽厚的同情,这种同情是同贵族的浪漫主义者极其相称的。他的贵族情操处处流露在他的浪漫主义幻想中。正是同样一种对于心地纯善的人们的爱,使他搜集和出版了那些民间歌谣,并在《多洛莱斯伯爵夫人》中表现为主人公的这样一段话:"我向你发誓,每逢我不得不为了几行十分肤浅的官样文章付出一两个塔勒的时候,我简直愤怒到想拿起墨水瓶,照律师的牙齿砸过去。我要是看见一道闪电从天空劈下来,把那些发霉的文件烧光,我是一点也不会感到惊讶的。连我都是这样感觉,这一笔支出对于穷人一定是更其惨痛的,他们要勉强凑齐这笔钱,也许不得不从早到晚劳动整整一个星期呢。"在他的《论民歌》一文中,还可以看到同样的思想,他说人民已经"把法律看作一场飓风,或者其他任何超人力量,他们一定得抵御它,或者一定得躲避它,否则就束手无策,只有绝望。"

作为德国民歌的搜集者和出版者,同阿尼姆相提并论的,是他的朋友克莱门斯·勃仑塔诺(1778—1842)。勃仑塔诺纵情发挥丰富的想象,同阿尼姆有些近似,但为人游移不定、不堪信赖,恰巧是他的对立面。他生性能言善辩,谈笑风生,在这方面又胜过阿尼姆;然而,他不是作为人、而是作为一个灿烂夺目的心理现象,才引起我们的兴趣的。只要他不像他的精神亲属扎哈里亚斯·维尔纳那样堕入恶趣,他就值得我们同情。他的行为从不下流,可是从"诚实"这个词儿最严格的意义来说,他决不能说是诚实的;后来他在智力上迟钝下来,放弃了各种写作活动,只为了他的宗教狂热而活着。他的情况几乎跟年纪轻轻就精神失常的荷尔德林一模一样,最后二十五年的生命同文学完全绝缘了。

勃仑塔诺当初在浪漫派中间是个淘气鬼,是个反复无常的恶棍和牛皮大王。他一再得罪了已经巴结上的朋友,而且总禁不住要扰乱和败坏亲手巧妙培养的情趣。他有一种一般浪漫主义者身上少见的、以相当恳切的态度处事的优雅。他跟其他各种从事创作的才子一样,一拿起笔来就变得比在生活中更诚恳、更严肃、更深刻了。所以,尽管他为人油腔滑调,作为艺术家倒很少给人扯烂污的印象。

从人品来说,他是没有脊梁的。因为他在自己身上找不到依靠,他对于权威信仰只有两种态度:一种是不顾一切的反抗,另一种是同样不顾一切的屈从。他的性格就在这两个极端之间摇摆不定,直到在屈从中平息下来为止。

这个大浪漫主义者把他全部的禀赋和才能只用来培养想象。他的一封信中有这样一段自白,说得相当中肯:"我的孩子啊,我们什么也没有培养出来,就只有想象,而它反过来又把我们害苦了。"这样一种无拘无束的想象,如果没有一点事实来保持平衡,就太像一派谎言了;所以勃仑塔诺年轻时候就是一个撒谎成性的人,他最大的乐趣就是胡编自己的忧患,逗得太太小姐们赔眼泪。

勃仑塔诺是浪漫派的 enfant perdu(法语:迷途的孩子),也可以称他为文学上的浪子。正如《新约》中的浪子一样,他也是个挥金如土的人;他在创作和论说中有许多奇思妙想,有丰富的紧张场面,由于缺乏坚实的形式,因而缺乏对于时间的抵抗力,全部被他浪费掉了,因为时间很快就把所有不成形的东西一扫而光。他还不到四十岁,就耗尽了他的才智,浪费了一切,像《圣经》里的那个浪子一样,甘愿用饲养牲口的葡萄渣填肚子,那种东西只有无知而又迷信的人才去吃。总而言之,他到一八一七年变得执迷起来,开始像少年时期那样,重新到教士面前去认罪忏悔。一年以后又同所有人断绝交往,以便陪着修女卡塔琳娜·埃梅里希一起顶礼膜拜,度过他一生中的后六年。这个修女自称经历了救世主的全部苦难,像中世纪的圣者一样,身上奇迹般地出现了基督的伤痕;他把这些伤痕看作上帝恩宠的标记,怀着敬畏的心情看着它流血。卡塔琳娜使他相信,她具有一种神秘的、超自然的预见力,他便小心翼翼地记录下她的每一个幻象和错觉。他撰写了她的生平,编纂了她的思想言论,并按照她的口述写出了《最神圣的圣母玛利亚传》。她于一八二四年去世后,他几乎就专门从事整理包括她的各种口头言论在内的十四大卷手稿。

  勃仑塔诺的一生充分证实了歌德的《浮士德》中梅菲斯特的这段话:

   尽管蔑视理性与科学,
   那人间至高无上的力量,
   尽管说谎大王使你
   坚信魔术和幻象,
   你已无条件地落入我手掌。

  他的生活方式果真少不了幻象和魔术,他曾经认为理性枯燥、贫乏而加以嘲笑,后来想不到堕入了一种比最空洞的理性主义更枯燥、更贫乏的萎靡境界。他决不是个伪善者,正如那个善良的灵魂卡塔琳娜·埃梅里希决不是个骗子一样。他的虚弱、动摇的自我由于深悔少年的孟浪而更加虚弱了,他便渴望从外界寻求一种坚固的支持力量,因此以其灵魂的全部狂热依附教会的奇迹世界,正如他早年依附诗意的童话世界和鬼怪世界一样。

他晚年终于成了一个宗教狂,只是偶尔才看出他爱开玩笑的老习惯。例如,他有一次说,他按照卡塔琳娜·埃梅里希的幻象,丝毫不爽地画出了她所看见的那个使徒,但是贝蒂娜发现,他仍情不自禁地给使徒保罗的脖子上挂上一个旧的古怪可笑的烟草袋作为游僧袋,那个烟草袋在他的熟人中间流传过许多笑谈。

克莱门斯·勃仑塔诺论父系有意大利血统。他的祖父是科摩湖畔①特莱梅左市人,在美因河畔法兰克福开一家商店。从母系说,他是威朗德的朋友、女作家索菲·拉洛希的后裔。

他外表上很像大家心目中的一个诗人:美丽,白皙,瘦削,满头黑色鬈发。棕色眼睛有长睫毛掩盖着,眼光游移不定。他欢喜用美妙深沉的声音唱自己的歌曲,并弹着吉他伴奏。

他学商不成,于一七九七年来到耶拿,在那里结识最著名的浪漫主义者弗·施莱格尔、斯特芬斯等人。由于他疯狂的恶作剧和"常常怀有恶意的吹牛",这些朋友几次吓唬他,要打他的耳光,而且有时真揍了他一通。但是,他按捺不住老毛病,还要去捉弄别人。很年轻,他就在耶拿爱上了一个有才能的女人、当地一位教授的妻子索菲·梅罗,和她一起经历了各种奇遇,这些奇遇就写在他的第一本书《戈德威,又名母亲的石像。一本未经推敲的小说》里。一八〇二年,路·蒂克用大理石为勃仑塔诺塑造了一座半身像,梅罗夫人用下列充满真情挚爱的诗句描写了那座石像给她的印象:

艺术家这里创造了何等美丽的雕像?

---

① 科摩湖在米兰市以北。

请问他出生在哪一个温和地带?
为什么没有题词把他的名字告诉我,
既然那无生气的嘴唇永闭不开?

眼里燃烧着向上的热情,
额上笼罩着创作的灵感,
那儿只装饰美丽的鬈发,
还没有戴上光荣的月桂冠。
这是一个诗人。他的嘴唇
交织着爱情,闪耀着奇妙的生命,
沉思的眼睛蕴藏着浪漫气氛!

诙谐调皮地停留在颊部;
荣誉不久会将他的姓名宣布,
并用月桂冠装饰他的头颅。

勃仑塔诺得到幸福比得到荣誉更快。一八○三年他同索菲·梅罗结了婚,她已经同原来的丈夫离了婚。此后他们幸福地生活了几年,直到一八○六年她在产床上去世。

在海德堡,他同阿尼姆一起出版了《儿童的魔号》,同格雷斯一起出版了《钟表匠博格斯的故事》。他还独自刊印了自己的几部作品(《快乐的音乐家蓬斯·德·莱昂》,《游学记》)。在法兰克福,他又陷进了一场爱情纠葛,构成他一生许多奇特的悲喜剧插曲之一。一个年轻的姑娘,名叫奥古斯特·布斯曼,是银行家贝特曼的外甥女,狂热地爱上了他,他把她拐跑了,到加赛尔跟她结了婚。据说,他在去教堂的路上就想从她身边逃掉,但是孔武有力的新娘却紧紧抓住了他。婚礼后几天,她便把结婚戒指扔到窗外去了。她欢喜头戴羽毛帽,跨上飘着大红鞍饰的马匹,在大街上驰骋。据说,她用种种方法折磨他,其中最令他难堪的一件事,就是她随时要用脚在床板上敲鼓,这样闹了一阵以后,照例还要用脚指甲在床单上表演一番拨弹。他简直没法忍受,只好一走了事。① 那豪勇的妇人同年就和他离了婚,不久重新结婚了。

勃仑塔诺在柏林定居下来,由于健谈、机智以及烟火似的奇思怪想,不久就在那里变成红人。他在柏林写了一些童话和《玫瑰花环传奇》大部分。在波希米(他的弟弟克里斯蒂安在这里经管着家里的布科旺田庄),他写了剧本《布拉格的创建》。一八一六年回到柏林,他又写了著名的短篇小说《勇士卡斯佩尔和美人南内尔的故事》《不止一个韦米勒》和《三颗胡桃》。接着,他改变宗教信仰,不再以文学为生。此后他的出版收入,便都捐献给慈善事业了。

斯特芬斯这样谈到勃仑塔诺,说他在浪漫主义者中间,是唯一似乎真正懂得一无所求的人。他把他称作玩世不恭的克洛诺斯②,因为他以纯想象的辩证法用后语破坏了每一句前言,从而吞食了自己的孩子。但是,勃仑塔诺作为抒情诗人、童话作家和小说家,仍创作出若干种具有长远价值的艺术作品。

在他的诗作中,有某种亲切、天真的成分,甜得腻人的成分。他懂得凝缩情绪,但照例又通过重复、叠句或插入 Ru、Ku、Ku、Kuh 等等含糊音,破坏了这种情绪。他所有的诗篇几乎都有几节卓越的诗句,但所有的诗篇又几乎都写得太长。他习染了民歌的迂远和散漫。下面几节无从翻译的诗句,是从《诗人的花束》中摘引出来的,显然可以见出他的独创性:

> Ein verstimmend Fühlgewächschen
> Ein Verlangen abgewandt,
> Ein erstarrend Zitterhexchen,

---

① 见格德克:《德国诗歌简史》卷三,第一编第 31 页。——原注
② 希腊神话里的农神,曾经篡夺父亲的王位,后来又为儿子宙斯所推翻。

Zuckeflämmchen, nie verbrannt.
Offnes Räthsel, nie zu lösen,
Steter Wechsel, fest gewöhnt,
Wesen, wie noch keins gewesen,
Leicht verhöhnt und schwer versöhnt.
…………
Keiner feiner Nacken! sterben
Möcht in Küssen ich an Dir,
Könnt ich nur mein Küssen erben,
Liess ich gern mein Leben hier. ①

　　这几节诗的浮艳雕琢，最能反映勃仑塔诺的风格。他特别讲究格调，却很少给人矫揉造作的印象；这只是标志了他的半病态的柔媚气质。

　　他的《织女之歌》单纯而动人地表现了他和索菲·梅罗的长期别离之苦。这首诗是这样开头的：

　　　多少年前夜莺
　　　也是唱得这么美，
　　　唱得多么甜蜜啊，
　　　那时我们在一起。

　　　而今我唱着，哭不出来，
　　　独自一人纺着线，

---

① 大意：一株令人心烦的小小的含羞草，一个被拒绝的要求，一个令人发僵的战栗的小女妖，永远烧不尽的抖动的小火焰，永远解不开的明白的哑谜，习以为常的不断的变化，从未生存过的生物，可嘲弄而不可调和。……没有更优美的纤颈！我愿吻你而死去，我只能继承我的吻，我欣然就此舍生。

　　　　线儿又白又净，
　　　　只有月亮照窗前。

　　　　那时我们在一起，
　　　　那时夜莺也在唱，
　　　　而今它的歌声提醒我，
　　　　你已离我去远方。

　　　　每逢月亮照在窗前，
　　　　我独自把你思念，
　　　　我的心儿又纯又净，
　　　　愿上帝使我们团圆。

　　勃仑塔诺在他的幻想曲《罗累莱》中创造了一个人物（它在其他诗人笔下、特别是在海涅的名诗中也曾经显得那么生动，那么富于民间风味），使人相信它来源于真正的民间传说，人们为此而赞扬他，是公正的。但是，如果像格里泽巴赫和舍雷尔那样，把这种赞扬看成是对于海涅荣誉的贬低，说什么海涅只具有较好的文学技巧，而勃仑塔诺却具有较大的创造才能，那就是不公正的。这种说法显得不公正，特别因为勃仑塔诺最美的抒情诗都是通过借用和改编民谣写出来的。例如，读一读那一首美丽的《他是个收割人，名字叫死神》。这首诗在《儿童的魔号》中也可以找到，题目是《收获之歌》，开头是这样的：

　　　　他是个收割人，名字叫死神，
　　　　他的权力来自最高的神明，
　　　　他今天刚磨好了刀，
　　　　刀磨得又快又好，
　　　　他马上就要动手，

我们只有忍受,

当心哪,美丽的小花儿!

在勃仑塔诺笔下,这一段改写得更精致一些:

他是一个收割人,名字叫死神,

他要割谷了,要是上帝批准,

他磨好了镰刀,

割起来银光闪耀;

他马上就要割掉你,

你只有吞声忍气

给编进收获花环里去,

当心哪,美丽的小花儿!

后面几节诗在原作中不仅比勃仑塔诺的改作更单纯,而且也更美。

他的大型组诗《玫瑰花环传奇》、浮士德传说的一个浪漫主义的变体,主要是写对于知识的渴望和知识所产生的骄傲。浮士德的形象变成了梅菲斯特式的恶的原则。即使在这首诗中,也像在《罗累莱》中一样,勃仑塔诺为海涅的风格准备了道路。这部传奇是用四脚韵长短格写成的,它们的抑扬顿挫和整个风格开辟了海涅的长短格诗章,特别是在一方面是纤巧的诗句而另一方面是学术名称、繁难的法律事故、中世纪密宗的破烂所构成的调皮的对比上。

勃仑塔诺作为散文作家,一开始在《戈德威》中采用了《卢琴德》的风格。这部书在第一部分中主张,真正的道德在于坦白无饰地放纵肉欲,不道德则在于抑制和否认肉欲。女主人公狂放地宣传着淫荡的福音,憎恨婚姻像憎恨任何道德强制一样。到第二部分,又按照浪漫主义方式讽刺了第一部分和里面所描绘的人物。第一部分的主人公戈德威退到了幕后,作者本人化名"马利亚"代替了他。我们知道,作

221

者仅仅是想向第一部分中的一个人物的女儿求婚,他才掌握了这一部分所包括的那些通信。他曾经希望通过发表这些书信来达到这个目的。但是,第一部分没有打响,他便拿着它去找主角戈德威,要求他再讲一些其他的艳遇。戈德威惊讶不止,读着他自己的故事。他手里拿着书,把作者引到花园里去,指着一个池塘说:"这就是我在本书第二六六页掉进去的那个水池。"我们在《戈德威》中看见了浪漫主义者的纵欲同他们的讽嘲和自我二重化的结合。

从革命热情中摆脱出来,在勃仑塔诺身上比在弗·施莱格尔身上更其彻底;他变成了对于理性的绝对弃绝。他的转变像扎哈里亚斯·维尔纳的转变一样,是伴随着眼泪汪汪的罪恶感的。在《卡塔琳娜·埃梅里希的一生》中,他告诉我们,她是那样强烈地渴望着圣餐,常常夜间情不自禁地跑出了斗室,早上便被发现伸开双臂,跪在锁着的教堂门前;但是,他对这件事实却从没有作过一点心理学的解释。甚至当她向他详谈她身上出现了伤痕,详谈附近另一个修女的情况时,他从没想到她的这种表现或许是一种病态。

但是,在勃仑塔诺的创作生涯中期,他却写出了几本不止在文学史上令人感兴趣的散文作品。《戈克尔,欣克尔和加克莱亚》这篇童话就是一例。作者在这里显得是一个真正的名家,他采用一种玩弄词句和概念的散文风格,把最不相干的事物结合起来,但却以惊人的技巧保存了隐喻的形象,绝对没有打断观念联系的线索。其所以做到这一点,往往只是出于最松懈的联想、最偶然的回忆(例如,他记得童年时期曾经听见歌德的母亲说过一句话"这不是玩偶,这是美丽的艺术形象");但是这种稍纵即逝的意向,又是以一个精于对位法的作曲家所特有的严峻的艺术态度,在全篇中加以贯彻、变化和丰富的。

勃仑塔诺最有名的短篇小说《勇士卡斯佩尔和美人南内尔的故事》,尽管同样有些雕琢,风格上却庄重多了。

这篇作品的题材是从《儿童的魔号》借来的。这本民歌集(卷2,第204页)有一首短歌《世上的公理》,描写美丽的南内尔因愚蠢的丑行而受极刑,她为了见到被她掐死的孩子情愿死去。

> 旗手飞驰而来,挥动着旗帜:
> 美丽的南内尔得救了,我带来了赦旨。

> 旗手啊,亲爱的旗手,她已经死了;
> 晚安,美丽的南内尔,你的灵魂与上帝同在。

经过勃仑塔诺的改编,整个故事是由一个普通的老妇人——美人南内尔的八十八岁的祖母在一个星期六,坐在大街上讲出来的。他把那个虔诚而迷信的高龄妇人的神情描绘得惟妙惟肖,使我们感到她的形象栩栩如生,一直就在眼前。她若断若续地讲下去,有时还回过头来补充她遗漏的情节。通过她所讲的这个荒诞的故事,作者以圆熟的技巧使读者一直保持着悬念。在故事的讲述过程中,我们不可能对情节有全盘的了解,但却一直感到兴味盎然,热切地想知道谜语的答案,想了解那个女说书人所卖的关子。先用一块面纱向读者隐瞒着一连串事件,然后那么巧妙地把它们一件一件揭露出来,这种手段实在是罕见的。

这篇小说的另一优点就是把握基本题旨的那股气势,那个题旨即荣誉(真正的荣誉和虚伪的荣誉,以及从自尊心和虚荣心所产生的羞耻感)就是通过两个主角的经历和行为展示出来的。勇敢的卡斯佩尔因父亲和继母的丑行而陷入绝望,他的荣誉感太强了,近乎一种多愁善感的弱点。他自杀了,从而摆脱了得知情人、美丽的南内尔的不幸遭遇的痛苦。南内尔的整个一生为残酷的命运所支配。出自那种阴郁的迷信,诗人实在乐于以不可抵抗的神秘的宿命把她驱向灾祸和死亡。南内尔的母亲当年爱过一个猎人。这个猎人由于谋害人命而被判处死刑。当南内尔走近刽子手身边时,他的剑在剑鞘里抖动——这显然说明那把剑渴望她的血。猎人的头一被砍下,就向她飞去,用牙齿咬住了她的衣衫。我们在作品中经常读到,那个使她陷入错误和不幸的力量"用牙齿拖着她走"。虚荣心导向了耻辱;一个年轻的军官假装答应结婚,把南内尔诱奸了;她在悲痛和疯狂中掐死了新生的婴儿,然后向司法机关自首,用她年轻的生命偿赎了自己的罪过——她的诱奸者、那个旗手弄到一张特赦令,可是来得太迟了。

这个梗概说明,勃仑塔诺在这部特异的作品中,是多么尊崇浪漫主义的学说。完全不可能的预言在这里起着关键性的作用。关于女主人公的一生,我们在作品中看到一种纯东方式的宿命论观点;同时,还看到真正的天主教的信念(尽管矛盾丝毫没有解决),即主人公把人的荣誉原则置于上天恩宠的天主教信条之上,就是一件该受惩罚的罪孽。然而,这篇小故事除了艺术风格外,还有真正的民间情调。它的题材取自民歌,所以读起来隐约可见那种朴素的民歌精神。而且,更其值得注意的是,它在德国文学中是一部划时代的作品,因为远在伊麦尔曼的《高地田庄》问世之前,它就开了农村小说的先河,并以朴素的、尽管有点雕琢的音调拨动了那根琴弦,很久以后我们才在奥尔巴赫和另一些作家那里听到回声。

十五　浪漫主义戏剧中的神秘主义。蒂克。海因里希·封·克莱斯特。扎哈里亚斯·维尔纳

有一种文学形式,认为人的本质是自由和精神,并且首先从这方面来描写人,——它就是戏剧。在抒情诗中,情绪占着优势;在叙事诗中,由于广阔地描写到决定性格的环境和势力,性格反倒不出色了;但是,戏剧的对象是行动,而且因为人本来是有行动、有意志的,他本身就有明确的形式,所以人的性格使剧作者不得不赋予他的作品以明确的形式。戏剧要求明朗和精神;在一切都有所根据的戏剧中,各种自然力必须是精神的仆人或主人,但首先又必须是明白易懂的,不能把它们写成阴暗的怕光的暴君,认为不必解释自己的性质和职务。蒂克的两篇浪漫主义戏剧,悲剧《圣·格内维瓦的生与死》和十幕喜剧《奥克塔维安皇帝》,实在不过是名义上的戏剧而已。莎士比亚的《冬天的故事》和《配力克里斯》,卡尔德隆的抒情音乐插曲,使蒂克误入歧途,写出了文学史上没有见过的一些毫无形式可言的抒情-叙事作品。再也找不出比它们更拙劣,更谈不上构思、布局的戏剧作品了。蒂克认为唯一重要的,就是他所谓的"事件的气候",它们的气氛和芬芳、音响和颜色,它们所产生的情调及其在心灵上的反映,它们独特的光彩,而这种光彩又必定是月光才行。他把自己研究古老传说所感染到的情调安放在他的中世纪人物身上。他所以这样做,是一种宗教情绪使然。施莱尔马赫的《宗教讲演录》当时给他留下深刻的印象。为了找

到荒诞不经事物的宝藏,他打开了雅各布·伯梅的《朝霞》,并从一个讽嘲家变成一个热诚的信徒。最后,他遇见了诺瓦利斯,并受到他的影响。

不过,如果批判地读一读《圣·格内维瓦的生与死》,立刻就可以发现(蒂克本人也会承认),其中所表现的宗教,用以使作品具有艺术统一性的那种虔敬情绪,无非是对于宗教的浪漫主义憧憬罢了。连佐尔格①也是这样看的。在这个剧本中可以找到许多迹象证明这种憧憬。展现在我们面前的古老的虔诚时期,同蒂克自己所处的时期一样,在叹息着向往更古老、更虔诚的时期,甚至这个时期的宗教也只是对于宗教的憧憬。戈洛谈到他心目中代表善良古老时期的老骑士乌尔夫时这样说过:"我多么想嘲笑你的幼稚和情操啊!"格内维瓦留恋着过去;她跟蒂克本人一样,整天阅读古老传说来消磨时光;她以真正浪漫主义的口吻说道:

> 所以不是我笃行不倦的虔敬,
> 而是对于古代的深切爱慕,
> 使我感慨横生:而今我们
> 远不及那些伟大的善男信女。

本剧的男主角、那个哭哭啼啼的恶棍戈洛,又是一个威廉·洛维尔,他穿上了中世纪悲剧的戏装,也并没有显得更出色一些。

《奥克塔维安》在讽喻手法上很受《海因里希·封·奥夫特丁根》的影响;如果可以这样说,它比《圣·格内维瓦的生与死》写得更其粗糙、更其散漫。我们不妨把这部作品看作南北欧各种诗体的一个大型的样板,但实际上它不过是一系列令人厌倦的由自然引起、经过精心涂抹的印象和情调而已。

---

① 卡尔·威廉·斐迪南·佐尔格(1780—1819),德国哲学家。

在《幻想集》的序文中,蒂克本人谈到过,所有关于外部世界的明确印象是怎样流入他的内心,形成了一种神秘的自然泛神论:

> 我把它当作幽壑和高山,
> 当作森林、悬崖和平原,
> 它原来是一个硕大无比的头颅,
> 森林就是它的头发和须髯。
> 它含笑静观着它的孩子们
> 在它面前快乐地玩耍;
> 它一眨眼,又以森林的神圣的骚动
> 预示着一阵令人恐怖的惩罚。
> 我于是双膝跪下,
> 吓得四肢哆嗦。
> 我悄悄向小东西问这句话:
> 那个庞然大物是什么?——
> 小东西回答说:瞧你吓得直打战,
> 因为你胆敢望他望得那么突然,
> 他就是父亲,我们的老头子,
> 万物的养育者,名字叫作"潘"。

但是,蒂克对于山水林木的这些感受,他同样移之于人生;在描绘人生时,他也把所有的明确性、所有的性格都淹没在自然神秘主义的五颜六色的洪流里。他的戏剧中的这种神秘的泛神论为浪漫主义戏剧的基督教神秘主义性格开辟了道路。

阿尼姆和勃仑塔诺根本称不上戏剧家。后者在他的胡闹的喜剧《蓬斯·德·莱昂》中冒充莎士比亚的弟子,他不过学会了这位大师青年时代的矫揉造作的风格,在那篇剧作的对话中尽量玩弄一些机智到令人厌倦的文字游戏而已。在他的大型浪漫主义戏剧《布拉格的创建》中，魔术和奇迹、幻境和预言、产生神奇效果的指环和咒语代替了真正的性格和情节。不可思议的朕兆和万无一失的慧眼决定着事件的进程。

勃仑塔诺在本剧中把斯拉夫传说加以戏剧化的方式，有几分近似波兰浪漫主义者斯洛伐茨基(例如在《丽拉·文内达》中)处理同一题材的方式。他们两位都利用粗糙的神话和传说，制造出一些斯拉夫异教的图画，展示了一种直觉的才能。事实上，各国的浪漫主义作家对于宗教神秘主义比对于戏剧的真实性和效果更为敏感。勃仑塔诺的这部戏剧确实影响了他的同时代人格林兄弟的神话学理论。

阿尼姆的《哈雷和耶路撒冷》按照他自己的说法，是一部"由两部喜剧合并而成的悲剧"，它把永远流浪的犹太人的传说同加顿尼奥和赛林德的故事①交织在一起，以致成为德国浪漫主义文艺中最不堪卒读的作品之一。这是一部厚达四百张八开印页的仅供阅读的戏剧，开场是一幕学生闹剧，接着发展成一幕朝拜耶路撒冷的神秘剧。它突然又提出中世纪的这个观念，什么圣墓是世界的中心；最后在三个主角的坟头出现了三个火十字架。

有一幕，赛林德试图在午夜把她已死爱人的心挖出来，她想借此履行某种巫术仪式，来保证占有她活着的爱人的心。死人胸口冒着血，从棺材里坐了起来，对她的这种做法抱怨如下：

爱人呀，你刺穿了我的心，
这比地狱的痛楚还难忍。

接着，掘墓的教堂司事把自己的假面揭开，露出了魔鬼的原形，把赛林德的恶毒母亲带走了，去做他的新娘。

还有一幕，赛林德将要在一个山洞里分娩了。一只仙鹤衔着一个

---

① 出自安德烈亚斯·格里菲乌斯(1616—1664)的剧作《加顿尼奥和赛林德，或不幸的情人》。

婴儿上场,飞进了山洞里。然后飞来一大群仙鹤,一直向南飞,同时还唱着:

> 你衔着婴儿多沉啊,
> 你必须用翅膀搧她,
> 你飞过的路程多远啊,
> 你必须用嘴壳衔她……

婴儿下地就死了,可怜的母亲陷入绝望。这个事实也是一只仙鹤告诉我们的:

> 在我的狂乱中
> 在旅途的烦躁中
> 我把婴儿闷死了……

紧接着就是一些自作多情、实际上令人作呕的恐怖场面,例如在"沙漠中的诱惑"这一场,流浪的犹太人亚哈随鲁饿得要死,想吃掉同他一起从沉船上逃出命来的那个小孩,同时努力抵抗着这个诱惑。亚哈随鲁说:"我想吃他的肉,这个欲望多可怕呀!我已经感到满口生津地衔着那块肉了……"他正想动手犯罪时,孩子叫喊起来:"父亲!父亲!"于是老人赶快埋头读书了。

几乎就在剧本的末尾,在圣陵骑士们所举行的一次宗教仪式中间,突然对那些信心不够虔诚的浪漫主义者来了一次抨击。一个旅人说道:"我要从土耳其人手里把圣陵解放出来。"作者最心爱的一个人物反驳道:"先去干吧,干完了再说。"接着是这样一段戏剧味道少得令人难以相信的插句:"旅人羞愧地转身而去;他去到广阔的世界,用千言万语为基督教辩护;但他的话没有永生的力量,因为他的爱是没有行动的。所有新派的写诗的基督徒都是他的后代,我认为他们不过是诗歌里的基督徒。"在一个剧本中间,甚至以插话方式让作者的"我"出头露面了,我们可以认为戏剧形式实际上已经荡然无存。连蒂克和霍夫曼都没有做到这一步。

德国的浪漫主义只产生了两个重要的戏剧家,就是扎哈里亚斯·维尔纳和海因里希·封·克莱斯特;后一个尤为杰出,他有得天独厚的才能,可以在这派所有诗人中间居首位而无愧。首先,他有一种明确的造形形式,有一种歌德身上都难以找到的动人力量,他的最好的作品都是那么热情、诚恳而又炽烈,而形式又是那么朴实无华。克莱斯特是德国的梅里美,研究一下他的特点就可以知道,德国浪漫主义的精神倾向会把一个梅里美变成什么样子。我们将会看到,浪漫主义诗歌的癫狂怎样穿透了他的天才所具有的明确的形式。

离柏林的浴盆湖三十步远,离小啤酒店五十步远,有一块墓碑,上面刻着碑文——"海因里希·封·克莱斯特"。

一八一一年十一月二十日,就在这块地方,年轻一代的最伟大的诗人,只有三十四岁,以准确无误的两枪,先射死了自己的情人,然后射死了自己。人们原来认为,他们之间不过保持着冷静的友谊。但到一八七三年,他们的通信发表之后,其中不健康的热情才表明,他们互相怀着过于强烈的爱,双方的理智都受到了损害。克莱斯特这样称呼他的女友——亨里埃特·福格尔夫人:"我的小耶特①,我的一切,我的城堡、田野、牧场和葡萄园,我的生命的太阳,我的婚礼,我的孩子们的洗礼,我的悲剧,我的荣誉,我的守护神,我的小天使和天使长……"而她则这样回称:"我的护卫,我的剑,我的矛,我的铠甲"等等。

多年来,这位出类拔萃的天才就一直因此遭受着多方面的不幸。

海因里希·封·克莱斯特出身贵族,是一个古普鲁士军官家庭的后裔,这一家在十八世纪就出过一位诗人。海因里希作为年轻的候补士官,参加过一次远征,但是行伍生涯不合他的脾胃,他模糊地感到自

---

① "小耶特"是"亨里埃特"的昵称。

己对于学术研究有非凡的能力,于是一七九九年便到故乡奥得河畔的法兰克福去上大学。他埋头研究哲学、数学和古代语文,尽管年纪很轻,却过着一种十分严肃的生活,充满冥思苦想的内省热情。他试图用一种沉闷无聊、甚至近乎炫学的方式教育他的妹妹,熏陶他的未婚妻,以便她们能够理解他。次年,他离开法兰克福,到柏林去深造。他自幼就有一种对自己的事情孤注一掷的致命冲动;他的传记作者维尔布兰特非常中肯地把他的性格比作维特的性格:他像维特一样,"心灵上总有一种阴郁的不满,气质冷淡,为人孤僻傲世,想象活跃,惯于沉思穷究,抓住苦恼不放,性情浮躁凌厉"。

他早就相信自己有创作的才能,但是长久不敢向朋友表示出来;他躲避世人,孤立自己,以便更清楚地了解自己的才能。当他第一次酝酿创作一部作品时,他感到"某种人间幸福"在向他微笑。他又胆大又急躁,第一次提笔就希望写出一部杰作来。这个初出茅庐的尝试失败了。一年以后,他又计划写悲剧《洛贝尔·吉斯卡德》,这部悲剧使他忙了整个的青年时代,当时他明确地希望"按照一种新的艺术原则",超过歌德和席勒的古典作品;他想把埃斯库罗斯和莎士比亚、把古代和文艺复兴时期的优点熔铸在自己的艺术中,想把对于美的崇拜同对于自然的绝对忠实、把无懈可击的形式同悲剧冲突的极端恐怖结合起来。

但是,他还没有力量来创作完整的作品,因此不得不暂时把这部稿件搁在一边。

由失败的尝试引起的灰心丧气,使他转向了学术。他只希望找到一个东西,即真理,而且是全面的、普遍的真理。怀着自学者的天真的信心,他寄希望于哲学,希望在哲学中找到那个完整的真理,使自己在一切情况下都能接受它的指引。

他开始研究康德的哲学,这种哲学给他留下的印象是绝对令人丧气的。他原来期望在哲学中找到一种宗教,而康德的认识论却向他证明:我们一般不可能达到真理,根本无法知道自在之物是什么,我们只能按照感官告诉我们的样子来认识各种对象,也就是说,戴绿色眼镜的人看到一切东西是绿的,戴红色眼镜的人看到一切东西是红的。一旦认识到,原来所想象的对于真理的认识简直不可能,他便觉得仿佛他最高的唯一的目标已经破灭了。

在这种精神崩溃的过程中,他像其他浪漫主义者一样,产生了依附某种体系、某种教条的想法,或者依附新教的正统信仰,或者依附最古老、最有权威的天主教。他从德累斯顿写信说:"除了本城所收藏的艺术品,什么也不能使我离开令人沮丧的学术领域。……但是,我在什么地方也不像在天主教堂里那样深受感动,教堂里有最崇高的音乐,加上其他艺术,强烈地震撼着人的心灵。相形之下,我们的礼拜简直不足道。它只诉诸冰冷的理智;而一次天主教的庆典则诉诸所有的感官……啊,给我一滴忘性吧,我将欣喜若狂地变成一个天主教徒。"

他大概克服了这个狂念,但是他既然认识到,真理在人间是找不到的,他就无法强迫自己工作了。为了结束这个痛苦的状态,他漫无计划地到巴黎去旅行;从他的巴黎来信看出,这次意在发现人生真正使命的新尝试又失败了。他同未婚妻解除了婚约,因为她压根儿不愿意陪他到瑞士去,在他身边过农妇的日子。他的虚荣心也不允许他回到故乡来。于是,他为了完成他的戏剧《洛贝尔·吉斯卡德》,便动身到魏玛去。他结交了威朗德,甚至搬到他的家里去住;威朗德的亲切态度和他女儿的娴静和温柔把他拴住了。但是,他在这里仍然拘谨不安,心神不定。最后,他向可敬的、富有同情心的老诗人承认,他正在写一部悲剧,只是他所抱的理想太高了,他迄今还不能把他的作品写出来。

威朗德在一个适当的时机说服他的客人,让他从主要的场景抽出几个片段朗诵给他听。老诗人听了十分激赏;他断言,即使埃斯库罗斯、索福克勒斯和莎士比亚的精魂联合起来写一部悲剧,它也一定不过同《洛贝尔·吉斯卡德》差不多,只要全剧能像他听到的几个片段一样好。

青年诗人听了大喜,但为时不久,环境马上又驱使他到处奔走,先到了莱比锡,后又到了德累斯顿。我们听说他在德累斯顿第一次见面就劝告一位为失恋而悲伤的少女(他后来还经常这样劝告男女朋友),让他拿一把手枪,去把他们俩射死。不久他又向他忠实的、后来出名的朋友封·普菲尔提出同样的建议。普菲尔认为他应当再作一次旅行,他热烈地响应了这个意见。动身不久前,他又收到威朗德的一封为他鼓劲的来信:"对于给你以灵感的神圣缪斯,没有什么事情是不可能的。您一定得完成您的《洛贝尔·吉斯卡德》,即使整个高加索山脉都压在你身上。"

他这次到瑞士和意大利北部去旅行,占去了一八〇三年的夏季和秋季;他在这次旅行中一行文字也没有写出来,灰心丧气之余,放弃了每一个写作念头。这期间,他不断为死的观念所折磨,便经由里昂去巴黎。在巴黎,他把《洛贝尔·吉斯卡德》连同所有原稿都烧掉了。他还打算参加法国军队,只由于偶然遇见一位熟人,这个计划才被阻拦住。那位熟人帮助他回到了德国,他经过多次挫折和失望之后,终于在德国找到了一个小职位。

克莱斯特曾经想同歌德比一比高下。"我要把花冠从他的额上扯下来",这是他早年在忏悔和梦想中一再津津乐道的——听起来颇近乎一派狂言。但是,读一读《洛贝尔·吉斯卡德》残稿,我们又不免为之愕然。当然,这篇作品像其他任何作品一样,都没有足够的力量,从那位在精神上领导了两百多年的天才的额上夺下荣誉的花冠,但是它可以同歌德许多最优美的创作摆在同一水平上,这却也是事实。

克莱斯特借助想象,描绘了一个伟人,一个伟大的领袖;他写出有多少事取决于他,取决于他的生存,写出成千成万的人把他当作统治者和唯一的救星来景仰,从而立刻使我们感受到他的伟大。

伟大的冒险家洛贝尔·吉斯卡德,唐克莱德·德·奥泰维尔的儿子,正率领大军驻扎在君士坦丁堡城下,他立誓要占领这座城市。但是,命运同他作对;他的军营里发生了瘟疫,而且来势猖獗可怕。

克莱斯特本人在自己所想象的胜利途中，也曾经遭遇到同样压倒一切的厄运；他描写一个英雄同一个强大的命运做斗争，而他本人早就有意识地在自己身上承担着这个命运，所以他的描写是悲壮的。吉斯卡德本人也染上了瘟疫，致命的疾病在他的肠子里发作起来；病毒正侵蚀着他的骨髓。他一直所向披靡，征服了意大利南部、罗马、威尼斯和希腊，而今这个胜利者知道并感觉到，他的末日就在眼前。一群诺曼底人拥集在他的帐篷周围，要求他率领他们离开这个可怕的营地，他们在这里感到瘟疫的毒气正吹拂着他们的脸。谣言四起，传说他正在害病，但是真情尚未泄露；吉斯卡德太骄傲了，他不让任何人知道他的疾患。

他的帐篷被打开了，这个胸口发烧、喉头干渴、双手整夜都抬不起来的人笔挺地、骄傲地走了出来，出现在群众面前。他显得那么坚强、愉快而威武，连那些原来认为他病得不堪救药的人们，这时都不知道该相信什么了。

克莱斯特的这个构思是大有深意的，而且是很壮丽的。这个吉斯卡德当绝症正啮噬着他的命脉的时刻，居然毫不畏缩地挺立在那里，他不就是克莱斯特本人吗，不就是他整个不幸的一生的写照吗？他本人也是一个伟大的天才，他的种种计划也都被体内体外的瘟疫给挫败了。

克莱斯特不久辞掉了他的政府职务，转而重新从事文学。

看看这位内心如此坚毅的作家怎样表现剧中人物，是特别令人感兴趣的。我在叙述浪漫主义者的心理状态时曾经指出，他们由于偏爱个性的分裂，居然首先强调打破个性形式的一切：强调梦想、幻觉和癫狂。克莱斯特的人物有别于其他浪漫主义者的人物，他们身上一点也没有后者所特有的那种模糊不清的情调；不过，他们的共同点则是在基本特征上都表现出病态。克莱斯特处理每一种激情，总是抓住同固定观念或无意志疯狂有渊源关系的特征，如梦游症、动物式的羞怯、茫然不知所措、来自死亡恐怖的懦弱。就拿性爱这种激情来说，它肯定不是纯理智性质的,但是它也有可以看作同理性和精神相关联的一面。正是这样,克莱斯特才一直以令人惊叹的才能把它们作为纯粹病态、作为躁狂来加以描写。

克特卿·封·海尔布龙第一次看见韦特尔·封·施特拉尔伯爵,当时就把她手里拿的所有东西——点心盘子、酒瓶、酒杯摔在地上,双手交叉,面如死灰地扑倒在他面前,仿佛被雷电击倒一样。伯爵对她讲了几句亲切的话,正打算走;她从窗口看到他跨上了马,想跟上去,便从三十尺高处跳下来,跌在街边人行道上,把腰部跌伤了。躺在床上发了六星期高烧,还没有痊愈,就爬起来,捆了一个包袱,离开父亲家去寻找伯爵去了;她"怀着盲目的忍从心情,从一个地方跟到另一个地方,被他的容貌的光辉牵引着,仿佛有一根五股线绳拴住了她的心;她赤着脚,脚在石子路上磨出了血,刚盖住臀部的短衫在风中飘动着,只有一顶草帽抵挡着日晒和雨淋。不管他走到哪里,不管是穿过峡谷的雾气,穿过正午灼人的沙漠,还是穿过黑夜的丛林,她都像一条闻到主人汗味的狗,紧紧跟在他后面;她原来枕惯了柔软的枕头,床单上有个线疙瘩都会觉得不舒服,而今她像一个婢女躺在马厩里,夜间筋疲力尽地倒在为伯爵的骏马铺的草垫上"。

由她的父亲描述出来的这段非人的经历是千真万确的。伯爵知道自己没有过错,便想一切办法来逃避她。他夜间有一次在马厩里遇见她,便用脚踢她,不止一回用打狗鞭抽她;他让她伺候他的新娘,新娘叫她到一栋熊熊燃烧的屋子去取他的图像,等她取了回来,又叫她去取这幅图像的匣子。她忍辱负重,十分热忱又十分谦恭地完成着这一切。亨利克·赫茨在《斯文·迪林之家》中按照克特卿的模型,更细腻、但也更纤弱地描绘了一个十分强烈的单相思的爱情。我不想来分析《克特卿·封·海尔布龙》的结构,它除了许多可笑和讨厌的成分外,还包含许多崇高的成分;但是,从已经摘引的内容来看,就可以看出,这种爱情像中风一样来得突然,像一个固定观念吞噬了心中其他一切观念。它本身是个奇迹,又借助小天使之力完成着奇迹,显然超越了自然事物和健康事物的界限。我不否认,这部作品尽管如此,仍有一些美好的东西。克莱斯特一向憎恶空话,他心满意足地描写出这样一个热恋的女人,在其他热恋的女人身上表现为空话的一切,在她身上都变成了真实和现实。他就希望他的威廉明妮这样来爱他;后来,他在德累斯顿的克尔纳家里认识了一个少女,并且发生了爱情,他也向她要求过这样过分的忠诚,两人的关系便因此而中断。于是,他带着他的理想逃避到诗歌里去了。

所谓"一见倾心"——"随着爱人到天涯海角"——"像一条狗似的忠于他"——"为他赴汤蹈火在所不辞",所有这些话语果真变成现实,当然是令人愉快的。但是,这一切都属于病态表现。此外,这里还有其浪漫主义的创作动机。克特卿所以看见伯爵就大吃一惊,是因为她有一次夜间在梦里看见过他。但是,当她在梦里看见他的时候,他正在患神经热,像一具死尸似的躺在床上,躺着躺着还感到仿佛走进了克特卿的房间。她的梦境和他的幻觉十分吻合,当他了解到这场巧合时,他不禁惊呼起来:

> 我有了化身了!保佑我吧,老天爷!
> 我成了精灵,游荡到了黑夜!

这里,同梦游症密切联系着,我们还看到浪漫主义的得意观念"离魂"说。

克莱斯特的名剧(也许是浪漫派所创作的最佳剧)《洪堡王子》,其中最重要的角色都像是用石头雕刻出来的,梦游症在这里也起着同样的作用。对话强劲鲜明,每个字像块纪念章一样含有深意。剧本的主题是大家都知道的:年轻的骑兵将领违犯了纪律,他采取军令所禁止的一种方式挑起了战斗,结果战胜了。选帝侯对他判处死刑。年轻的主人公原来满不在乎,认为这个判决不过是个形式,决不会执行的,等到他明白这不是在开玩笑,突然产生了对死亡的恐惧,于是低声下气地乞求饶命。可是经过内心斗争，他又恢复了本来面目，坦然要求对他执行应得的死刑：本剧的价值就在于卓越地描绘了主人公的这个内心斗争的过程。但是，这里也表现出精神的阴暗面。王子有神经质，精神不健全，经常心不在焉。本剧一开始，他就四处梦游；到闭幕时，他的幻觉变成了现实。他之违反军令，不像曼里亚斯·托尔夸图斯①的儿子，由于年少气盛，好战心切，而是因为他精神恍惚，满脑子梦幻，一点也没有听见向他发出的军令，因而盲目地冲向前去。

克莱斯特曾经兴致勃勃地读过戈·海·封·舒伯特②的著作《自然科学的阴暗面》。这本书是按照当时最通俗的一种自然哲学写成的，也是当时最古怪的一本书。一颗行星的阴暗面，据说就是背着太阳、靠微弱的磷光照亮的那一面，里面的物体显得跟在阳光下面完全不同。在本书中，精灵、夜游神、鬼怪和恶魔成了人间唯一的主宰。由此发展出一种彻底的精神理论。在精神和肉体之间有两个中间环节：灵魂和神经精神。后者在死后从人体游离开来，有形状，有颜色，而且看得见。颜色按照灵魂的情况而变化；恶灵是绿的；它变好了，颜色又慢慢转黄，等等。舒伯特认为他在《自然科学的阴暗面》一书中，终于证明了这样一种阴暗面的存在。本书前一部分讲"自然哲学"，很接近斯特芬斯的观点。作者说："这当然不是为世界创造的哲学，它比世界及其一切哲学老得多，而且将存在得更久。"其中大部分内容跟今天所谓的秘术并无二致。人跟他周围的自然一样，是一种"预言式的象形文字"。在动物的磁力中，在预感和所谓先知中，可以找到实据证明个人生命和整体生命之间有着一种预定的和谐。

按照舒伯特的学说，人本来就有创造奇迹的能力。但是，罪恶剥夺了他对于自然的支配力，于是总有某种阴森而邪恶的成分掺杂在他创造奇迹的天赋中，例如掺杂在希腊神谕的魔力和异教的巫术中。古

---

① 曼里亚斯·托尔夸图斯，古罗马护民官，其子违反军令，被他判处死刑。
② 戈特希尔夫·海因里希·封·舒伯特（1780—1860），德国自然科学家，哲学家，信奉神秘主义。

老的天然的奇迹力量在基督身上复活了。它还以邪恶的形式出现在罗森克罗伊策尔社社员、光明派教徒①和秘密的互济会会员身上,这些人所表演的动物磁力、千里眼之类现象,在当时一般人的心目中起过重大作用。亚当·米勒在写给甘茨的信中谈过这本书:"我认为,舒伯特的书是自然哲学著作中写得最好的,作者虽然在辩才和批判能力方面不及谢林,但是就情操、公正特别是博学而论,却远远超过了后者。……舒伯特独特地、诗意地、崇高地,但在本质上又是非常清楚地,反映了我早期的一个发展阶段。那时我想把我力所能及的个人成就统统化为烟雾,以便为我所膜拜的上帝呈献一炷馨香;我曾经想放弃我的名字和个性,以便变成最虔敬的殉道者、最合乎教士身份的教士。"

这本书几乎人手一册是不足为怪的,连克莱斯特这样的心灵都如前文所说,尽管有明智的思想,仍然陷进那种自命不凡的愚行之中。但是,神秘主义已经风行一时,看看神秘主义因素——那种奇妙的肉欲、宗教和残酷的三位一体怎样出现在这位作家的所有戏剧中,倒是罕见而有趣的。例如,那个著名的悲剧《彭泰西勒亚》。女主人公是阿玛宗族的狂暴的女王,她向希腊人和特洛伊人都发动过战争,而且每战每胜。阿玛宗族有这样一条法律,她们每个人必须在战争中俘虏一个男人做自己的丈夫,到战争结束后就可以同他一起过幸福而和平的生活。彭泰西勒亚对于阿齐里斯,就像克特卿对于封·施特拉尔伯爵一样,产生了一种致命的爱情。但是,在她身上,这种爱情表现得完全相反,她采取了充满怨恨的残酷形式。她在每次战役中对阿齐里斯穷追不舍,她渴望见到他的血。如果说克特卿爱得像一条狗,那么彭泰西勒亚便爱得像一个从酒神狂欢节的行列里逃出来的母老虎。

显然,克莱斯特把他自己的气质赋予了阿玛宗族的女王。她对什么也不关心,什么也不要求,除了阿齐里斯;正如他什么目标也没有,

---

① 罗森克罗伊策尔社为十七世纪末流行于德国的秘密会社,以行幻术为事。光明派为十七、十八世纪流行于西班牙及法国的一种教派。

对什么也感不到满足,除了最高荣誉。她狂热地希望征服她的所爱,正如他希望用他的《洛贝尔·吉斯卡德》一下子达到他的目的。她跟克莱斯特一样,只能在她追逐她的灵魂的希望时才算生活着。她说了她的作者也可能说的话:"如果我没有把可能范围之内的一切都尝试过,我便会发疯了。"

她强烈地仇恨阿齐里斯,正如克莱斯特在倒霉时刻仇恨和诅咒妨碍他赢得最高声誉的命运一样。她在厌恶之余杀死了他,正如克莱斯特在绝望之余焚毁了他心爱的《洛贝尔·吉斯卡德》一样。然而,她爱他,绝望地爱着他,以一种呕心沥血的热情爱着他。当阿齐里斯在战场上把她打伤时,她的怨词简直可以应用到诗人本身:

> 要撕毁我的这个胸膛吗,普罗托叶!
> 这个胸膛洋溢着歌声呀,阿斯泰丽雅!
> 每拨动一下它的琴弦,就扬起一支曲调!

当她正要放弃一切时,她所说的正是克莱斯特在写给他的姊妹的那许多信中所说的:

> 我尽了人力之极限,
> 尝试了不可能的事,
> 我把一切孤注一掷;
> 骰子已经把定局揭露,
> 我不能不认输。

我们很容易理解,克莱斯特的忠实朋友普菲尔发现他写完彭泰西勒亚之死以后曾经坐在那儿哭泣,究竟是怎么回事?诗人自己在给一位友人的信中谈到过这个剧本:"的确,你以一个先知的眼光看到了这一点;我最内在的自己就在这里面,我的灵魂就在它的光荣和悲痛里面。"

但是，这种个人因素并没有排除浪漫主义的神秘主义；这个故事恰恰浸透了这种神秘主义。彭泰西勒亚的爱情是以下面这样的话语来表达的：

> 嗾使所有的猛犬去扑他！用火把
> 撵着象群去踩他！
> 开着战车去冲他，让上面的镰刀
> 把他壮健的四肢割下来！

要目睹他壮健的四肢被战车上的镰刀割下来，这个愿望并不单纯是个想象。作品的结尾是这样的：阿玛宗族战败了，疲劳不堪而又受伤的女王落到阿齐里斯的手里。事实上，他也爱她，为了她不致陷入悲伤和绝望，他试图使她相信她胜利了，而他则是她的俘虏。但是不久，真相大白，阿齐里斯于是单独向她挑战，希望被她战胜，以便成为她的丈夫。但是，彭泰西勒亚接受挑战时，并没有理会他的用意，反而怒不可遏，飞身上马，率领犬群，向他猛冲过来。他远远看见她来势不善，不免有些吃惊；只见她拉紧弓弦，"两端相结"，瞄准目标，一箭就射穿了他的咽喉。他随即仰倒，喉间咯咯作响，还挣扎着想爬起来；这时她果真嗾使犬群向他扑去，它们用牙齿乱咬他的肉体，她也学着它们的样子，直到满嘴满手鲜血直滴：

> "扑上去！"她狂喊着："泰格里斯！扑上去，勒安内！
> 扑上去，斯芬克斯！梅兰普斯！狄尔凯！扑上去，希尔康！"
> 她扑向了他——她带着整个犬群，狄安娜啊，
> 扑向了他，撕着——撕着他的盔缨，
> 宛如一头母犬，和犬群一起，
> 抓住他的胸，抓住他的颈项，

把他抓倒了,大地在他身下颤动起来!
他躺在紫红的血泊里打滚,
贴着她温柔的脸庞叫喊道:
"彭泰西勒亚!我的新娘!你干了什么啊?
这就是你所约定的蔷薇节吗?"
可是她——那头母狮,那头
在荒凉的雪原上围着战利品
狂嗥的饿母狮,哪里会听见他呢——
猛击着,从他身上撕下了铠甲,
把牙齿咬进了他白净的胸膛,
她和犬群相互争夺着,
奥克苏斯和斯芬克斯咬住他的右边,
她咬住他的左边;当我来到时,
鲜血正从她的嘴巴和双手滴下。

好久好久她才恢复神志,明白自己干了什么。她的第一个感觉就是绝望,但接着她又说道:

有许多女人,搂着情人的脖子,往往说
这样的话:"我爱他,爱得那么凶,
为了爱,几乎可以吃掉他";
但事后谁要照着做,那真是傻瓜!
她已经对他非常厌恶了。
可是,亲爱的,我决不会这样。
瞧吧,我要是搂住你的脖子,
我就一句顶一句地当真去做;
我并没有像外表看来那样疯狂。

她并没有像外表看来那样疯狂。在这里跟在《克特卿·封·海尔布龙》中一样：凡是在别的女人身上不过一句空话的事情，在这两部作品中都变成了现实。许多女人说，她们为了爱想把情人吃掉，但是彭泰勒西亚却当真做到了。接吻和咬啮是密切相关的。她说：

> 接吻、咬啮
> 是押韵的；①谁要是真心实意地爱，
> 就会把一个人当作另外一个人。

不过,这还没有完全说明问题。我们至此只说了两个因素：肉欲和残酷。但还有第三个因素——宗教。仔细观察一下头两个因素,宗教这个因素就作为辅助色彩表现出来了。我们记起了诺瓦利斯的话：

> 主的晚餐的
> 神圣意义
> 对于肉眼凡胎是个谜；
> 但谁要是
> 从爱人的火热的嘴唇
> 吮吸过生命气息的人，
> 他的心就会融化在
> 圣火的颤动的光浪里，
> 他将永远
> 吃主的肉
> 喝主的血。

基督教的神秘主义当时是一切头脑所思索的一个课题,其中就有

---

① 指在德语中，Küsse（接吻）和 Bisse（咬啮）是押韵的。

海因里希·封·克莱斯特;当时第一流的神秘主义者、才智出众的诡辩家亚当·米勒是他最要好的朋友。人们如果看到一部描写阿玛宗族女王的异教戏剧里贯穿着基督教神秘主义的观念,是会感到惊讶或愤怒的;但是,为了理解这个及其他许多类似现象,还必须思考这种神秘主义中相对真实和相对正确的东西。这些人不会把宗教观念单独藏在抽屉里,不让它同他们的生活和行为发生关系。他们并不仅仅在一个闲暇的上午或者一年三次潜心于圣餐这样的观念,这个观念渗透了他们的全部思想,他们竭力以神秘主义的眼光观察现实。弗朗兹·封·巴得尔全集第四卷(《人类学》)有许多小文章,如《论在催眠状态中谈话者的狂喜》《论女先知封·普莱弗斯特》《宗教恋爱学四十条》等,其中还有一篇的题名是《论人人都是食人者——从这个名词的精神意义或其好坏意义来讲》,这篇文章是这样开头的:"人,就是说心,或者如《圣经》所说,就是同外在人相对立的内在人,他不是靠外部的营养或物质的面包生活的,而仅仅是——不是在借喻的意义上,而是在十分真实的意义上——靠另一个内在人、心或个人本质生活的,那些人营养着他,他们的言语就是他的食物。"

久而久之,宗教上的神秘主义,就变成了连哲学都围着它转的中心观念。亨利克·斯特芬斯就是一个例子。尤利安·施密特[①]曾经中肯地谈到他,说"他的性格摆不脱某种天生的奴性";他当时在布列斯劳受命审讯煽动分子(他执行这个任务,"完全违反健全的人类理智和天然的正义感"),从宗教观点来说,表现得尽可能的反动,完全抛弃了他少年时期的自然哲学泛神论的观点。他在一篇题名《我怎样又变成路德派》的文章中这样说:"圣餐在基督教里是最高级的个性化过程;借助于这一过程,基督救世的全部秘密便最充分地沉入到敏感的人格里。自从那个以伟大的复活为标志的时代起,神恩的肥沃的洪流贯穿整个自然和整个历史,并使我们变得成熟起来,能够迎接一个神圣的

[①] 见尤利安·施密特:《德国文学史》卷二,第307页。——原注

未来。这股洪流采取了救世主的形态，以便使一切中的一切完全显现出来。……基督徒所相信的事物，他的整个生命所充满的事物，征服了死亡——同时又把他驱回感性世界的事物，这一切都由于救世主的令人幸福的显灵（这次显灵是为他、完全为他而发生的），在这里变得确切无疑，变成了享受、营养。……依我看来，圣餐是所有宗教仪式中最高级、最重要、最神秘的一种，我觉得它是那么重要，每种教义都通过它获得了最深不可测的意义。"由此还可以理解圣餐在当时的基督教神秘主义中所发挥的巨大作用。在圣徒和圣饼之间有着最亲切的关系，几乎可以说是一种爱情关系。我请大家读读格雷斯的《神秘主义》第二部分。据说信徒老远老远就闻到了圣饼。格雷斯说：先来谈谈最神圣的存在，凡是进入较高级的精神生活领域的人们，都会在最遥远的地方感觉到圣饼。接着，他举出了一大堆例证，并在序文中告诉我们：所有列举的事实首先有无数的证人作证；其次，这些证人大都是无懈可击的，或者是教士，或者是最虔诚的俗人；第三，这些证人都能够从最有利的地位来提供证明。于是，我们不仅知道，不管圣饼放在什么地方，圣徒都会找得到它，而且还知道，圣饼对于虔信者感到一种吸引力，能够从教士的手里跳到他们的口里去。的确，教士有时会感到，圣饼猛然间从他的手里被抢走，仿佛铁被磁石吸住一样；反过来说，虔信者也被圣物吸引住，从空中被引到它的面前。

但是，想在克莱斯特的戏剧中，看到神秘主义采用一个彻底异教的、慢说还是一个最轻佻的题材，没有哪一篇比《安菲特瑞翁》更值得注意的了，这个剧本是莫里哀的著名喜剧的改编。我们都记得这个微妙的情节：朱庇特趁安菲特瑞翁不在家，化成他的形状去见他的妻子阿克尔美尼，她便把他当作她的丈夫。真安菲特瑞翁回家了，于是真丈夫和假丈夫、真仆人苏西亚斯和麦库利装扮的苏西亚斯之间，闹出了一连串滑稽可笑的张冠李戴的误会，直到最后真相大白，安菲特瑞翁只好自我解嘲地认为，同朱庇特结下这层姻缘，未必有伤大雅——把这种伦常观念加以发挥和传播，一定是符合路易十四的利益的。

> 我那全球景仰的大名，
> 把这场轩然大波压下去吧；
> 同朱庇特共分一杯羹
> 也未必有什么丢人。①

在莫里哀的原著中，戏剧的主题是按照纯粹法国方式用丈夫和情人的冲突来表现的；当阿克尔美尼拿安菲特瑞翁骂过她的话来骂朱庇特时，这位天神便以优雅的高贵风度作掩饰，这样回答说：

> 阿克尔美尼啊，丈夫犯下了全部错误；
> 所以应当把丈夫看作罪人：
> 情人同这种兽性的狂乱无关，
> 我的心一点也不能触犯你。
> 这颗心永远想念着你，
> 它对你有太多的尊敬、太多的温情：
> 如果他由于错误的懦弱
> 做出什么伤害你的事，
> 他愿当着你的面把它刺穿一百下。
> 可是丈夫已经抛弃
> 人人对你应有的尊敬：
> 他的无情无义使他原形毕露，
> 他认为这一切表现是结婚的权利。②

可以看出，朱庇特是以朝廷里最出色的殷勤风度来表现自己的。到剧本结尾，旁观者向可怜的安菲特瑞翁道贺时，苏西亚斯朗诵了一篇收场白，使全剧有一个诙谐的转机，最后归结到这样一个寓意：诸如

---

① 原文为法语。
② 原文为法语。

此类的故事以尽量少谈为妙。

不言自明,克莱斯特是从一个完全不同的角度来处理这个题材的。

首先,对于一个浪漫主义心灵来说,这个题材的引人之处显然是"离魂"观念。接着,又有可能轻微而清楚地暗讽到基督教信仰最重要的神秘之一。阿克尔美尼不是从她的丈夫孕育了赫剌克勒斯①,但也并不是由于通奸,因此她是清白无瑕的;她的产儿不是一个人的孩子,而是一个神的孩子。所以,在朱庇特和阿克尔美尼之间发生决定性关系的一幕中,朱庇特按照泛神论的观点被推崇为世界精神;他不是希腊人的轻佻的奥林匹亚神,而是像自然哲学的绝对物一样神圣,并且富于精神性。他对阿克尔美尼说:

> 你注意到世界、他的伟大作品吗?
> 当夕阳的余晖穿过沉默的丛林时,
> 你可在那里看见他吗?
> 你可在流水的潺潺声里,
> 在淫荡的夜莺的颤声里听见他吗?
> 高耸入云的山峰,
> 冲击岩石的大瀑布,
> 你都觉得没有意义吗?
> 当太阳高照着他的庙堂,
> 万物感到脉搏跃动的喜悦,
> 齐声赞美伟大的造物主时,
> 你难道不下降到心的洞穴
> 去膜拜你的偶像吗?

---

① 赫剌克勒斯,即后文的赫尔库里斯。

因此,他一再地用"你圣者"来称呼阿克尔美尼:

你圣者啊,你不怕任何邪恶接近,
你带上了金刚石做的束腹带。
即使你所孕育的幸运儿
也会使你保持清白。

亚当·米勒为这个剧本写了一篇热情而神秘的前言。他在一封给甘茨的信中写道:"哈特曼画了一幅壮丽的图画,《圣陵旁的三个玛利亚》。我觉得,这幅画和《安菲特瑞翁》一起预示了艺术的一个新时代。《安菲特瑞翁》看来既写到了圣处女的圣灵妊娠,也写到了一般爱情的秘密。"连歌德也感觉到这一点,他说:"这个剧本无非是按照基督教的精神重新解释圣灵凌驾于玛利亚之上的神话。"

一八〇六年,克莱斯特辞去了他的职务,离开了刻尼斯堡。普法战争期间,他被法国人误关了一个时期。一八〇八年,他来到德累斯顿,结识了亚当·米勒。从前弗·施莱格尔想以浪漫主义的先知和使徒的资格来影响人心,现在米勒也有这样的抱负。他向克莱斯特表示了热烈的赞美,而且不幸在他身上发挥了巨大的作用。米勒是个夸夸其谈的人,对于几门学问略有一点知识,这时正要宣布一种新哲学,据说没有以往一切理论体系的片面性。它与众不同的学说就是"对立面"的学说,不断变化、不断更迭的"对面性"。依照米勒的意见,十八世纪的精神和浪漫主义的精神不过是一个真理的两种装扮,这个真理在一八〇五年他参加罗马教会的时候,他就毫不怀疑地相信自己完全而持久地掌握了。

米勒改宗天主教以后一段时期,他的精神生活完全融化到神秘主义里去。他研究"云的神秘生活",认为他对于雷电的神经质的恐惧是上天赋予他的一种特殊才能,并相信自己能够凭借数学计算预测天才的智力发展。后来,由于同甘茨交游,他登上了实际政治舞台,以一名普鲁士的进步爱国人士开始,以一名为梅特涅效劳的反动分子告终。

一八〇八年,米勒和克莱斯特在德累斯顿创办刊物《太阳神》,克莱斯特的一些佳作都是在这上面初次发表。

说来颇有意思,在《安菲特瑞翁》里最令米勒感兴趣的,恰巧是上文提过的那种异教-基督教的神秘主义因素,下面显示这个因素的一句话跟宣布基督降生的那些话几乎一字不差:

你将生一个儿子,他的名字是赫尔库里斯。

他并没有深入地理解这部作品的精神。这个剧本的兴味在于阿尔克美尼的性格;她的性格的兴味在于她有充沛的精力,不让自己的和平心境受到干扰,不让自己的感情发生纷乱;她的悲剧故事的兴味又在于,当她的丈夫以不同的形象出现时,她最内心的感情不由自主地激动而困窘起来,她深深地感到痛苦。

歌德虽然并不理解克莱斯特的性格,他的天才却使他理解这位诗人的许多心灵活动;他曾经深刻地指出,克莱斯特主要是想表现"感情的昏乱"。克莱斯特有赖于保持感情的平衡,到了病态的程度。感情的昏乱在他看来是最真实的悲剧。

他自己的坚强而专一的感情一再地受到干扰和震撼。为了符合家风,他成了一名普鲁士军官;但是,家族传统和他自己的志向发生分歧;他受不了军纪,便离开了队伍。他恋爱了,并且订了婚。他对威廉明妮的爱情是强烈的,但他作为艺术家的自我保全的本能却更其强烈;在这方面,也发生了感情的昏乱,于是他撕毁了婚约。他原来觉得自己是个诗人,是个天才,但一切努力的结果,使他确信自己缺乏真正的才能。于是在极度困惑之余,他决定参加法国军队,希望在下一次战役中能够找到死亡。这一切说明了他为什么永远离不开感情昏乱这个主题。在那篇令人惊叹的小故事《侯爵夫人封·O.》中,我们非常清楚地看到了这一点。侯爵夫人跟阿尔克美尼一样,不知道在黑暗中拥抱她的人是谁;她的感情也是迷惑而混乱的;她最亲近、最亲爱的人在怀疑她;她一向把那个俄国军官当作自己的救星,但后来证明他原来就是那个罪人;当他怀着情意和悔恨回到她身边时,她的纯洁的心灵便因恨与爱的交替发作而被撕裂了。同样的,米夏埃尔·科尔哈斯的心灵中原本很强烈的正义感,也被他所遭受的冤屈弄得面目全非。

克莱斯特生性非常古怪,他尽管亲切和蔼,还是难免见罪于大多数人。他习惯于在别人面前坐着沉思,像他的洪堡王子一样心神不定,讲起话来有时为个别字眼嗫嚅半天,两眼发直,仿佛自言自语似的。歌德这样谈到他:"虽然我真想表示诚恳的同情,克莱斯特仍然只使我感到可怕的嫌恶,就像一个天生丽质的肉体患了不治之症一样。"喜剧《破瓮记》由于歌德独断地重新分幕,在魏玛上演失败,克莱斯特便写了一些最俏皮的短诗讽刺歌德(说什么这个"早熟的天才"在他父母结婚时都已经写出婚礼颂歌了,等等),甚至还向那位大诗人提出了决斗的要求。

在他所有的作品中都找得到感情的瞀乱那个病态的特征。甚至《米夏埃尔·科尔哈斯》那篇小说艺术中的杰作,开头以天才的精密手法描绘了每个人物,最后却以一场梦幻似的混乱收场。小说结尾时出现了一个奇怪的吉卜赛女人,据说她是科尔哈斯的亡妻,还出现了患病的、半疯的选帝侯和其他一些幽灵式的人物,这些人物同小说开头出现的清新而健全的形象形成强烈的对照。《圣赛西利亚》是一篇天主教传说,含有反对破除偶像崇拜的寓意。作者在本剧中相当满足于玩弄迷信观念;他让圣者突然疯狂地惩罚了那些仇恨和破坏教会艺术宝藏的人们。

克莱斯特早年染上了鸦片瘾,几乎一度因此而致死。拿破仑战争期间,祖国的不幸给他留下了深刻的印象,使他振奋起来。他认为所有的抵抗力量,特别是整个浪漫主义运动,是软弱而可悲的。在他看来,费希特的《告德国国民书》不过是讨厌的空话;他讥笑费希特是个没有行动的炫学者。他特别蔑视"道德协会"①会员和他们的无所事事。他写出了悲剧《赫尔曼之战》，号召同胞要像赫尔曼对付瓦鲁斯②那样对付拿破仑。《赫尔曼之战》有一段话就是针对那些没有行动的"饶舌家"们的：

> 他们用密码草拟解放德国的计划，
> 派遣使者冒着生命危险相互递交，
> 使者碰上罗马人，就会被套绞，
> 而他们在黄昏聚会，吃呀，喝呀，
> 天黑了，就抱着老婆睡觉。
> ············
> 唯愿明天就死掉奥古斯都，
> 这个希望引诱他们苟活蒙羞，
> 从一周混到另一周。

他一点也不顾及本剧的历史色彩，甚至让赫尔曼口里出现"汇票"这个词儿，让瓦鲁斯把这位舍鲁斯克族的领袖比作伊斯兰教的苦行僧。他渴求一场西班牙人所发动的战争，不惜采用暗杀、毁约、焚毁村庄、向井里放毒等手段。接着发生了瓦格拉姆之役③，克莱斯特的希望完全破灭了。他呼天抢地地问道："人间究竟还有没有正义？"

这时克莱斯特的境遇十分不佳，——公共生活中没有安慰，私人生活中没有前程：没有金钱，没有生计，没有鼓舞，没有奖励。他最亲近、最亲爱的人都瞧不起他。他在去世前不久，给一位慈母般的朋友写道："我宁愿死十次，也不愿再忍受我最近在法兰克福所忍受的、坐在两个姊妹中间就餐的痛苦。我多少总还干了一点事，可她们根本不

---

① "道德协会"是十八世纪初叶德国学生的一个秘密组织。
② 赫尔曼是罗马时期日耳曼人的英雄，瓦鲁斯是罗马帝国派驻日耳曼地区的总督。
③ 瓦格拉姆在维也纳附近，一八○九年拿破仑在此打败查理士大公。

承认,把我看作社会上完全没用的人,一点也不值得同情:一想到这些,不仅使我感到前途渺茫,而且还败坏了我的过去。"

虽然不愿意重操十二年前放弃的旧业,他终于觉得他的唯一啖饭之道还是重新参军。他甚至没有钱采购一副军官的行头。写信向哈顿伯格求助,一直没有回音。正在这时,普鲁士被迫加入拿破仑反对俄罗斯的联盟。而他,《赫尔曼之战》的作者,拿破仑的死敌,不得不作为普鲁士的军官,去为他的祖国的征服者而战!试问对于这位可怜的爱国志士,还有什么"感情的瞀乱"胜过他目前的命运呢?

这最后一次义务冲突深深伤了他的心。他这样写道:"我的心灵已经疲惫不堪,当我探头窗外时,我几乎觉得,照在我身上的阳光也使我痛苦。"

一八一一年,大祸临头。经过亚当·米勒的介绍,他认识了亨里埃特·福格尔夫人;她是个有才能的妇人,像他一样为忧郁所苦,自以为得了不治之症。据说他们之间仅仅发生了友谊,并没有爱情关系。有一次,她提醒他,他从前曾经答应过她,不论她什么时候提出要求,他都会尽最大的友谊来为她效劳。他回答说,他随时准备实现他的诺言。于是,她说:"那么,杀掉我吧。我太痛苦了,再也活不下去。当然,您是做不到的,世上再也没有男子汉了。"这句话对于克莱斯特是够受的。一八一一年十一月二十日,他和亨里埃特一同驱车前往波茨坦附近浴盆湖畔的一家小旅店。他们看来兴致勃勃,整天打趣逗乐,一直待到第二天下午,然后走到湖畔一个僻静处,克莱斯特先开枪射穿了他女友的左胸,随即开枪射中了自己的头颅。他们事先共同给亚当·米勒的妻子写了一封奇怪的、幽默得可悲的告别信,内容如下:

> 我亲爱的好友,天晓得是什么奇怪的感情,多么忧伤又多么高兴的感情,使我们在这个时刻给你写信,这时我们的灵魂像两个飘飘欲仙的航空家,正准备逃离这个世界。因为你一定知道,我们已经决定不给生前好友留下告别的只字片语。我们所以给

你写信,理由大概是,我们在千百次快乐的时刻,每次都想起了你,而且每次都想象到,如果你看见我们一起在这绿房间或红房间里,你一定会满怀好意地发笑。真的,这世界是个奇怪的地方!我们两个,耶特和我,两个悲伤的、忧郁的人,一直互相抱怨对方的冷淡,竟然相爱到这样亲密,最好的证明就是我们现在正准备一起死去,这件事该没有什么不妥吧。

别了,我们亲爱的朋友!愿你在人间幸福,无疑你会幸福的!至于我们,我们并不希求这个世界的欢乐;我们梦着上天的原野和天国的太阳,我们将展开肩头的长翼在阳光里翱翔。别了!从写信人我给米勒一个吻。告诉他常想着我,叫他继续做上帝的勇敢的士兵,同那用铁链锁着世界的愚蠢恶魔作战。

亨里埃特在信末附笔写着:

这一切是怎么发生的,我下一次再告诉你,今天我太匆忙了。

别了,我亲爱的朋友们,在欢乐中和忧愁中,请不要忘记想念这两个奇怪的人,他们正要出发去做伟大的发现的旅行。

亨里埃特

(克莱斯特的笔迹)写于绿色的房间,1811 年 11 月 21 日
海·封·克

克莱斯特的性格是当时德国知识界最难对付的性格;他的心灵太复杂,他的感情太强烈。他放弃了达到真理认识的一切希望之后,便试图在感情的基础上有所建树。作为作家,他是能够达到的;他的《米夏埃尔·科尔哈斯》以正义感为基础,《克特卿·封·海尔布龙》以绝对忠诚为基础。但是,他本人所属的现实世界却用不着他这样强烈的不掺假的感情。他在别人身上也没有找到过这种感情,无论他追逐这

种感情到什么地方,结局总是悲惨的。天哪,人世间没有什么是确实的,连他自己的天职都不是!

没有谁比他更珍视决断,更珍视性格的统一,可是从来也没有一个比他更多变、更分裂、更病态的人。他永远绝望,永远摇摆于最高的努力和自杀意向之间。这就说明了这个最伟大的浪漫主义者为什么几乎会犯同时代人所犯的全部错误。他身上伟大而优美的作家性格,像他作品里的大多数性格一样,被阴郁、凄怆的气质所破坏,那种气质麻痹了意志,破坏了心灵的弹力。然而,海因里希·封·克莱斯特[①]仍然像其他大作家一样,以自己生活和创作中的精力和热情在文学中争得一席之地。

在浪漫派的另一位著名戏剧家身上,就谈不上什么分裂的个性了。他一开始就是纯粹的浪漫主义者。

扎哈里亚斯·维尔纳于一七六八年诞生在刻尼斯堡。他的父亲是一位大学教授,并担任着戏剧审查官的职务。所以,扎哈里亚斯儿时几乎每天都有机会看戏,少年时期就熟悉舞台上的一切细节。据霍夫曼说,扎哈里亚斯的母亲"赋有丰富的才智和想象"。她的心灵倾向于真诚的、非常富于想象的神秘主义,她对她儿子的热烈想象产生了不小的影响;但是久而久之,她变得神经失常,她的妄念之一就是认为她本人是圣母玛利亚,她的儿子是救世主。

扎哈里亚斯求学期间是个乐天、好色的人,过着极端放荡的生活。二十岁那一年,他出版了一本抒情诗集,这些诗同弗里德里希·施莱格尔及其他浪漫主义者早期作品一样,完全没有沾染神秘主义;它们按照十八世纪的风格抨击了"伪装神圣、虔敬的愚蠢、伪善和耶稣会教义"。不过,他本人还在比较年轻时,就采用了道貌岸然的风格。虽然他继续放荡下去,还不能恰切地称他为伪善者,因为他一面犯罪,一面

[①] 见阿·维尔布兰特:《海因里希·封·克莱斯特》,1863 年版;奥·布拉姆:《海因里希·封·克莱斯特》,1884 年版。——原注

又在忏悔。他的性格的特征就是反复无常,正如他本人在他最后一首诗《漂泊者的晨颂》中所承认的;早在《谷之子》的序曲中,他自称是个多变的人,"永远在犯错误,在悲伤,在警惕"。

宗教动机诱使维尔纳参加了互济会;他相信这个教派将证明是向全世界传播一种新的、更诚挚的虔敬精神的工具。钱财动机又使他接受了一个政府秘书的职位;一七九五年,他向不幸的波兰人发表了三首热情的诗歌(一首战歌,一首从军歌,一首悲歌)之后不久,就作为普鲁士政府官员定居在被征服的华沙城,他在那里度过了愉快的十年。这十年间,他结了三次婚。头两次结得太轻率,都是婚礼刚过就离婚了;第三次同一个非常娇媚的波兰贵妇结婚,算是维持了几年,到一八〇五年才离婚。这一次,他自己承担了全部责难。他当时给希茨希这样写道:"我不是个坏人,但我在很多方面是个弱者,虽然在另一些方面上帝给了我力量。我胆怯,任性,吝啬,不爱清洁。你是知道的。"这倒真是一幅不体面的画像。

施莱尔马赫的《宗教讲演录》,继而雅各布·伯梅的著作,给他留下很深的印象。艺术和宗教现在对于他变成了同一个东西。他给希茨希写道:"我们为什么不对这两个同义词采用一个名称呢?"它们对于他的意义,有时就是他所谓的"接近大自然的生动感觉",有时又是什么"纯洁灵魂向(自然的)纯洁川流的朴素而谦卑的倾注"。他宣称,他的文学见解"恰恰就是蒂克的见解"。他在华沙写到天主教会还是很冷淡的;他为它辩护,但不是当作"一个信仰的体系,而是当作一个新近重新开发的神话矿山"。

一八〇四年二月二十日这一天,他的母亲和他亲密的朋友波兰人姆尼奥希同时去世——他十年以后所写的那个宿命论的悲剧,题目就叫作《二月二十四日》。

他向他所有的保护人和朋友轮番请求,为他谋求一个工作尽可能少、报酬尽可能多的职位,终于通过一个对宗教和互济会都深感兴趣的内阁大臣的援引,在柏林获得一个闲散而又有利的官职。他一度沉溺于首都所有的吃喝玩乐；但是，拿破仑打败普鲁士之后，他抛弃了官职，开始过流浪的生活。他孤单而自由，因为几次结婚都没有生孩子，他还在母亲去世后继承了一笔财产。他游遍了德国和奥地利（他把奥地利称作"福地"），结识了德·斯塔尔夫人，并到柯贝去拜访过她。在魏玛，他从侯爵大主教达尔伯格领到了一份年金。在魏玛认识他的帕索教授写信给沃斯说："我极其厌恶维尔纳，因为我从没见过他两次是一样的。这正是他迫切想讨好每个人的结果。他究竟是个下流的浪荡子，还是个最现代型、最精神型的虔诚教徒，完全要看他结交些什么人。"一个名叫克里斯蒂安·迈尔的教士对他有过很大的影响。迈尔是个狂热者，是个古怪的人。为了实现《启示录》中的幻象，获得上天的智慧，他把大半部《圣经》吞下肚去，结果害了一场大病；他开枪射击听众中任何一个在他讲道时打瞌睡的人；他相信，他能够在举行圣餐礼时造出真正的肉和血来。这个人希望维尔纳参加一个规模宏大的秘密会社——"东方十字军兄弟会"。维尔纳对这件事起初非常热心，后来开始有所怀疑，这些怀疑是他改宗天主教的一部分原因。

  一八〇九年，他访问柯贝后，又到罗马去住了几年。他是在一八一〇年改宗的。他在流浪的年月里，过着最狂乱的生活。每天既有下流的放荡，又有宗教的兴奋；既有粗鄙的纵欲，又有同上帝的神交。他的日记由许茨分两小卷出版，其中的一些片段暴露出一种粗俗的邪恶，一种思想上的猥亵，一种表现上的无耻；同时在色情经验的细致描写中间，又穿插着一阵阵可怜的懊悔和自谴，就使得这一切显得更其讨厌了。

  他在给朋友们的一封遗书（1812年9月）里，提到有两个动机使他不便作公开的忏悔。"其一是，掘开一个瘟疫坑，有碍于还没有被传染的旁观者的健康；其次是，在我的作品中（愿上帝宽恕我！），在这一片长满毒菌和害草的荒野上，偶尔还可以找到某种草药，有益于可怜的病人，但他们要是知道，这种草药原来生长在瘟疫地带，他们肯定会惊骇得却步不前了。"

维尔纳研究了神学（有意思的是在他的改宗以后），熟悉了天主教的仪式，于是被任为教士。他第一次出面当传教士，是在一八一四年的维也纳，正值维也纳会议期间。他获得很大的成功。他瘦长的苦行僧式的身材，清癯的面容，高鼻梁，浓眉下面闪闪发光的暗褐色眼睛，给人留下很深的印象。他向广大群众讲经说法，令人不禁想起《华伦斯坦军营》中那个方济各教团修士传教的形象。他们的传教都充满漫无边际的夸张和令人恶心的淫秽，把机智和智慧同苦修的胡说和讨厌的废话混在一起，洋溢着对异教徒的谴责和对念珠祈祷的颂扬。①

维尔纳于一八二三年在维也纳逝世。他是神秘主义文学的主要代表。他的生活是理解他的作品的钥匙，那些作品曾经给同时代人很深印象，今天对于我们却只有病理学上的意义了。他无疑具有诗人的天赋。他的诗歌和谐悦耳，有如南国的教会音乐。人物设计妥帖（例如《塞浦鲁斯的护法武士》第一、二幕中弗朗兹·封·布里安），情节紧张有趣；但是，全剧的三重核心——肉欲、宗教和残酷，却腥臭有害，令人掩鼻。他的第一部大型作品《谷之子》分为两部，每部六幕，以护法武士团的没落为题材。他写这部作品，显然是从互济会的观念受到启发；那些观念曾经感动过舒伯特，在《威廉·迈斯特》中也起过一份作用，而且对于维尔纳的私生活也有很大的影响。

把一个观念套进另一个观念，是浪漫主义者一开始就使用的得意手法，在剧本中则采取这样的形式，即让一切情节围着一个神秘核心转，那就是秘密结社；待我们不断地深入进去，那个神秘核心则仿佛不断地退避开去。护法武士团有它自己的秘密，我们目睹了新成员入团的烦琐仪式——在阴森的地洞里，摆着巨大的骷髅、奥秘的典籍、幕帷、刀剑、棕榈等等。其中的全部含义就是："从血与黑暗中得救。"但是，护法武士团还不过是个分支组织；总团是"谷"，我们在本剧第二部分将会看到，它才具有更高级的神秘和更高级的权力。但是，它最深

---

① 希茨希:《扎哈里亚斯·维尔纳传略》，1823 年版；许茨:《扎哈里亚斯·维尔纳传记》，1841 年版。——原注

邃的神秘也不过是厌世和牺牲之类的纯否定性的观念。不见人影的声音"用一种歌唱般的空洞的声调"宣布：

> 一切都是为了生存，
> 一切通过死亡而诞生，
> 种子决不会丢失干净。
> 游过血和黑暗的人们，
> 立刻会免除忧心，
> 流血的人呀，我们欢迎！

为了让读者了解一下，本剧在布景和服装上怎样充分利用神秘气氛，我只消提到下面这一点：第五幕第十二场一共六十四行，只有六行是对白，其余都用来指示布景人员和演员，如"一个布满玫瑰花的大坟堆，四角是一个天使、一头狮子、一头公牛和一只鹰的透明塑像"，又如"谷"的长老们有些穿金质服装，有些穿银质服装，有些是火红的，有些是天蓝的，有些是水灰的，接着规定香炉、竖琴、铃铛、花冠、荆冠、十字旗和"巨大的埃西女神柱像"，这些都将在剧中发生作用。

护法武士团已经腐败了。总团"谷"因此决定解散它，并将它的首领、高尚而英勇的贝恩哈特·雅各布·封·莫雷判处火刑，虽然他对于武士团的腐败是无辜的，而且竭力加以制止过。主持审讯的大主教确信控诉不公正，并且爱慕这位武士，但是他必须服从更高级的指令。莫雷宁静地面临火刑堆，宛如帕卢丹-米勒的卡拉鲁斯，他热爱死亡，把火焚看作不过是一次净化。周围的人都同情他，劝他逃走，但他像卡拉鲁斯一样谢绝了所有这些请求。大主教对他的感情也流露在其他人身上，他于是为一大群伤感的刽子手包围着，他们怀着崇敬的心情把他烧死了。他们都是些心软而手硬的宗教狂，跟维尔纳一样。所有剧中人都沾染着这种可厌的伤感色调。莫雷的老战友想在刑场上营救他，被他拒绝了，于是老战友"好意地"这样说：

> 你这可恶的雅各布！——呸！你想死，
> 想扔下你的战友！——雅各布！
> 你可死不得啊！你听见吗？

但是，莫雷还是死了，尽管他是无辜的。本剧像克莱斯特的剧作一样，浸透了基督教的神秘，莫雷被那些烧死他的人奉若基督第二。他死去时，在剧末发生了如下奇迹：太阳的光辉把丛林照得金光闪闪。谷门上面，发光的名字"耶稣"下面，同样透明地出现了"约翰内斯""雅·贝·莫雷"和"安德烈亚斯"这样一排名字。所有十字军兄弟都跪下了。长久的庄严的静默，这时从洞窟内部，在竖琴和铃铛的伴奏下，听见谷的长老们用沉郁难懂的声音，按照教堂常用的腔调，唱出了："神圣！神圣！神圣！"

殉教题材是维尔纳的专长，例如乱棒打死、油锅煎熬、拷问台上的种种刑法，都是他的拿手好戏。他像格雷斯一样沉湎在这些痛楚之中，格雷斯在他的《基督教的神秘主义》第一部分谈到殉教的神秘时，我们几乎感觉到他的心旷神怡。"供奉的牺牲放在拷问台上，紧缚在轮子上，四肢被螺旋绞得脱了臼，……同时行刑吏还用火炬烤他们的两胁，或者用铁钩耙它们。有的还用铁链捆住他们的身子，把肋骨都捆断了，用尖芦苇秆把他们的脸颊和眼睛刺穿了；嘴巴被拳头给打得稀烂，牺牲已经奄奄一息，脚又被钉子钉穿；火红的铁棍放在软腹上，就这样烧进去，等等。"在维尔纳的《阿蒂拉》中，阿蒂拉所爱的一个青年被控告犯伪誓罪，并且坦白了自己的罪行。阿蒂拉拥抱了他，然后让他去受五马分尸的酷刑。她被写成了一个软心肠的狂热分子。残忍的伤感性，狂热的兽性，就是浪漫主义的 fashion（英语：风尚）。和阿蒂拉相对照的是教皇莱奥，这个人物似乎也是从格雷斯的神秘主义中产生的，特别是从论述宗教狂喜达到飘飘然的不同程度的那一章。因为，他在剧中祷告时，感到自己飘飘然不断上升，直到最后飘落到脚尖上。此外，他同情阿蒂拉，并对那个青年也具有磁力般的影响。

《马丁·路德,或称有力的圣职授任礼》一剧以宗教上的圣职授任礼为题材。这个剧本一开场就富于特色,只见一群诺瓦利斯式的矿工在一个矿坑爬上爬下。路德在这里被写得不像信奉新教的宗教改革家,更像一个天主教的圣徒。卡塔琳娜·封·博拉的形象也夸张到圣徒的高度。两人在全剧中都有一个天使护卫着,路德身边有个男孩特奥巴尔德,他实际上作为天使长代表艺术;卡塔琳娜身边有个女孩特蕾泽,她作为小天使代表宗教信仰。维尔纳这样颂扬宗教改革没几年,就改宗了天主教,他写了一首诗《无力的圣职授任礼》,用这样一句话就取消了这部剧作:"我用这种障眼法嘲弄了真理。"

维尔纳的最后一个悲剧《麦卡比族的母亲》写这样一个题材,它有充分的机会表现所有殉教传说的种种痛苦,而且果真写出了大量的肉刑和神圣的狂喜。那个麦卡比妇人扎洛梅的儿子们要么靠吃朱庇特的人肉供品活命,要么以最可怖的方式被处死。孩子们是不是吃了某种供品,居然成为生死攸关的问题,这个滑稽观念在本剧中描写得十分庄重。扎洛梅在狂喜的恍惚状态中,一个接一个地要求她的孩子们去接受刺杀、剥皮、火烧等等。安蒂奥库斯非常钦佩扎洛梅,这个多愁善感的头号刽子手甚至双膝一跪,拜倒在她的面前呼道:

你不是凡间女子!没有一个凡人
拿得出这样的牺牲——祝福我吧,你来自奥林匹亚的女神!

于是,扎洛梅同样动情地祝福了他。她的儿子班诺尼也祝福了他的凶手,接着就被砍掉了手脚,给扔进油锅里煎熬。马上又听见两下斧声:这次被砍掉的是阿比尔的脚。随后是尤达在受苦刑,这样一直演下去。野蛮的国王安蒂奥库斯,还有同样野蛮的作者维尔纳,让人把孩子们的肢体一截一截地砸烂,然后一截一截地撕脱。不得不目睹这一切的母亲,什么感觉也没有,只感到殉教的极乐;安蒂奥库斯在疯狂伤感中"深受感动",第二次拜倒在她面前说道:

你伟大的尼俄柏①，你要愤怒地离开我吗？

她便把右手放在他的头上，"非常庄严地"说：

　　我知道我的救主永生！——你临死时，要去认识他！

最后，背景打开了：可以看到种种刑具，还有一口装满沸油的大锅，班诺尼就躺在里面；他的妻子低头注视着锅。旁边是一个燃烧着的火刑堆。扎洛梅的精灵出现在火焰上面，把火熄灭了。

　　想想看，有一个时期，居然把这样的东西当作诗。歌德对维尔纳表示过热情的眷顾，并在魏玛的宫廷剧场上演过他的几出戏。他在一八〇八年给雅各比写信这样谈到他："对于我这样一个老异教徒，看见十字架插在我的领地上，听见人们诗意地宣传基督的血和伤痕，而一点也不感到厌恶，这确是一件怪事。我们能够这样宽容，应当感谢哲学使我们达到的那种高级观点。我们懂得珍视理想，即便它以最奇怪的形式表现出来。"

　　我不相信今天会有任何人愿意公开发表这样温和而容忍的评论。我是说，我们今天活着的人彻底厌弃那样的东西。因为，我们已经看出，它会导致什么结果。我们已经看出，这种"基督教诗歌"共同促成了当代最恶劣的精神反动。人们长久玩弄净化的火焰，他们开始歌颂它了。格雷斯热情鼓吹祛邪除魔和女巫审讯，从维尔纳到格雷斯相去不过一步之遥；而从格雷斯到约瑟夫·德·梅斯特尔则是更小的一步，后者这样说过："在欧洲许多治理良好的国家里，人们谈到一个人放火烧掉一个住家房屋，同时自己也被烧死了，往往会说'活该！'那么，一个人要是犯了各种理论上和实际上（即宗教上）的恶行，难道反而不应该把他烧死吗？如果我们设想，宗教裁判所肯定有力量防止法

---

① 希腊神话中一个为被杀的儿子哀哭到变成石头的女人。

国大革命,那么就很难说,那个随便放弃这个武器的君主是不是给了人类致命的一击。"

卢格把同人道主义格格不入的基督教称作浪漫主义,如果他说得对,那么约瑟夫·德·梅斯特尔肯定是个真正的浪漫主义者。

浪漫主义的全部历史证实了卢格当时在《哈雷年鉴》的著名宣言中所作的定义:"浪漫主义者是这样一个作家,他利用我们的文化手段攻击启蒙时期和革命时期,同时在科学、艺术、道德和政治的领域拒绝并反对纯人道主义原则。"

十六　浪漫主义文学对于政治的关系。蒂克。费希特。阿恩特。察恩。福凯的骑士小说

浪漫主义在初期是绝对非政治的。它歌颂既成现实（例如诺瓦利斯），对王权和教权五体投地，但在它的文学创作中，一般是没有政治色彩的。

就说蒂克的讽刺喜剧吧，它们在外表上像阿里斯托芬的作品。但，它们的讽刺究竟针对什么呢？它们从没有针对过任何政治人物或政治倾向。可以简单地回答，这些讽刺是辩驳启蒙运动的。什么是启蒙运动呢，蒂克又是怎样理解这个名词的呢？他的传记作者克普克告诉我们，当时柏林大多数德高望重的名人，社会舆论的领导者们，都是在弗里德里希一世治理下成长起来的。他们接受了十八世纪中叶的主导见解，并把它们化成了自己的血肉。他们是学术界和行政部门的一些品行端正、忠于职责的人们，全都克己奉公，十分勤勉。不论是政府官员、神学家、教师、批评家、通俗哲学家还是作家，他们都立志把宗教和学问变得有益，并利用外部规章来教育人类。因为他们认为首要任务在于使一切知识通俗易懂，他们必然陷入平板化，把高低拉平到中等水平。某种无懈可击的市侩作风是他们的道德理想，这种理想同古代的信仰热忱相比较，就显得渺小而平凡了。他们都把莱辛当作他们伟大的权威，并认为自己继承了他的传统。不难理解，他们是反对歌德的（莱辛本人就反对过），他们对于文学幻想的意义和价值不得不

抱非常狭隘的见解。在他们看来,文学幻想乃是世俗功利的奴婢,只有作为道德工具的价值。

在蒂克的作品中,到处可以看到对于观众的这种道德倾向的嘲弄。例如,在《穿靴子的雄猫》中,雄猫欣策满腹忧愁地游荡着。一只夜莺在附近的丛林里啁啾,他便开始唱起一支猎人之歌来。"它唱得真美,这树林里的女歌手,——他的滋味一定很鲜美吧!——世上的伟人之所以幸福,就在于他们吃起夜莺和云雀来,想吃多少就吃多少,——我们这些可怜的老百姓,却只得以歌曲、美妙的自然、甜得不可理解的和音来满足自己。——我不管听见什么歌唱,都不得不克制想把它吃掉的欲望,可恼呀可恼。"台下开始蹬脚了,雄猫的鄙陋的思路激怒了正直的观众。于是,欣策放过了那只夜莺,可是马上又跳出来一只兔子,他飞快地把它捉住,放进了自己的口袋。他想把这只兔子呈献给国王,以便为他的主子讨好国王。他说:"这个野味也算是我的一个表兄弟;不过,今天的世道就是这样:亲戚吃亲戚,兄弟吃兄弟!"这时,他垂涎欲滴,想自己吃掉这只兔子,但他克制着自己,大声叫道:"呸!可耻呀,欣策!——为了同胞的幸福,牺牲自己和自己的爱好,岂不是高贵绅士的天职吗?我们来到世上,正是为了这个目的,谁要做不到这一点,——那么他最好别让他娘把他生出来!"——他正准备退场,可是台下热烈鼓掌,一致欢呼"da Capo!"(意大利语:"从头再来一次!"),他只得把最后一段美妙的台词再念一遍,然后一面鞠躬,一面同兔子一起退场。观众乐得神魂颠倒,如醉如痴,像听完伊夫兰的一段冗长的道白。

在蒂克的《矮人》里,讽刺同样带有文学性质。它针对新古典主义倾向,特别是针对歌德。这个题材有一部分是用希腊悲剧的英雄韵律表现的,可见它一定有许多诙谐之处。所有取自中世纪童话的插曲都闪现着古代格调的光辉。例如,关于七里靴,就是这样写的:"请相信我吧,我看这双靴子是从古希腊时代流传到我们手里的;这样的货色,现代人一定做不出来,那么牢靠,那么高贵,又那么朴素,这是怎样的针脚啊！当真，我敢担保，这是菲狄亚斯①的作品。如果我这样称呼一双靴子，瞧吧，它多么高尚，多么合脚，而且伟大得多么宁静啊！毫不累赘，毫不花哨，没有峨特式的配件，没有我们今天那些浪漫主义的杂拌儿，如鞋底、皮革、口盖、皱褶、缝子、鞋油等等；这些都是为了帮助造成多样化，造成光泽，把它变成一件令人眼花缭乱、毫无理想可言的东西。皮子要发亮，鞋底走起来要轧轧作响：这些蹩脚的韵文，古人是一点也不知道的。"在这些浮夸的描写中可以看出，有一些是对于歌德的得意辞令的滑稽模仿。

蒂克非常出色又非常机智地防止别人指责他自作多情。我们中间那些倾慕普罗斯帕·梅里美的人们，可以把蒂克的讽刺看作是针对他们的。蒂克为了向他的批评者们复仇，把他们的责难放在食人者莱德加斯特的口里；食人者刚一回到家，就闻到人肉的气味，于是决定第二天清早吃掉矮子和他所有的兄弟姐妹。他想把他们暂时关到阁楼上去。"要是您的三个孩子醒了怎么办？"他的妻子反对说。"为什么？"——"那几个生孩子肯定保不住，因为您的孩子也爱吃人肉，他们最近甚至想喝我的血呢。"——"不见得吧？我还从没想到他们会这样聪明懂事。"——他的妻子哭泣起来。"妻呀，抛掉那种伤感吧！我受不了这种婆婆妈妈的教育；我绝对禁止他们有偏见、迷信和狂热；真正的不掺假的天性，才是我所关心的。"

不管蒂克的讽刺对象怎样变化多端，它在一切方面都是纯文学性的。它从没有超出文学，进入人生领域。伊夫兰和科策比，古代的悲壮风格和庸人的褊狭批评，《魔笛》的歌词和尼可莱的游记，学术派的炫学和《文学报》，都是用不完的替罪羊。有时，为了抨击启蒙运动及其附属物，看来不免有些过头。例如，在《穿靴子的雄猫》中，国王对宫廷学者和宫廷丑角一视同仁，生活上讲究耀武扬威的排场，欢喜听别人喋喋不休地讲些天文学上的大数字，把好吃的兔子赏人以示恩宠，

---

① 菲狄亚斯，古希腊雕刻家，相传"雅典神殿"是他的作品。

如此这般当然使王权显得十分尴尬。但是,这个效果有一半也出自偶然。在本剧中,法律叫作"怪物",它变成一只老鼠,正要钻进老鼠洞,却被雄猫吃掉了,欣策接着就叫喊起来:"自由!平等!Tiers état(法语:第三等级)终于掌权了!"这正是不折不扣的浪漫主义废话的样板,根本没有任何意义可言。——只有在蒂克青年时期的一个剧本《丑角逃亡》中,才可以找到一种真正的政治讽刺;这里的丑角不是别人,就是逃亡者、可怜的乞丐阿尔托瓦亲王,他没有马匹,只好骑在他的仆人的背上。可是,这本剧作在蒂克生前并没有出版过。

所以,不难理解,科策比企图从政治上中伤蒂克,一定做不到。他一八〇二年进宫觐见时,向国王朗读了《策尔宾诺》中阅兵场面的一段,随着作了种种恶意的暗示,借以向他的敌人报仇。但是,国王充耳不闻,一番心计毫无结果。蒂克得以证明自己是完全清白无辜的:原来这个剧本写于一七九六年完全不同的情况下,仅仅以青年时期的印象为蓝本;因此,他感到非常骄傲和高兴。而且,只要人身攻击的诽谤性的讽刺沾不上文学艺术的边儿,他的骄傲就是合理的。不过,这件逸事却几乎造成一个悲喜剧的印象。天晓得,这种文学作品是没有危险的。世界上任何一个国王或者任何一个政府,根本没有任何理由为这些讽刺攻击担心。只可惜,最好的讽刺作品却不是那些不打扰任何人的作品。人们欢喜把蒂克的喜剧同阿里斯托芬的喜剧相比,但阿里斯托芬的喜剧却决不是没有危险的,决不是无害的;而且,真正伟大的讽刺作品,如莫里哀的《伪君子》或者博马舍的《费加罗》,都有一个共同点,就是它们并不是在月亮里上演,它们的讽刺矛头不是针对蹩脚诗人和说教诗歌,而是另有所指。

然而,浪漫主义文学同社会和政治不发生任何接触,这个状况决不能长久维持下去。

一八〇六年对于普鲁士和德意志是生死存亡的一年。国家完全处于异族征服者的势力之下。但是,正因为这样,从这一年起开始了所有精神上的改造。苦难是如此深重,一场奋发向上的斗争变得绝对必要了。不屈不挠的封·斯坦因男爵[①]开始重新整顿国家生活,沙恩霍斯特[②]改造了军队,甚至大学教育也经受了考察,费希特则于一八〇七年应聘来到柏林。这次聘请费希特,在许多方面都是引人注目的。人们希望借此表示,从今以后将是一种新的不同的精神领导一切了。费希特一七九二年写出他的第一本著作《试评一切天启》,他只敢化名出版。后来,他发表另一本著作《索还思想自由》,他提都不敢提这本书付印的城市;它是在黑里奥波里斯出版的,这个地点同样是个化名。他最后在耶拿大学任教时,又由于被控宣传无神论而不得不离职。现在,人们陷入困境,便突然改弦易辙,向他求援,希望他能使青年振奋起来。大家知道,他的《告德国国民书》使所有人喜出望外。事实证明,把德国国旗交到这位被迫害的思想家手里,决不是一件坏主意。那时,法国人的刺刀在窗外闪烁着,法国人的鼓声淹没了他的声音,他在柏林大学发表了那些著名的演说,那些演说对于德国人不啻一阵起床号,终于鼓动他们起来,把那些刺刀、军鼓赶跑了;从那些演说的发表之日起,全国人民的情绪发生了一个骤变。费希特的哲学在这些演说中变成了热情,变成了诗;这种诗很快又变成一个火把,跟它一起燃烧的还有其他许多诗的火把,如阿恩特、克尔纳和申肯道夫等人的火把,这又有什么奇怪呢!

长期准备的解放战争终于在一八一三年爆发了,经过反复的胜败,以德国的全面光复而告终。拿破仑政权被摧毁了。德国人惩罚了背叛者,从而惩罚了革命。至此为止,这场战争值得称之为"解放战争"。但是不久,连眼光短浅的人都看得出来,这场战争像雅努斯一样有两副面孔。解放战争是对一场可怕的暴政的反抗,而这场暴政却代表着许多革命的观念。它是为家园而战,但却又是根据旧王朝的命令

[①] 海因里希·弗里德里希·卡尔·封·斯坦因男爵(1757—1831),普鲁士政治家,执政期间废除封建残余,提倡贸易自由,鼓励改造军队。

[②] 革哈德·约翰·大卫·封·沙恩霍斯特(1755—1813),柏林军事学院院长,普鲁士军事力量的奠基人。

而战。人们为着反动王公的利益反对了革命的暴政。此外,那种参战的热情还包含着两种截然不同的因素,乍看之下,它们混杂在一起,没有人想到把它们分别开来,但是不久它们彻底相反的性格就暴露无遗了。一方面是一国人民对另一国人民的愤恨,随着民族感情一起产生的民族偏见,对所有德国东西的景仰,对所有法国东西的仇恨。另一方面则是对自由的热爱,对独立的要求,不仅以德国的名义,而且以人类的名义为这些伟大的普遍的人类品质而战。

在费希特的演说中就已经看得出这种双重倾向。他说过,只有一种人民,只有懂得自己精神的深度、懂得自己的语言、也就是懂得自己本身的古老民族,才能够是自由的,才能够是世界的解放者;他接着补充说,"这种人民就是德国人。"这些话里面正包藏着日耳曼人的民族骄傲,而且这个种子不久就开始成长起来。清新、明亮、年轻而健康的自由热情,在特奥尔多·克尔纳的豪迈的抒情诗中得到了表现。他所拨动的是席勒的琴弦,但是在这些琴弦声中使所有心灵感动的却是新时代的活跃的天才。只是在另一群诗人中间,爱国热情才变成了对于德意志帝国和德意志皇帝的、也就是对于中世纪德国的狂热,人们开始歌唱昔日的光荣。乌兰德忧郁地唱着当年

   高尚而英武的贵人
   在莱茵河上下徜徉,

恋恋不舍地回忆起当年强盗骑士从自己的城堡统治着城乡。申肯道夫则赞颂古老的大教堂,怀着战栗的敬畏心情到小礼拜堂去搜掘英雄和骑士的骸骨。另一位爱国诗人是恩斯特·莫里茨·阿恩特,他对法国的仇恨形成了固定观念。他一面创作一些雄伟壮烈的自由歌曲,同时和雅恩一起号召把德国的全部过去作为武器来反对异族统治者。于是,古老的德国神话和德国英雄事迹,赫尔曼和条顿堡森林,倭丁神和德卢伊德教徒,圣橡树和神圣的原始德意志的粗野鲁莽——肩头披

着乱蓬蓬的头发,两只大拳头握着棍棒——全都受到了尊崇。这些粗拙的风习据说保证了德国的德行。阿恩特还攻击法国语言和法国时尚,他甚至试图推荐一种德国国民服装。雅恩按照他的意见还创建了"大学生协会",这是基督教日耳曼式的学生联合组织,他们在一个时期内可以成为自由的代表,但是他们的浪漫主义精神倾向却使他们不能产生任何有益于自由的积极影响。大学生协会的理想是中世纪以皇帝为首的德意志罗马帝国。为了实现这个理想,大家都需要锻炼身体。于是,体操协会补充了大学生协会的不足。"体操之父"雅恩开始在柏林附近的哈森海德创办体操学校训练德国青年,使他们变得"新鲜、虔诚、快乐、自由"①。雅恩在文学上还追随阿恩特发表一些文章,故意采取矫揉造作的强悍文风,不让这些为德国谋利益的努力受到任何攻击。

但是,没过多久,这些爱国主义的思想和尝试都开始被迫为反动服务了。不是值得争取的自由,而是德国已经消失的过去,变成崇拜的对象。人们开始以未曾有过的热忱来研究德国历史,并以特殊的爱好来发现德国的特征。以格林兄弟为首,人们开始从历史上和文法上来研究德国语言;在这个领域,跟在其他领域一样,人们病态地热衷于过去和过去的质朴。这些学术研究既然取得了辉煌的成就,就一定在德国从那些提倡者中间产生出最凶恶的自由之敌,这些人到处都站在过去那一边反对现在。

然后,爱国主义的狂热之外,又加上宗教的狂热。人们用德国特有的道德同法国的轻佻对抗,用德国特有的基督教来同法国的自由思考对抗。因为敌人的宗教是人类的宗教,是人类光明而自由的精神,而德国的宗教是基督教,是基督教黑暗而又带强制性的精神。人们越是非宗教,便越是相信自己信奉宗教。这是各个时代和各个国家无不皆然的一个永恒真理:真正的宗教就是在大多数还不理解的时候对于

---

① 原文为 frisch, fromm, fröhlich, frei, 这是德国体操运动的口号。

当代活跃的精神和思想所感到的热情,一个充满着时代的活跃精神的人看起来与宗教无关,其实是在信奉宗教;反之,一个人充满着过去时代的精神或信仰,是最与宗教格格不入的,但是看起来对宗教很虔诚,而且被人这样称道。

解放战争的未成熟的歌手们陷进了浪漫主义文学的泥坑。他们错误地认为,促使桑德刺杀科策比的是对于自由的热情;其实,这个胸襟褊狭的青年学生由于这个轻浮的枢密顾问官为了俄国外交利益反对大学生协会的理想,而对他采取暗杀手段,乃是道德感情和爱国主义使然;在桑德最亲密的朋友中间还找得到耶稣会会员,就是一个旁证。当时人们是怎样理解"自由"的,只要看看阿恩特、格雷斯之流当时都成了自由战士,就可以得到一个明确的概念。阿恩特后来愤怒地攻击他所谓的工业主义,即同古老行会相对抗的现代工业;他狂热地反对机器和蒸汽,说它们剥夺了双脚走路的权利,剥夺了劳动者的工作,剥夺了高山和低谷的意义;他坚决主张用一本"金书"把全体贵族登记下来,主张巩固世袭地产和长子继承权,以防社会崩溃,鱼龙混杂,无产者泛滥成灾。格雷斯一度还令人追怀他编辑《红色报》那段时日的光荣,但后来作为《基督教的神秘主义》一书的作者,却变得反动而凶恶,甚至嫌普鲁士的虔敬主义反动得不够彻底,使教皇莱奥十二世都对他有所非难。

从解放战争中产生的基督教日耳曼的反动,在德·拉·莫特·福凯男爵的小说中得到十分独特的文学表现。福凯在解放战争中当过骑兵军官,但他闻名于广大读书界,却由于一篇优美的小故事《涡堤孩》;那篇作品仅次于蒂克的《妖精童话》,表现了浪漫主义自然诗的最美丽、最丰富的内容。然而,涡堤孩也是福凯所创造的唯一真正生动的形象。他之所以取得成功,大概是因为他的描写对象一半是人,一半是一种自然元素,即波浪、浪花、水的清凉和动荡,是一个没有灵魂的生物;远在它献身于骑士之前,涡堤孩就同骚乱的、没有生命的大海保持着神秘的关系。是它用海的泡沫喷射着门窗,使海水不断升腾，直到把半岛变成一座岛，把骑士变成渔舍的一个囚徒。福凯是个诗人，不是心理学家，他在这个自然物身上找到一个恰恰适合他的想象力的题材；这个自然物代表着一种元素，所以它本身只是由一种生命元素构成的，后来安徒生就是按照涡堤孩的形象创作了《海的女儿》。新婚之夜赋予涡堤孩一个灵魂，于是它变成了一个忠实、温柔而又多情的德国主妇。后来，骑士把她虐待死了，而她死后仍然出于一片好心，担心她的叔父水精冷泉为她向骑士报仇，便用一块大石把院子里的井口堵住，以便截断她的叔父由此进入城堡的唯一途径。骑士不顾一切警告，终于对她失信而重新结婚，当他的骄傲的新娘让人揭开井口的石块时，涡堤孩为命运所迫，便从井口浮上来，用一个吻把骑士杀死了。虽然这个题材真正属于中世纪，是从巴拉赛尔苏斯[①]借来的（他的元素精灵的理论是以古老的民间信仰为基础的），虽然在细节描写中不免虔诚得有些腻人，这篇作品却散发着一种新鲜的异教色彩，这显然是于它有利的。涡堤孩的独创性在于她的异教的天性，这种天性在她受洗礼之前就有所表现；而且，不是让一个手持镰刀的骷髅来捉走垂死的人，而是让自然精灵用一个深情的吻把他弄死：这种构思也是纯粹希腊式的。

但是，福凯一方面把他心灵中所有的独创性和天才投入到这篇小童话，同时却在民族复兴运动的影响下，开始创作那一系列骑士小说，其中第一部《魔环》于一八一五年出版。这本书变成了浪漫主义反动的福音书。贵族和缙绅在所有这些铠甲和盾牌里看见自己的身影，并为此感到赏心悦目。但是，这里所展现的决不是真实的历史图画。这本书里的骑士时代完全是幻想出来的时代，出身高贵的人们戴着银盔，有的插翎毛，有的不插翎毛，或者戴着铁盔，还插上镀金的鹰翅，有时把面甲蒙上，有时又放下来，穿着闪闪发亮的银铠甲，或者穿着暗淡的镶金铠甲，骑着各种各色的、体态或纤或壮的骏马冲了过来，相互折

[①] 巴拉赛尔苏斯(1493—1541)，瑞士医生，化学家，首先提出生命是化学过程的论断。

断长矛,但却稳如泰山地坐在鞍上,或者栽倒在地,又闪电似的飞身上马,抽出了一把双刃剑。骑士们骄傲而英勇,忠实的侍从为他们的主人不惜一死,纤细的小姐在竞技中颁发优胜奖品,"爱娇地"向骑士们卖弄风情。一切都是根据骑士法典、甚至根据骑士法典的某一章某一节写出来的。

一切都沿袭惯例。首先就是那种腻人的软绵绵的风格,据说这种风格正可以使这个高贵社会生色增光。只有举例才能说明一二。贝尔塔坐在小河旁,她的影子倒映在水中。"贝尔塔羞得满面红光,在水中看起来,宛如一颗小星在燃烧。"——"他们唱着一支晨歌,唱得那么优美而愉快,仿佛落日为那种一往情深的歌声所牵引,还想从晚霞中重新升起来。"到处都插进了一些美化的形容词:"两个年轻人由于娇媚的好奇心而五内如焚。""老骑士的眼睛里迸出了两大滴澄澈如水晶的泪珠。"华丽的骑士服装及其装饰品的描写占了极大的比重。"他身穿深蓝色的钢铠甲,周围镶满华丽的金质装饰,他头发呈棕黑色,一字形髭须修整得很雅致,下面那张年少鲜美的嘴巴微笑着,露出两排白牙闪闪发光,看起来他真漂亮。"一位贵妇诉说她的不幸遭遇,却有工夫插进这样一段描写:"我悲哀地走进了我的房间,不想去听别的小姐今晚邀请我去玩什么游戏,我的侍女把一根配上金线银钩、镶着美丽珍珠母的钓鱼竿给我送进房来,我也挥手叫她拿走。"在一个周围尽是珠光宝气的世界里,人们还认为必须明白指出他们手里果真有这些贵重物质,这不能不令人诧异。而且,连感情都是用珍珠母、金线之类质料造成的。没有一点点天然的、未经强制的意向,没有一件从原始的、未经深思的激情产生的行动。所有的感情和激情都像骑士驯马一样受过周全的训练。人们都事先知道一切将怎样发展。骑士们友好地对话,以与众不同的礼貌往还,这是特权人物的癖性。一个骑士不当心讲出了一句话(关于一个贵妇,或者关于一场比武),另一个骑士就向他提出挑战,认为必须同他拼个你死我活。这两位斗士平日彼此没有丝毫的怨意或恶感,这时却全身披挂起来,骑上鼻息如雷的战马,

（侍从们围成一个圈子，如果是夜间，还高举着火把）尽全力互相砍杀；一个流着血倒在地上，另一个则连忙下马，带着兄弟般的柔情跪在他身旁，以熟练的外科技巧为他裹伤，并向他伸出了臂膀，他们两个便穿着叮当作响的甲胄"闹嚷嚷地"从那里走开。——显而易见，这种写法把人类心灵的全部丰富生活勉强地归结为少数几个传统因素：荣誉、忠实、用下跪来表示礼貌的爱情。

与此相关，还对特权阶层以外的一切等级持根深蒂固的轻蔑态度。主人公奥托骑士到他的朋友、年轻商人特巴尔多家里参加化装舞会，碰上几个丑角正在表演。其中有一个穿铠甲的武士在向财神爷普鲁图斯鞠躬，并念了这样两句诗：

受伤赏银子，流血赏金子！
财神爷呀，多赏点，我上阵万死不辞！

"普鲁图斯老爷正想回一句俏皮的答话，奥托·封·特劳特汪根老爷却怒气冲天地站了起来，手持长剑大叫：'那奴才侮辱了他的铠甲，如果他胆敢同我较量，我要拿他的脑袋来教训他！'有些人在微笑，有些人大吃一惊，全场都注视着那位激怒的青年骑士；特巴尔多十分恼恨地喝退了丑角，谴责他们的思想卑鄙下流，禁止他们再次登门。接着，他满脸羞红地回到奥托身旁，用最恭敬、最有分寸的话请求他，不要为了那个贱种胆大妄为地自比骑士来奉承阔商，而迁怒于他。"这还不够，奥托第二天在他住宿的旅店里遇见了一位骑士阿希姆巴尔德，一心想跟他调换铠甲。"我想，我们的铠甲可以两人倒着穿，因为我们都是古代高地德国的英雄身材……"于是他用自己的银铠甲换来了一副黑铠甲。把铠甲一换，他似乎整个儿变了样；要是想到服装在这里起着多么大的作用，就一点也不觉得奇怪了。事实上，这些骑士都不过是塞紧了的铠甲罢了，他们令人想起在伦敦塔或者柏林武器库里见到的那些骑在装甲木马上的木人儿。

甲胄起着什么作用,还可从奥托早期的一次决斗中看出来。穿着生锈铠甲的黑尔德根骑士从生锈的铁盔里发出生锈的声音大喊:"贝尔塔!贝尔塔!"而奥托则从他的银盔里仿佛发出银质的声音大喊:"加布里尔!加布里尔!"奥托次日早晨穿着新装回到特巴尔多那里,特巴尔多正在库房里量他的贵重料子,那位骑士变得那么英俊威武,青年商人自惭形秽,简直不敢站在他的面前。"奥托·封·特劳特汪根老爷揭开了面甲,特巴尔多吓得倒退一步,喊道:'天哪,才隔一天,你怎么变得这样神气啊!我现在站在你的面前,手里难道还得拿着尺子吗?'说着,他便把那柄美丽的尺子朝柱子上摔得粉碎。因为它是用象牙和金子拼起来的,他的仆人们都认为他只是失手把它打碎了。所以,他们想法安慰他们的主人,他却毫不理会他们,只要求关掉他的商号,追随奥托去当他的一名侍从。"今天,在许多普鲁士骑兵军官对待商人的态度中,不也常常可以发现类似的思想感情吗?

事实上,这是一种为骑兵军官而创作的文学。福凯在这本书中能够从心理上加以掌握的唯一东西就是马匹,正是出于这个原因,他才能够把涡堤孩写活,因为他笔下的心理学不过是心理学初步。在丹麦作家英格曼的小说里,乳白色的坐骑和披着钢甲的黑色战马占有同等重要的地位。郡长彼得·黑塞尔穿着貂皮绲边的猩红大氅,戴着白翎毛帽子,骑在一匹高大的钢灰色公马上,他身旁站着矮小的褐色脸庞的侍从克劳斯·斯克利门,手里牵着一匹敏捷的挪威小马,——作者在这里描写高大的钢灰色公马和敏捷的挪威小马,也充分发挥了他的性格刻画的全部才能,就是说,同时也为郡长和他的侍从画了一幅栩栩如生的肖像。福凯的作品也是这样:福尔柯的马被描写成一匹细脖子、轻蹄子、银灰色的公马。"骑士一招手,它就来到加布里尔身边,弯下了前腿,然后纵身一跳,又回到了原来的位置;跳得那么轻盈,仿佛在飞一样,鞍辔和头饰上的金铃叮叮当当响得十分悦耳。它温顺的站立着,只是在华丽的头饰下摆动着优美灵活的头颅,仿佛在谄媚地询问主人,这一切做得对吗?"——风流韵事、荣誉感、忠诚!除了这些,骑士身上还有什么呢？——"与此形成奇怪的对照，阿希姆巴德的马则喷着白沫，又蹦又跳，乱尥蹶子，像要把紧紧拴住两个骑兵的银链子挣断。……它的眼睛熊熊燃烧着，可以比作火把，右前脚猛蹬着地面，仿佛在为主人的仇敌挖掘坟墓。"豪勇的胆气，旺盛的斗志，剽悍的精力！——除了这些，骑士身上还有什么呢？

奥托骑士从父亲手里得到了一匹马。"少年急忙走下来，看见一群骑兵围着一匹配上黄金鞍辔的浅棕色骏马在等他。父亲对他说，'骑上去吧，看这匹高贵的动物是不是愿意属于你。'于是，年轻的骑士奥托·封·特劳特汪根飞身上马，用强有力的双手驾驭着来回驰骋，把侍从们都看呆了，认为这匹骏马一定认识它的真主人，而他对它的驾驭本领一定含有闻所未闻的神奇意义。……骑士兴高采烈地跳下马来，扑到了父亲的怀里。但是，那匹战马向牵着它的缰绳的侍从们猛喷鼻息，猛尥蹶子，一下子就挣脱开来，奔向它的年轻的主人，他这时正站在那里拥抱他的父亲，它便把头亲昵地搁在他的肩上。"——在命中注定的主人出现之前，在它也感觉到他对于心的威力"含有闻所未闻的神奇意义"之前，它是绝对不可驯服的；但从见到骑士的一刹那起，它却表现出永远的忠诚和温柔的爱娇！——在真正的骑士出现的一刹那，还能从那些旁若无人的骑士小姐身上发现别的什么呢？——奥托在关键时刻丧失了他的爱人和魔环，是海王阿林比昂在作怪。一天，海王骑着马在一条荒路上驰骋。这时迎面奔来一匹褐红色的烈马，开始同海王的马发生恶战，并把它打翻在地，海王也跟着栽了下来，人和马滚成一团，那匹烈马还在无情地践踏他们。这匹马是多么聪明，多么忠诚啊。这又有什么奇怪的呢，请听奥托评马的那番几乎令人难以相信的话："这匹马是浅褐色的，这个颜色使我觉得它愈加可爱。浅褐色在我看来是一种天使般可爱的颜色；我的圣母就有一双浅褐色的大眼睛，整个上天就是从这双眼睛闪耀出来的，所以我总觉得这个颜色好像是上天对我的问候。"

骑士文学对于贵族心理（或称马的心理，或称随便什么心理）的描写,就这样达到登峰造极的程度。戈特沙尔说得好,在《魔环》中,四面八方的骑士所具有的性格差异,仅限于人类的原型和阳光所造成的肤色;在任何情况下,我们只能区别一个摩尔人和一个芬兰人。继这部小说之后,还出版了大量类似题材的作品,以《冰岛人蒂奥多尔夫历险记》最为著名。它的前驱就是福凯的主要作品《北方英雄》三部曲,包括《屠蟒者西古尔德》《西古尔德复仇记》和《阿斯劳加》等三篇。《北方英雄》是献给费希特的,费希特曾经激发了人们对于古老德国及其一切民族特征的热情,这部作品显然也受过了这种热情的感染。它们包括的三部抒情而夸张的"阅读剧"是按照抑扬格诗律写成的;凡是语言变得特别庄重或动情的地方,都是用的短句,韵律和头韵都打算使人想起古代北方的格调。它给人的一般印象跟里理查·瓦格纳以北方传说为题材的那些歌剧相似。

诗句虽然有时显得雕琢,一般听来铿锵悦耳,感情高尚而侠义,表现出来的伟大是超人的,不过有点幼稚,光也不是白天的光。主人公的体力和耐力大得惊人。他一下子击碎一个铁砧;他爬上了高塔的外墙,从最高的一面窗朝里望,望见了他所想见的一切,然后又轻轻跳了下来。在智力方面,他就没有什么了不起的。

关于福尔松[①]传奇的这个戏剧改编本,海涅曾经这样说过:"《屠蟒者西古尔德》是一部豪勇的作品,里面反映了古代斯堪的纳维亚英雄传说中的巨人和巫术。主人公西古尔德是一个硕大的形象。他像挪威岩石一样强,像冲击岩石的大海一样凶猛。他有一百头狮子的勇气,却只有两头驴子的智力。"最后一句话事实上是浪漫主义骑士文学的所有英雄人物的象征。他们都是民族肖像,跟勃仑塔诺的小说《不止一个韦米勒》中所见到的那三十九个匈牙利人一样,一个艺术家在去匈牙利之前曾经给他们每个人画过像,后来每个人都找到了自己的肖像。不过,在阿尼姆和勃仑塔诺的作品中,不论是场景还是人物个

---

① 古代日耳曼英雄。

性,一切都是特殊的,有特点的;而在福凯的骑士小说中,一切都变得一般化。一个国王永远是个英雄或者舞台上的国王;一个王后不是黝黑而傲慢,就是温柔而美丽,等等。典型千篇一律,"民族肖像"的个别特征是后来添上去的。

　　民族的典型当然因国别而异。在丹麦,弗雷德里克六世时期,骑士小说是爱国的,歌颂王室的。在德国,解放战争以后,骑士小说是爱国的,歌颂贵族的。《魔环》这样写道:"这个陌生人见过许多世面,但他始终是个真正虔诚的德国人;不,他正是到了外国,才变成一个德国人;因为离得远了,他才知道古老的德国是多么美妙的一个国家。"

　　在两个国家里,浪漫主义文学的政治倾向却是一致的。

十七　浪漫主义政治家。约瑟夫·格雷斯。弗里德里希·封·甘茨。约瑟夫·德·梅斯特尔。瑞典和挪威的浪漫主义文学

格雷斯在他的《基督教的神秘主义》(卷2,第39页)中说过,一个身体经过再生达到更高级的和谐之后,它首先产生的一个标志就是它本身所散发的香气。"正如臭气是不健全、不和谐的有机体的标志一样,生命的内部和谐是由它所散发的香气来表示的。所以,'神圣的气息'决不仅仅是个譬喻,它来源于经过无数次证明的实际经验,那就是,凡是过着神圣生活的人都会散发香气。"而且,他还为此援引了许多历史例证。

如果格雷斯说得有道理(我毫不怀疑这一点),那么我想在结论中加以描述的一些人就是遍体芬芳的了;因为这都是教会和格雷斯非常中意的人物。为了把浪漫主义集团这幅图画相应地告一结束,我想谈谈那些把浪漫主义原则移植到生活和政治中去的人们。格雷斯本人可以选作这个流派的教会人物的代表;而弗里德里希·封·甘茨可以选作浪漫派的德国政治家的代表,我认为他在各方面都是个最有趣的人。①

---

① 参阅《弗里德里希·甘茨与亚当·海因里希·米勒通信集》、门德尔松-巴尔托迪博士著《弗里德里希·封·甘茨》《弗里德里希·封·甘茨遗著集》(2卷)。——原注

约瑟夫·格雷斯于一七七六年出生在莱茵区；他跟克莱门斯·勃仑塔诺共用过一张课桌；法国军队占领德国期间，他被卷进了革命运动。他上大学以前，就在故乡柯布仑茨市参加了雅各宾俱乐部，公开拥护自由观念，并为德国的革命党人创办机关报《红色报》。他认为，过去的时日是可恨的，法国是福地，世界上其他地方都是奴役之邦。

一七九八年，法国军队开进了罗马，格雷斯为这个城市的陷落和教皇辖境的崩溃欢欣鼓舞。八天之后，他在《红色报》上写道："我们要撕下僧侣们的假面，到处传播健康的观念。我们还宣誓永远仇恨教士权术和修道生活，并为人民的利益而工作；我们要证明王侯们是不需要的，要帮助他们从统治的重担下解脱出来，因此我们同时也在为他们工作。"

他的风格豪放、机智，充满青春气息，纯粹是一个为民请命的新闻记者的风格。但是，在他的讽嘲中还可发现某种狂热，这种狂热像任何狂热一样，包含着彻底转变的可能。当拉斯塔特会议①上的谈判预示出可能废除主教与修道院院长选举制度时，格雷斯在他的报纸上以"待售"为题标出了下列货品："一整船自由树种子，其花可作敬献王子、公主之花束……一万二千头人畜，经过严格训练，砍射刺杀无所不能，东西南北听凭差遣。十二年棍棒操练使他们终于能为主子赴汤蹈火，万死不辞……三顶精鞣过的牛皮制成的选举冠。相应的主教拐杖里面灌满铅，装上了匕首，外面盘着假蛇。装在顶端的上帝的眼睛是瞎的。"

一七九七年法国人重新占领美因兹，这个消息传到柯布仑茨，格雷斯为罗马德意志帝国的崩溃写了一首激昂的凯旋曲："一七九七年十二月三十日（即法军横渡美因兹河的那一天）下午三时，饱经沧桑之神圣罗马帝国由于全身虚脱，兼患中风，平静地逝世于累根斯堡，享年九百五十五年五个月二十八天；死时意识清醒，并举行过一切圣

---

① 拉斯塔特在德国巴登州。一七九七至一七九九年间，神圣罗马帝国各邦和法国在此举行会议，讨论莱茵河左岸各邦在法国革命战争期间的失地赔偿问题。

礼……已故者于八四二(八四三)年六月诞生在凡尔登;当他出世之时,天空出现一颗预示不祥的彗星。幼儿是在傻瓜卡尔、孩子路德维希和他们的继承者的宫廷里养大的……但是,他生性懒散,对宗教过分热忱,使他先天不足的体质更加衰弱……到二百五十岁,即十字军时期,他已变得像个白痴……"格雷斯这里所用的笔调,到一世代以后,又可以在波尔纳的《巴黎书简》中重新听到。

他接着轻蔑地发表了死者的遗嘱,内称法兰西共和国将继承莱茵河左岸,而波拿巴将军阁下将被指定为遗嘱的执行人。

这就是格雷斯的惊天动地的青年时代。一八〇〇年,他从政治活动中引退,去巴黎小住,从而使他丧失了对于法国人的同情。但他仍然是个热心的进步人士。他什么都不害怕,只担心旧日一切卷土重来,那将意味着可怕的专制(在长期中断后将更其严酷,并且在一定程度上为现有状况所注定),意味着教士制度的复辟,即政治反动和宗教反动的结合。外国统治的压迫唤醒了他的民族感情。在海德堡学习期间,他进入了浪漫主义时期;他作了关于诗与哲学之本质的讲演,开始醉心于《尼伯龙根之歌》,研究德国古代的历史、诗歌和传说。他在海德堡遇见了他的老同学克莱门斯·勃仑塔诺,深交了阿尼姆,并同施莱格尔兄弟和格林兄弟接触。他出版了《儿童神话》《德国通俗读物》以及他所搜集的《古代德国的民歌和名歌》。

浪漫主义运动不仅通向民族感情,而且几乎同样强烈地产生世界大同的感情,因此使他转而研究尚未为人注意的波斯文;他几乎未经过任何指教,就能够把菲尔杜西[①]的全部史诗翻译成精美的散文。

一八一八年他作为柯布伦茨市代表的发言人来到柏林;他大胆地向国王请求履行解放战争期间所作的宪法诺言,结果使他失宠于国王,并为他招致了四年的流放。

到一八二四年为止,他从主要方面而言,一直是德国的爱国的浪

[①] 菲尔杜西(940?—1020?),波斯著名史诗作者。

漫主义者。从这一年起,直到他逝世(1848年)为止,他是教会反动势力的代表。在《德国与革命》(1820年)中,他已十分倾向天主教。他在本书中说过:"宗教改革导致了第二次堕落,"他潜心研究过中世纪的历史,开始把教会制度视作防范君主政体侵害人民自由的唯一力量。不久,他便在勃仑塔诺和弗朗兹·巴得尔的影响下变成幻象的信仰者,顽固地沉湎于宗教情绪了。克莱门斯·勃仑塔诺在那时,正如台雅那的阿波隆尼乌斯[①]在古代一样,影响了热衷于通神术的一代人。正是在这个时候,克吕德内夫人[②]鼓吹了神圣同盟。

早在一八二六年,约瑟夫·德·梅斯特尔看了格雷斯的《在天主教瑞士教会自由与国家政权的斗争》一书,便说过他为天主教辩护的这场论战巧妙而公正,其震撼力量得未曾有。这样的褒奖出自此人之口,是颇有分量的;此外,它还意味着,我们正处在从德国的浪漫主义文学过渡到法国的全面反动的分界线上。一八二七年,格雷斯又出版了他的饶有兴味的《伊曼努埃尔·斯威顿波格,他的幻象及其对教会的关系》,这本书就是他的《神秘主义》的前奏。

克莱门斯·勃仑塔诺于一八三三年前往慕尼黑,格雷斯当时已经住在那里,两个老同学又重逢了。勃仑塔诺对格雷斯的影响是不小的;这时勃仑塔诺完全沉醉于迷信中,甚至谢林新创的天启哲学在他看来也不够虔诚。他有一次同几个年轻的神学家谈话时,曾经叫喊起来:"甭谈他了!我认为,一滴圣水都比谢林的全部哲学更宝贵。"他把有关卡塔琳娜·埃梅里希的幻象的全部记录一齐带到慕尼黑来;他不再需要福音书了,他从那个女先知那里比从《圣经》中更能了解基督的言行。格雷斯现在完全陷进了勃仑塔诺的奇迹和神话中,于是写出了《神秘主义》(4卷本,1836—1842年),这是德国浪漫主义所产生的最疯狂的一本书。

格雷斯在巫术和魔法中陷得越深,他本人就变得越古怪。他甚至

[①] 台雅那的阿波隆尼乌斯,古希腊毕达哥拉斯学派哲学家。
[②] 克吕德内夫人(1764—1824),俄国神秘主义者,第三卷有详论。

相信魔鬼在凭附着他。有一次他抱怨说,魔鬼不高兴别人干预它的事务,把他的手稿都抢走了——过几天,那手稿重又回到了书架上。

科伦大论战爆发时,格雷斯充当教皇派的代言人,对普鲁士内阁口诛笔伐;他代表天主教的莱茵区,采用《圣经》的风格猛烈地攻击新教:把对方比作"蛇蝎之辈";说普鲁士国家被一个在关键时刻从泥潭里爬出来的恶魔缠住了。

这场论战使格雷斯赢得了法国天主教首脑蒙塔伦贝伯爵的赏识。天主教德国把他捧成教会之父,称他为"天主教的路德"。他居然把巴伐利亚政府也拖进了运动;这个政府放任普鲁士新教政府的报刊在巴伐利亚发行,而格雷斯却希望巴伐利亚能作为天主教的主力起而迎战。

他从来不在乎任何宗教-政治性的狂热表现,甚至敢于说这样的粗话:政府如果允许天主教和新教通婚,就等于强迫天主教父母"生双倍的杂种",尽管巴伐利亚国王就是一个新教母亲的儿子,而且本人也娶了一个新教徒为妻。

后来在特里尔爆发了关于基督圣袍真伪问题的争论,莱茵河两岸居民约一百万人组成了一个朝拜特里尔的队伍,使新教的普鲁士大为恼怒。格雷斯喜出望外,把这次朝圣行为称为"胜利的教会的一次大捷"。有人怀疑特里尔的圣袍不是真的,因为别的几个地方也有同样的圣袍,格雷斯便引用《新约》中圣饼变多的奇迹来驳斥这种怀疑(参见泽普:《格雷斯及其同时代人》,1877年)。

浪漫主义文学中所宣称的形式与内容相互间绝对独立的论点,被甘茨应用到政治中来了。正如克莱斯特是德国的梅里美,甘茨便是德国的塔勒朗①。他到老年,很可以像梅特涅那样,在自己的肖像下面题一句:"切忌激情!"他是浪漫主义讽嘲天才的实体,是《卢琴德》精神的化身。不过,他变成一个典型人物,是在四十岁之后,那时正值拿破

---

① 塔勒朗(1754—1838),法国政治家、外交家,先为拿破仑服务,后迎回路易十八。

仑战争和革命高潮刚刚过去，外交活动频繁，那时口号就是"反动"，也就是安宁，不惜一切代价争取安宁，扑灭欧洲的一切大火；太平，给欧洲的一切疲倦者、病患者和复原者以太平，那时像在一间病房中一样，要尽一切努力摆脱骚扰因素，尽可能保持寂静，避免喧哗和叫嚣。戈特沙尔说："甘茨知道怎样给官方文告添加那种不可言述的油彩、那种古典的光泽、那种奥林匹亚式的威仪，尽管下界血流成河，那里也不会为凡人的命运所打搅，神的杯盘里也不会溅出一滴琼浆玉液来。至于把许多国家震得粉碎的那些小小的冲突，他更是高超地一笔带过，从而赋予当时专制主义的议会政治一种柔和而优雅的色调。只听得见嘘嘘声，听不见噼啪声；原来是气枪在进行无声的屠杀。"

　　从外表来看，人们都拥护正统主义的原则。实际上，都是谎言和伪善；实际上，当个人利害要求他们改变态度时，人们便一点也不讲究正统了。在这种情况下，完全是按照歌德的这句话行事："没有谁比能够养活自己的人更讲究正统的。"足见，人们所拥护的事业并不是什么好的事业。然而，即使一个坏事业的鼓吹者也是有趣的，如果他有一种卓越的才能的话。而甘茨正是非常有才的。瓦恩哈根说得一点不错："德国的学术垃圾从没像这样光彩地翻腾过，学问也从没这样丰富地卖弄过。"

　　弗里德里希·封·甘茨于一七六四年出生在布列斯劳的一个市民家庭。他后来能够飞黄腾达，跻身于最高级的社交行列，一点也不依仗他的出身，全凭他个人的才具。他在刻尼斯堡读书，勤奋地研究康德哲学；他那时不过是个狂热的年轻人，便同一个不幸的青年妇人伊丽莎白·格劳恩发生了炽烈的柏拉图式的爱情关系。一七八六年他来到柏林，在王室总督处谋得一个职位，先当枢密文书，后当军事参谋，并出于外部原因，同一位财政顾问的女儿结了婚。在柏林，他一头栽进了肆无忌惮的荒淫生活，参加宫廷里常有的无聊娱乐，"那里有一大群令人厌恶的酒色之徒和假装虔敬的三姑六婆，包围着年老的国王弗里德里希·威廉二世。"

正在他这样花天酒地期间,法国革命把他吓了一跳。它的第一个影响就是在他的心灵中燃起了青春的热情。他写道:"如果这场革命失败了,我将认为是人类所曾遭受的最大的不幸。它是哲学的第一个实际胜利,是以原则及相关制度为基础的政府形式的第一个榜样。就那些把人类压得吐不过气来的古老灾害来说,它是我们的希望和安慰所在。如果这场革命半途而废,所有这些灾害将更加不可收拾了。我可以清清楚楚地想象到,到处都有的绝望的沉默将违反理性地供认,人只有当奴隶才是幸福的,而大大小小的暴君们将利用这个可怕的供状,对于由法国民族的觉醒所带来的恐怖进行报复了。"

但是,法国革命所带来的恐怖不久就使他完全转变了立场。他突然变成了旧时代最狂热的拥护者。同舆论的优势作战,同"群氓的愚行"作战,变成了他毕生的事业。他不能把法国革命看作几百年来的横行霸道和民怨沸腾的必然产物;他认为,乱世的根源在于冰冷的理性教育之过度,在于启蒙运动之过度。这才是真正的浪漫主义的特征。他在早年的论文《论权利的起源与最高原则》中曾经热烈地拥护过"人权",而今"人权"在他看来不过是讲求实际的政治家的"先修基础课"罢了。他认为人权论之于治国艺术,恰如炮术中的数学理论之于投弹术一样。现在,他慢慢形成一个真正反动的观念,即国家生活中的主要因素不是人民,而是政府。人民参与立法的活动,在他看来仅仅是一种形式,而自由则萎缩成一种心甘情愿的服从。

由于同威廉·封·洪堡的交往,由于当时主张公私生活相一致的美学观念的影响,甘茨的这种操切态度重新缓和下来,而英国的宪法则变成他的理想。弗里德里希·威廉三世登基时,甘茨曾经情不自禁地向陛下上过一道呈文,以动听的言辞请求国王赐允出版自由,但是没有过几年,他本人又把这种自由称之为万恶之源。忠心耿耿的歌德对于这种向君王近乎"勒索"的试图感到震惊,可是国王没有理睬那道呈文,甘茨立刻就不再提起此事,努力使它湮没掉。从此以后,他便为英国政府所雇用;他并没有直截了当地出卖自己,但是他却经常由于有利于英国利益的政治活动,拿到了大量的津贴。他正需要金钱。他豪赌起来一掷千金,同女伶、舞女往来挥霍无度,经常通宵宴乐不已,有时也会自作多情,如他自己所说,"同内人过一种不正常的、虽然温雅、但也放荡的生活。"一八〇一年四月,他在日记中写道:"为一条狗的死深受感动。"他在魏玛同当时文艺界所有名流相聚,在前往魏玛途中结识了女诗人阿玛莉·封·伊姆霍夫,热烈地爱上了她,同时下定决心要彻底改变自己的生活方式。但是,他还没有回到柏林,便这样写道:"在魏玛下决心的结果——十二月二十三日,我在骰子戏中把我的所有输个精光。"他还继续给阿玛莉·封·伊姆霍夫写了六到八印张的信,接着又发疯似的爱上了女伶克里斯特尔·艾根萨茨,把其他一切都抛到脑后。他在日记中写道:"maintenant c'est le délire complet!"(法语:现在是整个地发狂了!)这期间,他的妻子离开了他,并提出了离婚的要求。就在他的妻子同他分手的那天晚上,他还在玩 Trente et quarante(法语:30和40,一种纸牌游戏),来排遣这个不愉快的心情。由于种种原因,他觉得在柏林再待下去,已经变得痛苦不堪,甚至根本不可能,他于是接受奥地利政府所提供的一个职位,动身到维也纳去,从此逐渐堕落成为梅特涅手里的一个工具。

　　但是,在落到这个地步之前,甘茨是有过他的伟大而光彩的时期的。维也纳人对于法国的至高权威,对于漫无边际的失败和屈辱所表现的迟钝态度,曾经激起了甘茨身上所有的才智和力量、战斗精神和应变能力。拿破仑曾经激励过他,促进他的精神活动,而今他对于拿破仑的炽烈的仇恨,却使他在重重不幸和普遍萎靡不振期间,暂时成为德国的德谟西尼[①],不过他的热情仅仅是为了独立,而不是为了自由。他觉得,整个革命都集中在拿破仑身上。对此人即使采取暗杀手段,他也不以为过。他全力以赴地从事于德国诸邦的联合和德国人民的奋起。但是,按照他的性格,他并非真正地倾向人民,他眼里不过是

---

① 德谟西尼(公元前383—前322),希腊雄辩家。

少数几个选民,他认为这些人才代表人民的命运。他为《政治片段》写的序文,他的布告和宣战书都充满强烈的热情,文字流畅、华丽而果断,笔势刚劲而不庸俗。甚至乌尔姆和奥斯特里茨两次战役的失败都没有把他压垮。但是,在耶拿战役以前,他看到整个普鲁士事态一塌糊涂,却深感悲痛。当约翰内斯·封·缪勒①和他曾经信赖过的另几个人尝到拿破仑的甜头,逐渐被收买过去的时候,他却不屈不挠,坚定不移,并在致米勒的著名书信中以尖刻的讽刺谈到那些"一生就是一次持续不断的投降"的人们。但是,到一八〇九年和一八一〇年,当奥地利放弃了民族斗争,而且正如在这种情况下难免发生的那样,轻举妄动和寻欢作乐的风气随着国家所遭受的失败和屈辱一同高涨时,甘茨也深深卷进了使人麻木不仁的享乐旋涡,而可怕的经济困难又使他把同梅特涅的勾结看作唯一的救生圈。梅特涅这个人,塔勒朗称之为"一个星期的政治家",因为他的眼光超越不了眼前的一星期,而一个著名的俄国人则把他叫作"涂漆的垃圾"——这样一个人对于甘茨的影响当然不会是健康的。

从此以后,他的书信便开始抱怨"一种精神上的萎靡、沮丧、空虚、淡漠",这是他从来没有过的,也是他从来没有想到过的,他把这种精神状态中肯地称为"一种精神上的痨瘵"。从此以后,他说自己"腻味了一切"。他写信给拉蔼尔说:"请相信我,我腻味了一切,我见过那么多世面,享过那么多福,任何虚妄的排场都不再能吸引我了……我不再为任何东西所迷醉,我淡漠、腻烦、看不起人,认为所有别人都愚蠢,只相信自己的——不是智慧——而是洞察力;看到所谓伟大事业终于落个可笑的下场,我内心简直像魔鬼一样高兴。"他已经变得那么颓唐,连他过去朝思暮想的拿破仑的倒台都不能在他身上激起比这封信更深刻一点的感情。"我变得越老越坏了……"他甚至恬不知耻地这样承认,这种态度使我想起了弗里德里希·施莱格尔,他一辈子就是

---

① 约翰内斯·封·缪勒(1752—1809),瑞士历史学家。

这样恬不知耻。

就从这个时候起，死亡恐怖开始一直纠缠着他，此后他经常在日记中记录着，这种恐怖某时某刻正在加剧或者正在减退。他的书信更充分地暴露了一个神经质妇女的全部弱点。他同亚当·米勒的通讯在这方面尤其可笑。他们两个都害怕雷，他们在信里老担心着暴风雨的来临。有时，连一封信他都受不了。他给米勒写道："您的来信使我的脆弱的神经寸断。"死亡恐怖首先是对于被暗杀的恐怖。科策比被桑德刺死之后，那种恐怖在他身上达到了顶点，他担心自己也会成为自由主义青年们的仇恨的牺牲品。他在信中承认，见到一把锋利的小刀，他都会吓得浑身哆嗦。他一八一四年给拉蔼尔写道："谢天谢地，巴黎一切都完了。谢天谢地，我很健康。我时而住在巴登，时而住在维也纳；有时早餐吃奶油烘糕，有时吃别的绝美的点心；我买到了满心欢喜的家具；我再也不怕死了。"

他这时把格雷斯看作唯一还能认真写作的人，而他本人再也写不出什么作品来了。可是，就在这个时候，他的社会地位也几乎登峰造极，甚至可以给王公贵族吃闭门羹。一八一四年十月三十一日的日记他这样写道："Refusé le prince royal de Bavière, le roi de Danemark etc."（法语：拒见巴伐利亚王储，丹麦国王等。）他同塔勒朗见了面，对他不胜欣慕；为了使这种欣慕能有一个实际的趋向，那位狡黠的法国外交官代表法国国王送了他一笔二万四千古盾的礼金。一八一四年年底，他在日记中写道："公共事务，不堪回首。……然余既无可自谴者，则余详悉所有统治世界之小人及其全部可悲言行，殆不足使人忧伤，适仅足以自娱耳。此剧深获我心，实不啻专门为余演出者也。"甘茨的这番话不正是让·保尔的罗凯洛尔的口吻吗？他厌倦了生活，对任何扰乱安宁的因素都深恶痛绝。他以不惜代价维持现状为己任。一八一五年，他同格雷斯争论起来，竟毫不踌躇地为巴黎和平的优越性辩护。他太明智，太冷静，憎恶一切空谈，因此对于大学生协会、古德意志服装运动以及关于"条顿堡森林"和"外国小玩意儿"①的热情演说,都不能不嗤之以鼻;而桑德的暗杀活动更为他提供了一个口实,来禁止一切爱国结社,因为到处都弥漫着暗杀和犯罪的气味。他一心要把大学监管起来,对言论出版加以控制。他这样谈到出版自由:"我坚持我的意见:为了防止出版物的滥用,若干年之内不得出版任何书刊。这个意见作为规定(除极少数为某一公认合格之法庭批准者例外),将在短期内引领我们回到上帝和真理这边来。"

到希腊解放战争爆发后,他的一些言论表明,他尽管反动成性,仍然是非常明白事理的,他不像亚当·米勒等人那样真正相信正统主义原则和神圣王权是所谓天启真理。一八一八年,他给米勒写道:"您在我所说的这个德国,是唯一一个愿意写就写得十全十美的人;当代所有的狂妄行为中,没有比妄图与您相较量,更使我诧异和愤慨的了。……您的体系是一个浑然的整体。想从任何一点来攻击它,都是枉费心机。只能完全深入进去,或者完全站在门外。如果您能向我们证明、使我们领会到,所有真实的知识,对自然、立法、社会状态的认识,甚至历史本身(如您在什么地方所主张的),都是而且只能是一次神圣启示的作品,那么您就(至少对我来说)赢得了一切。但是,如果您做不到这一点,我们就会站得远远的,也敬您、爱您,——但是却被一条不可逾越的鸿沟把您隔开了。"必须记住,亚当·米勒甚至试图根据神圣的三位一体来证明,任何以单一原则为基础的国民经济体系都是错误的。他因此鼓吹"三年轮种法"的必然性。现在,希腊发生了革命,甘茨竟然主张,正统主义原则既然是在一定的时间产生的,就必须由时间来修正,他还发出这样惊人的言论:"我一向理解:尽管我的委任者十分威武而尊严,尽管我们赢得个别的胜利,但是归根到底,时代精神要比我们强大得多;至于报纸刊物,尽管我鄙视它们的越轨言论,它们毕竟比我们的全部智慧要高明得多;不论是外交手段还是暴力,

---

① 条顿堡森林,位于德国北部山区,有古日耳曼英雄赫尔曼纪念碑。"外国小玩意儿",系当时德国狂热分子对法国新事物的蔑称。

都不能阻挡世界的车轮。"

这个衰惫的、瘫痪的老人到了六十五岁，产生了两种同他的年龄和意向十分不相称的热情。青春暂时回到了他身上。他所倾慕的一个对象，就是当时十九岁的芳妮·爱丝勒①。他对她的迷恋可以说无以复加了。他在信中说："我仅仅凭借我的爱情的魔力赢得了她。她在认识我之前，是不知道会有这样一种爱情的。……想想吧，整日没人打扰，陪着这个可人儿，是多么幸福啊——她的一切都令我迷醉；她的眼睛、她的手、她的独特的爱娇使我百看不厌，可以沉湎好几个小时；她的声音令我销魂；我跟她有谈不完的话，她像个最听话的学生，我以父亲般的关怀教育她；她既是我的爱人，又是我真正的孩子。"

第二种把他压倒的热情，就是由海涅刚出版不久的《歌之书》而引发的。他把这位大胆的诗人称作"万恶的骗子"也没有用；那个老反动派抵挡不住诗人的幻术。他这样写道："我一再拿《歌之书》来消遣，我跟普罗克施②一起，在这个忧郁的甜水里一泡泡几小时。连那些真正亵渎上帝的诗歌，我读起来，也不能不有最深刻的激动；我有时埋怨自己，为什么常常那样爱读它们。"他的善感性格抗拒不了这些诗。他把自己比作女人，是完全正确的。他用一种令人想起《卢琴德》中具有雌雄同体特征的口吻，给拉蔼尔写道："亲爱的，您可知道，为什么我们的关系这样伟大而完整？我愿意告诉您。您是一个有无限生殖力的人，我是一个有无限受孕力的人；您是一个伟大的男人，我是古往今来第一个女人。"他现在变得那样神经质，连一次有力的握手都害怕，甚至看到军人式的胡须都吓得不得了。一些不怀恶意的旅客来拜访，他都担心是化了装的刺客。到他生前最后一年，他的背驼了，他的步子蹒跚起来。他年轻时候被人称赞过的明亮而机灵的眼睛，现在仿佛为一种羞怯的表情遮掩着。跟人家在一起，他往往戴上一副大黑眼镜，设法给自己增添风采。有一天，芳妮·爱丝勒在宴会上端着一杯冒泡

---

① 见本卷第11页注②。
② 海涅诗中人物。

的香槟,送到他面前调皮地说道:"Der Krug geht solange zu wasser, bis er bricht."①甘茨回答说:"它总比我和梅特涅活得久吧。"这句话表明了他的性格,同时也可以判断他的观点。

在宗教方面,甘茨是十分摇摆的,时而宣称宗教在他看来不过是个政治问题,时而又按照浪漫主义方式向天主教作最大的让步,尽管他表面上还没有倒向天主教。他不但拜倒在天主教的神秘主义者亚当·米勒面前(此人把拿破仑视作魔鬼的化身,例如他在1806年7月给甘茨的信中写道:"基督徒的任务就是要征服我们身上的波拿巴。");而且,我们还从他这时给奥地利皇帝所写的一份条陈中读到,他之所以离开普鲁士政界,原来出于如下的动机:"归根到底,即余长期对新教所抱之敌意,盖余经过反复严格之考察,自信已能发现新教之原始性格及日益加深之恶劣倾向,实乃今日万恶之源,全欧堕落之一主因也。"

在政治方面,甘茨则自觉地、彰明较著地代表反动,他不像其他伪善的反动分子那样忌讳这个词儿。他一八二二年在一封从威洛那发出的信中谈到,他在一次梅特涅举办的宴会上,第一次会见了夏多布里昂,这位法国诗人对他表示十分亲切,并把他大大恭维一番:"他在席间提及,约四五年前,当一切显得绝望之际,只有屈指可数的几个人在欧洲振臂高呼,号召认真反抗革命,而今他们终于得以同各国内阁与军队一起,共同奔赴战场,攻打共同敌人了——这实在是一件历史上不能不大书特书的奇特现象。他把这两次果断的反动——在法国是Conservateur(法语:保守派)的建立,在德国是卡尔斯巴德会议——称为两个伟大的时刻。他满怀热烈的豪情瞻望未来,认为正义的事业必然胜利。一切真正的力量,一切真正的才能都在我们这一边,为数约十人或十二人。把革命党人的进攻估计过高,或者甚至表现恐惧,对我们来说是最危险的;他们尽管大声鼓噪,都不过是些可怜的饶舌

---

① 德国谚语:瓶子只要不破,总要拿到河边去舀水。

家,我简直不能想象,像班杰明·贡斯当、基佐、若瓦耶-科拉尔这些人,今天即使作为作家和演说家,在舆论中已经降低到什么地步,等等。此外,他的这番话,还有别的一些话,讲得从容不迫,没有火气,十分冷静。"

甘茨写这封信的时候,万万没有想到,正是这个人不久就会使他感到惊心动魄。两年以后,发生了一件事,有如一个分水岭,标志了本世纪文学史上的转折点:夏多布里昂退出了内阁,加入了自由主义反对派,并成为该派的领袖。这件事,加上当时拜伦逝世,把整个文明世界的自由主义都鼓动起来,进行战斗了。

甘茨不胜愤慨。当夏多布里昂论废除书报审查制度的文章在 *Journal des Débats*(法语:论坛报)上发表了之后,甘茨给一位朋友这样写道:"我赞同你论夏多布里昂的每句话。长期以来,没有什么像这篇真正恶毒的文章一样令我震动和愤慨的了。它的作者是这样一个人,他因为用鼓和笛子扰乱不了他敌人的安宁,最后抓起火把把他们头顶上的屋梁烧着了。因为法国人今天可以为所欲为,这种行为也就没有什么不可理解的了;一个人要在存心报复的敌对道路上迈出了第一步,像这个怪物在辞职后第三天所做的那样,丧失了责任心、荣誉感和礼貌,他最后便由于越来越感到自己无能为力,一定发展到为所欲为的地步,而不致冒坐牢的风险(在这个国家哪里会有那种风险呢?)。"

然而,甘茨的愤慨并不能阻挡大势所趋,不久他所代表的反动就陷入了死前的挣扎。

一八二〇年,甘茨在一封给皮拉特的信中这样写道:"同梅斯特尔比起来,杜莱尔算什么,拉·马奈算什么,当代所有作家(除波纳外)又算什么?《论教皇》这本书在我看来,是近半世纪以来最卓越、最重要的一部著作。您还没有读过吧,否则您怎能对它保持沉默呢?听从我的劝告吧:不要在您经常摆不脱的喧闹和纷乱中 à bâtons rompus(法语:断断续续地)去读它,而要等到持续安静、思想集中的时刻再去读它。您的所谓的朋友一定会知道这本书,但没有人提过它一句。这样的营养品对于所有这些微温的、吹毛求疵的心灵是太强烈了。它耗费了我几个不眠之夜;但是我却因此获得多大享受啊!多么深刻的思想,多么惊人的学识,连孟德斯鸠都不如的政治见解,柏克一样的辩才,有时达到高度诗意的热情,外加世俗方面的才能、干练、温情,以及对人才的爱惜(正当他们的学说和意见遭到践踏的时候),对人世的广博知识——所有这一切都是为了这样的结果,为了这样一个目标! ——是的,我现在坚定相信:教会是决不会没落的。即使这样一颗明星每世纪只照耀过它一次,教会也不仅会存在下去,而且一定会战胜。这本书当然也有一些弱点!我这样说,是为了表示,我的赞美不是盲目的;但是,那些弱点都消失了,像太阳里的耀斑一样。在梅斯特尔以前可能还有人感觉过教皇是什么这个问题;但从没有一个作家像他这样谈过它。这部非凡的著作,我们可怜的一代人简直没有注意到,却是半生辛劳的成果。作者现今已是七十多岁的老人,写这本书显然花了二十年。在罗马的一座大教堂里,应当为他树立一个纪念碑才是。所有国王都应向他趋前求教;但他在耗尽全部家当之后,好不容易才从宫廷获得一个内阁大臣的头衔和一笔仅够在图林勉强生活的收入。然而,从没有一个人比他更有理由对他的孩子们这样说:

  Disce, puer, virtutem ex me, verumque laborem, Fortunam ex aliis![①]

多么了不起的人啊!他的同时代人却没有几个知道,他生活在他们中间!"

  我们在这里又碰到一个交叉点,使德国的反动可以通向法国的反动。为了说明我的著作的方向,指出我们所遵循的路线,我还想简略地谈一下法国反动时期的这个最强有力的头脑。约瑟夫·德·梅斯

---

① 拉丁文:"孩子,向我学习德行和劳动,向别人去学习幸福吧!"

特尔伯爵于一七五四年出生在萨伏衣的香伯里一个严格的虔诚的高级官僚家庭。德·梅斯特尔是在绝对服从的氛围下被教育出来的,他在图林上大学时从不敢自己读一本书,除非事先得到了父亲的许可。他一小就埋头于最严肃的功课,懂得七门语言,这对于一个法国人来说是罕见的。他三十一岁结婚,成为最优秀的父亲。法国革命叩击他的大门时,萨伏尔已经同法国合并,他为了继续忠于国王,便离开了家乡。他在瑞士待了几年,同斯塔尔夫人往来了一个时期,她赏识他的天才,他则这样评述她:"我不知道还有更疯狂的头脑了;这是现代哲学在任何女性身上所产生的绝对可靠的作用;但是她的心眼是决不坏的;从这方面说,人们对她是不公平的。她才思敏捷,令人惊叹,特别是在她对答如流、从容不迫的时候。因为我们在神学上和政治上都不属于一派,我们在瑞士争闹得一塌糊涂,旁人看着会笑死了,可是却没有翻脸成仇。"

德·梅斯特尔的世界观的基本特征是,他真正相信天命对于人世的统治。我们常常碰见不少人说他们相信天命,可是很少碰见在行动和判断上真正相信天命的人。为了对他的这个信仰有个正确的印象,应当读一读他的一七九七年出版的 *Considérations sur la France*(《法国随感》),他在这本杰作中甚至细致地预言了复辟的状况。他的一句名言是:"世界上充满了公正的惩罚和死刑,连刽子手也逃不脱。"他生性不长于行动,而长于观察,在行动方面他倒是相当温和的。例如,他说过,如果他当上了一个国家的大臣,那个国家对耶稣会员一无所知的话,他也不会建议取消他们;但是,他却把国家解释为君主和贵族的结合,——这当然不是一个特别民主的定义。

撒丁国王被迫逃到一个荒岛上,四面受敌,于一八〇二年派遣德·梅斯特尔作为他的特使到圣·彼得堡去。他在那里待了十四年,同家庭长期别离,痛感欧洲发生的种种事件和拿破仑每次胜利的冲击,生活孤苦伶仃,冬天穷得连一件皮衣都没有。但是,他不像德国的反动派那样把波拿巴称作魔鬼。他写道:"波拿巴自命为上帝的使者。

这再真实不过了。波拿巴是从天而降的——闪电。"他甚至出于对祖国的爱,不计个人得失地谋求同皇帝谈一次话,为撒丁的利益辩护。虽然没有成功,但拿破仑承认各方面的天才,对他的大胆行为毫不见怪;他的朝廷却大不以为然,让他明白到内阁对他所采取的步骤感到惊讶。他于是以骄傲的讽刺口吻回答说:"内阁感到惊讶!那么一切都完了。世界白白革了一场命,愿上帝保佑我们不要产生一个未曾预见的观念!那个观念使我充分相信,我不是您们的人;因为我可以答应您们,我像别人一样关心陛下的事务,但不能答应您们,我将决不使您们惊讶。这是我性格中一个改不掉的老毛病。"不知他在什么地方说过,他觉得,如果要靠一个朝廷的好意的稳固程度"来办这件事,那无异于为了睡得安全,躺在风磨的翅翼上"。同时,还有许多忧虑耗损着他的为父之心。他最小的女儿对他形同路人。他在信中用如下动人的语言谈到她:他每天晚上,由于工作劳累,躺在床上睡不着,便仿佛"听见她在图林哭泣"。他的儿子参加了反拿破仑的战争。他说:"谁也不懂得战争意味着什么,如果他没有一个儿子参加进去的话。我尽可能设法摆脱那些不断困扰我的头破血流的噩梦,于是像一个青年一样在晚上吃饭,像儿童一样睡觉,像成人一样醒来,就是说,醒得最早。"

可以看出,这个火刑堆和刽子手的歌颂者,却有一颗善良的、与人类友好的心。他在私人谈话中既不缺少幽默,也不缺少仁慈。正如圣伯夫机智地指出,他"除了作家才能,则一无所有"。

他在给女儿的书信[1]中讲得十分动听:"亲爱的孩子,你问我,女人怎么会注定变得平庸。我认为,她们决不会变得平庸。她们甚至会变得高尚起来,不过要按照女性的方式。每个生物都必须安分守己,不要追求它所不配有的优点。我这里养了一条狗,名叫比利比,深得我们的欢心。如果有一天,它心血来潮,想给自己配上鞍辔,以便把我驮到乡下去,那么我讨厌它的程度,将不次于讨厌你兄弟的那匹英国

---

[1] 见《书信与短论》卷一,第145页以下。——原注

马,如果那匹马忽然想跪在我面前跳跃,或者想跟我一起喝咖啡的话。某些妇女的错误就在于,她们设想为了显扬自己,必须像男人们一样行事。二十年前有个美妇人问过我,'您不认为一位女士也可以像男人一样当将军吗?'我不能不这样回答她:'尊贵的夫人,那当然可以;如果您指挥一支军队,敌人就会像我一样拜倒在您面前,您将在锣鼓声中开进敌方的首都。'如果她问我,'什么东西妨碍我像牛顿一样精通天文学呢?'我将同样坦白地对她说:'我神明的美人啊,世界上没有什么能够妨碍您!如果您手里拿起望远镜,星星就会因被您的美目所望见而感到莫大的光荣,并将赶快向您泄露它们的全部秘密。'你知道,人们在诗歌和散文中都是这样对女人讲的。但是,她们美丽而愚蠢,居然把这些恭维话当真了。"

他接着指出,妇女的使命在于生育和抚养男人,并继续写道:"此外,我的孩子,为人不可夸张。我是说,妇女一般不应致力于与其义务相悖的知识,但是我也决不认为你应当目不识丁,不学无术。我不希望你竟然认为北京位于法国境内,或者亚历山大大帝与路易十四的女儿结亲。"在下一封信中,他这样写着:"我知道,你因我无礼攻击有学识的妇女而有些恼怒;我们必须在复活节以前讲和,我认为很可能是你误解了我。我从没有说过,女人是猴子。我拿我认为最神圣的东西向你起誓,我认为她们永远比猴子漂亮得多,可爱得多,也有用得多;我只是说过,而且我还要这样说,想学男人的女人不过是猴子。我发现,圣灵在有所准备时显示了许多活力,尽管平时看来是那样沉闷。我向你所说的那位着手写一部史诗的小姐深表敬意,但是上帝保佑我不要当她的丈夫;否则看到她以这种或那种悲剧形式,或者以这种或那种闹剧形式降临到我的屋子里,我会感到十二分的痛苦;因为才能一旦迸发出来,就不容易遏止了⋯⋯你的信中说得最好、最明确的,就是你对于制造男人的质料的考察。严格地说,男人不过是尘土变的。既然女人是用一块发了酵的、可以提高到肋骨地位的面团做成的,那么如果愿意当面对他讲出真理来,便不得不称男人为垃圾。Corpo di

Bacco! questo vuol dir molto。① 此外,我的孩子,你听我的话,可不要多谈女贵族,更无论资产阶级妇女。对于一个男人来说,没有什么比一个女人,完完全全一个女人更优美的了。……但是,正由于我对那根崇高肋骨所抱的这种高尚观念,我看见一些女人竟然愿意变成原始的垃圾,才不由得勃然大怒了。我想,这番话总算把问题说清楚了。"

看到严格正统的天主教徒这样随便地用《圣经》传说开玩笑,真令人不胜惊讶;但是,即使在玩笑中,反动的本性也无法加以克制。一般说来,德·梅斯特尔的特殊作风就在于,当他大发雷霆的时候,有某种刺激性的机智配合着他那种魔鬼式的怒气,那种怒气又常常表现为这样一种小小的朕兆:一开口就是 à brûle - pourpoint② 这句口头禅;大家知道,这个短语的字面意思是直接对着对手的上衣开枪。在《圣彼得堡的晚宴》中,他发泄了对于培根③的怨愤;他说(言下颇有某种见识,其结果似乎可以有助于最新的自然科学):"培根是个预告晴天的晴雨表,因为他能预告,人们便认为他创造了晴天。"他后来还在书信中写道:"我不知道,我怎么会同神圣的掌玺官培根拼死拼活,打得不可开交。我们像舰队街的两名拳击手互相对打,他从我头上撕下一把头发,我想他的假发大概也不在头上了。"

他一涉及他那个心爱的观念,所谓国家必须靠惩罚和纪律来维持,他的俏皮有时几乎有伏尔泰的风味;他在《圣彼得堡的晚宴》的第二部分谈到用以维持 Esprit de corps(法语:团体精神)的手段时,也令人想起伏尔泰。这些玩笑中包含着多么广阔的对人类的蔑视啊!他说:"为了在一个团体里或者任何一个组合里维持荣誉和纪律,特殊的奖励远不及特殊的惩罚有效。"他指出,罗马之所以衰亡,就在于把军事棍刑变成一种特权,只有士兵才有权挨葡萄树棍的抽打;不是军人,谁也不能挨葡萄树棍的抽打,同时也不能用任何别的树棍来抽打一个

---

① 意大利语:天哪,这可费口舌。
② 法语,转义为"直接""开门见山"。
③ 指英国哲学家和政治家弗朗西斯·培根(1561—1626)。

军人。"我不知道在一个现代君主的头脑里会不会产生同样的观念。如果有人就这一点问到我,我大概不会想到用葡萄树棍的,因为奴隶式的模仿无济于事。我会推荐月桂树棍。"他继续发挥道:在首都必须建立一座大型温室,这个温室特别应当用来培植必需的月桂树,好让俄国军队的下级军官拿在手里把人痛打。这座温室应置于一位将军的监督之下,他至少是佩戴二级圣乔治勋章的战士,而且还应有"月桂温室总监"的头衔。这些树只能由品行端正的伤兵来培育和砍伐。树棍的长短大小必须相等,树棍的模型应当用红色匣子装着,保存在军政部里;每根树棍应当挂在佩戴圣乔治绶带的下级军官的纽孔上;在温室的山墙上应当读到这样的题词:"这是我的树,上面长着我的叶子。"

德·梅斯特尔的主要著作,那本《论教皇》的书,正包含着这个天才的反动派的观点的精华。他在那里面说道:"一个伟大的强国最近在我们眼前为了追求自由尽了世上最大的努力。它得到了什么呢?它蒙受讥嘲和耻辱,只为最后把一个科西嘉宪兵拥上法兰西的宝座。"他指出,天主教的教义如众所周知,禁止任何种类的叛逆,而从人民自主权出发的新教则听凭来源于某种道德本能的内在情愫决定一切(第160页):"在教权和皇权之间存在着那么多类似处,那么多兄弟情谊,那么多相互依存关系,震动前者无不涉及后者。"他还援引(第174页)路德的话来证明这一点:"一般说来,王侯都是世上最大的傻瓜,十足的无赖;不能从他们那里期望善良,他们都是上帝用来惩办我们的行刑吏。"他还说,不敬畏皇权的新教也不尊重婚姻:"路德一五二五年在他关于《创世记》的评注中,曾经厚颜无耻地写道:至于丈夫是否可以娶一个以上的妻子,这种事情既不需提倡,也不需禁止,教长的权威让我们自由选择,他本人不做任何决定。——这种启发民智的理论不久就在黑森-卡塞尔亲王府上得到了运用。"我们知道,路德允许这些王侯一次娶有两个妻子。——德·梅斯特尔提出了这样一个奇怪的主张,人天生是个奴隶,而卢梭所谓"人生来自由,但到处陷于桎梏之中"

的命题再虚妄不过了。恰巧相反,人是一个天生的奴隶,正是基督教以超自然的方式使他获得自由。所以,他还把信奉基督教的妇女称为真正超自然的人。由此可以理解,他是用什么样的语句谈到伏尔泰——"地狱把全部权力放在他手中"的那个人。这本书的顶峰是他的国家理论:"君主制是个奇迹,我们却没有把它当作奇迹尊崇,反而谴责它专制。没有杀过人的士兵,如果一个正统王侯命令他去杀人,他的罪过并不比那个没有命令而杀人的人更小。"引进新教的国家,由于缩短了它们尊贵的君主的寿命,已经受到了惩罚。因为德·梅斯特尔计算出,王侯们在新教国家的统治时间要比在天主教国家为短。只是在这里,他才遇到一个难以解释的困难。给他造成困难的,是我们丹麦人。他发现,在新教国家中只有丹麦,它的王侯们在宗教改革以后活得同宗教改革以前一样长久(第383页):"丹麦人由于这一个或那一个看不见的、但对于这个民族肯定充满荣誉的原因,看来并不屈从于这个缩短统治时间的规律。"

旧制度的强项的捍卫者到一生的终尾,竟不得不为那个伟大的被误解的宗教裁判所进行辩白了。这件事发生在《向一个俄国贵族笔谈西班牙的宗教裁判》中。他在这本书中全力试图把黑色尽可能洗白;但是人们读着它,总不免记起印度的 *Hitopadesa*(《嘉言集》)里那只年迈的老虎所说的那句意味深长的话:"不管怎么说,老虎吃人的谣言是很难反驳的。"他澄清了许多有关宗教裁判所的谎言,并指出它根本不是教会的法庭,而是一个世俗的法庭。然而,这本书使我们感兴趣的部分,却是他为宗教裁判所的行为辩护的章节。他说,在西班牙和葡萄牙,或者其他地方,凡是不惹是生非的人都可以平安度日;至于鲁莽之徒,刚愎自用或者扰乱公共秩序,那就只能自怨自艾了。"在房间里从容对话的现代诡辩家,很少想到路德的论据引起了三十年战争;但是古代的立法者却深知这个遗患无穷的学说可能使人们丧失一切,十分公正地以死刑惩处一种足以动摇社会根基、没社会于血泊中的罪行……近三百年来,多亏宗教裁判所,西班牙才比欧洲其他地方有更多的幸福和安宁。"

德·梅斯特尔在这篇文章的前面放了一段引文,它教导我们,所有伟人都曾经是偏执的,而且人必须是偏执的。百科全书派格林[①]说过:"如果遇见一个品行端正的王侯,必须向他宣讲容忍,好让他陷入圈套,而被压迫一方有时间通过这种对他作出的容忍爬起来,轮到他来统治时,便把对方压个粉碎。所以,伏尔泰关于容忍的喋喋不休的说教,乃是一种只适用于笨伯、傻瓜或者有兴于此的人们的说教。"

这段引文包含着一个大诡辩。一个孩子也懂得,每种真实的激情都使容忍成为不可能。但是,伏尔泰的原则因此是个骗局吗?不,这个结可以轻而易举地解开。理论上适用偏执的原则,实践上适用容忍的原则。在理论的领域,没有虔敬,没有宽容,没有珍惜!因为谎言应当被一锅煮,愚蠢应当被炸到半空去,反动应当被剥皮剥得鲜血淋漓。但是,撒谎者、笨伯和反动分子本人呢?也许他也应当被一锅煮,或者被剥得鲜血淋漓,或者被炸到半空去吧?他怎么也不会的。实践是容忍的领域呀。

从纯粹文学史的观点来看,德国的浪漫派令人有一种持久的兴趣。只要拿它同其他国家的浪漫主义集团比较一下,就可以充分了解他们的代表人物的独创性和重要地位。

在本世纪的前一二十年,欧洲所有国家都在由才智之士酝酿着一种浪漫主义潮流。但是,论起真正的本源来,只是在德国、英国和法国才有浪漫主义文学。只是在这三个国家,它才形成一股欧洲的"主流"。在斯拉夫国家,我们主要听到英国浪漫主义的回响。在斯堪的纳维亚各国,浪漫主义文学则随着德国浪漫主义亦步亦趋。

在瑞典,浪漫主义以"磷光"或所谓"新派"的名称出现,它到处反对文学中的古代法国趣味,这种趣味在瑞典是由瑞典学院代表的。一

---

① 弗里德里希·麦尔西瓦·封·格林(1723—1807),新闻记者,批评家,出生于德国,入法国籍,与卢梭、狄德罗等人相交游,主要著作有《文学、哲学与批评的通信集》十七卷。

八〇七年,阿特尔波姆、哈马舍尔德和巴姆勃拉德创建了"黎明社"。他们在一切重要问题上宣扬德国浪漫派的原则;他们赞叹谢林的哲学,用谢林学派的全部辩证法论证形而上学和基督教之间的关系;他们嘲笑启蒙运动,把旧派的追随者们看作一堆扑过粉的假发架,用亚历山大诗句法写十四行诗。此外,崇拜圣母和卡尔德隆,礼赞施莱格尔兄弟和蒂克,醉心于神佑的王权。阿特尔波姆在某种程度上以其自然哲学的象征主义革新了蒂克,斯塔格涅柳斯则革新了诺瓦利斯。虽然如此,这个流派却有显著的民族性格。

在挪威,孤独的魏尔格兰德尽管生性狂热,却是德国浪漫主义精神的对抗者。但是,安德烈亚斯·孟赫却是个公认的德国类型的浪漫主义者。其他如挪威童话的改写和出版(阿斯比龙生和摩埃),挪威民歌的收集(兰德施塔德),则都是由于浪漫主义者对于民间风味的偏爱,影响了北欧人的心灵。

我这一次的任务又告结束了。为了提供一种真正富于创造性的批评,努力不走别人走过的路,同时发现新的真正的观点,我用许多页的篇幅描写了德国浪漫主义文学的不断增长的反动,——这种反动在法国已经达到那样的高度,突变已成为一种历史的必然性了。当自由的光芒刚在少数几个点上——在希腊,在法国——闪亮起来,这种光芒便从一点飞向另一点,直到自由的灯塔从欧洲所有的高地上照耀开去。接着便是新的反动和新的解放斗争。

甚至在丹麦,我们在七十年代初期也是生活在反动时期。这样一种反动往往是跟着未经思考的、放肆的自由追求而发生的。我们知道,阿波罗的儿子费埃顿有一天得到许可驾驶日神的车辆,可是他驾得很坏,以致太阳把一切都烧焦了,把城市和宫殿都烧着了。有个神话这样说,古代有些民族害怕得不得了,他们开始向众神祈求永恒的黑暗。我们远远地见证了费埃顿的旅程。听觉敏锐的人还能在我们周围听见"黑暗,更黑暗!"这样的呼喊。愿我们时刻深思熟虑,证明我们要比古代那些愚蠢的民族更懂事一些吧!